80 K
46 47

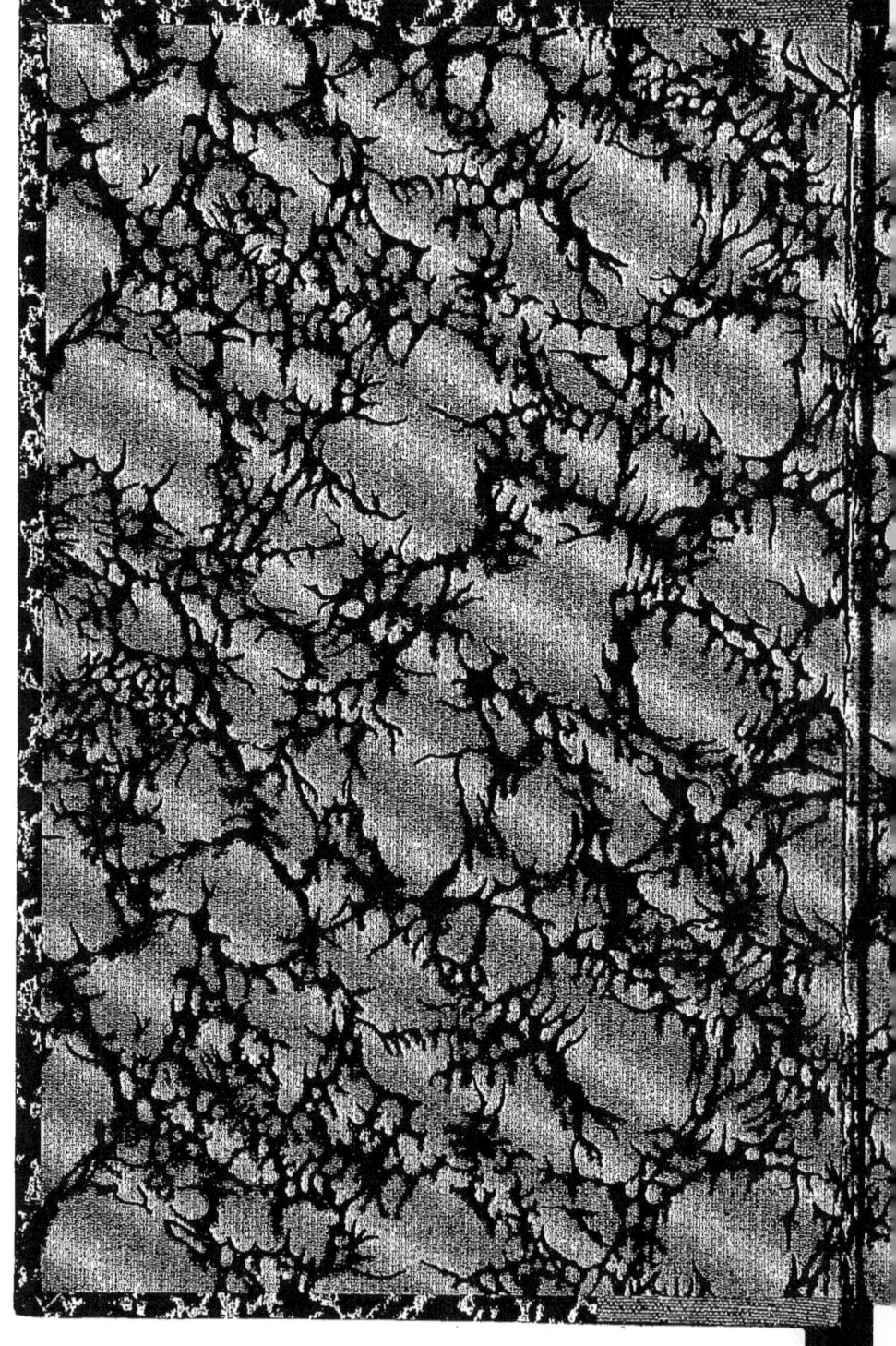

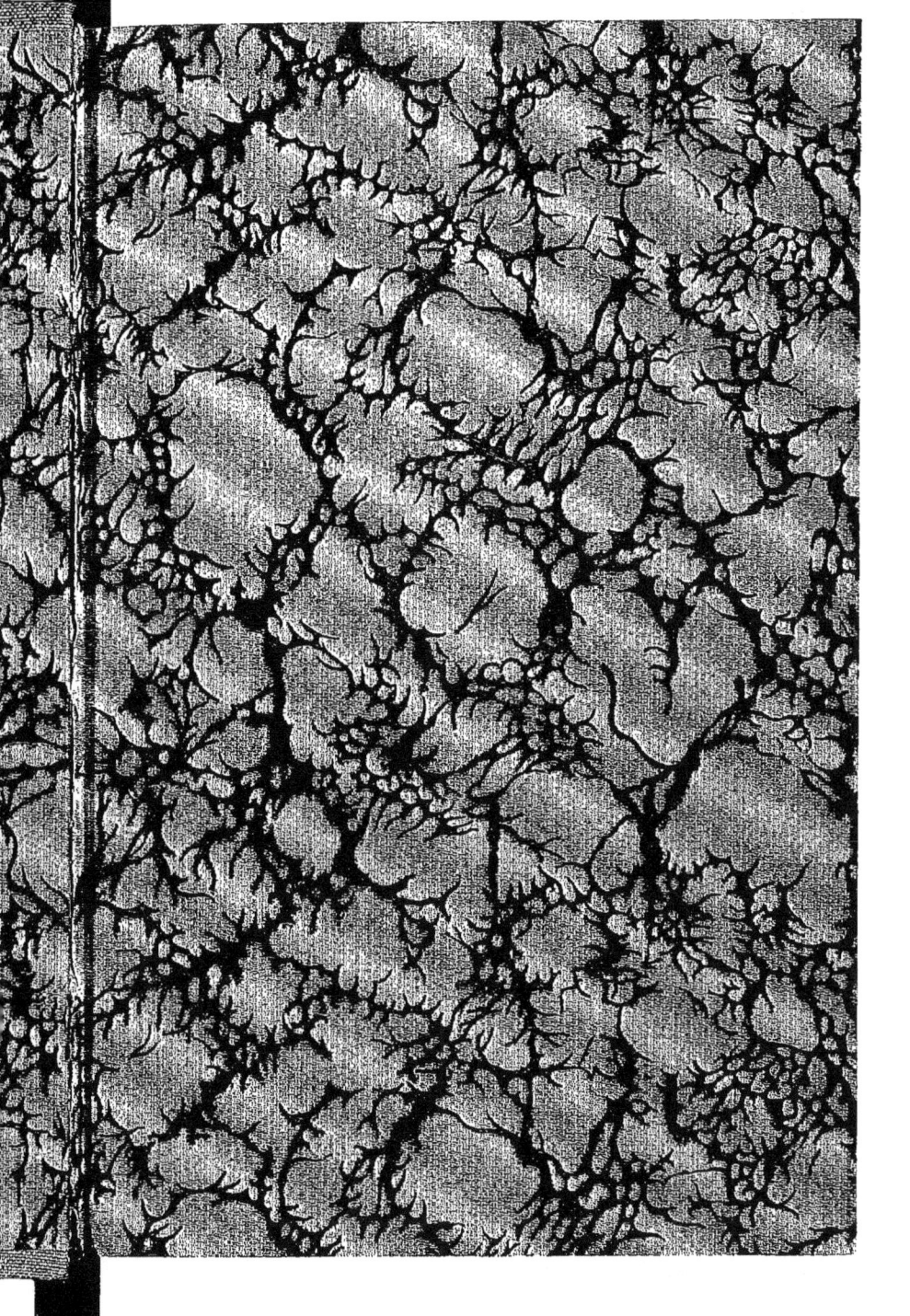

STEMPFER-REL.

VIE

DU

BIENHEUREUX GABRIEL

OUVRAGES DU MÊME AUTEUR

DE BETHLÉEM AU CALVAIRE

ou

Vie de Notre-Seigneur Jésus-Christ, d'après Bossuet

*Beau volume in-12 de 500 pages
avec nombreuses et très belles gravures hors texte* 2,00

(TROISIÈME MILLE)

BOSSUET APOLOGISTE ET APOTRE DE LA CROIX

ou

Leçons et Enseignements de la Croix

Volume in-12 de 190 pages, avec illustrations 1.00

(ÉDITION PRESQUE ÉPUISÉE)

VIE ABRÉGÉE ET LETTRES DU B^x GABRIEL

In-12 de 200 pages (2e édition) 1.00

VIE ABRÉGÉE (*seule*) 0.50
LETTRES (*seules*) 0.75

CES OUVRAGES HAUTEMENT APPROUVÉS
CONVIENNENT TRÈS BIEN POUR *Livres de Prix*

Remises par Quantités

*Pour conditions spéciales, s'adresser au Supérieur
des Passionistes, à Péruwelz près Tournai (Belgique).*

R. P. BERNARD
PASSIONISTE

VIE DU
Bienheureux Gabriel
de l'Addolorata

DE LA CONGRÉGATION DES PASSIONISTES

Quatrième Édition

LIBRAIRIE BRUNET | LIBRAIRIE MIGNARD
32, Rue Gambetta, 32 | 38, Rue St-Sulpice, 38
ARRAS (P.-d.-C.) | PARIS

1913

Nil obstat

A. BERT

Sup. maj. sem.

Layrac, 27 Nov. 1912.

IMPRIMATUR :

☩ **CAROLUS-PAULUS**

Episcop. Aginn.

DECLARATION

L'auteur soumet humblement au jugement du Saint-Siège tout ce qu'il a écrit et publié dans cet ouvrage. Il déclare vouloir se conformer, en tout et pour tout, aux intentions et aux décisions du même siège apostolique sur la presse.

Tous droits de traduction et de reproduction réservés

AVANT-PROPOS

La Basilique de Saint-Pierre de Rome offrait, le 31 Mai 1908, un spectacle grandiose et émouvant à la fois : la Béatification solennelle du Serviteur de Dieu, Gabriel de l'Addolorata.

Le héros de cette splendide fête était un scolastique passioniste, mort à l'âge de 24 ans, après en avoir passé six dans la vie religieuse.

Spectacle grandiose, avons-nous dit, car l'Eglise déployait une pompe inaccoutumée, dans la plus vaste et la plus majestueuse de ses basiliques ; spectacle émouvant surtout, car le Vicaire de Jésus-Christ, un vénérable et majestueux vieillard, escorté de nombreux princes de l'Eglise, venait se prosterner, pour les vénérer, devant les restes mortels d'un adolescent, qu'il avait placé ce jour-là même sur les autels.

En décernant les sublimes honneurs de la Béatification à cet humble religieux, mort depuis 40 ans à peine, et dont la courte existence s'était écoulée sans éclat dans l'obscurité d'un monastère, le Souverain Pontife couronnait sans doute ses éminentes vertus, mais il offrait en même temps à la jeunesse contemporaine un nouveau modèle et un nouveau protecteur.

Pie X en avait manifesté l'ardent désir en publiant, il y a trois ans, le Décret d'*héroïcité* des vertus du serviteur de Dieu.

Un jour du mois d'Octobre qui précéda la Béatification, l'auteur de cet ouvrage, prosterné aux pieds du Pontife, lui demandait une bénédiction pour la nouvelle édition de la *Vie* de Gabriel : « Volontiers, répondit aussitôt le Saint-Père ; et il ajouta avec vivacité : Oh ! combien il me tarde de pouvoir proposer cet aimable saint pour modèle et pour protecteur à la jeunesse chrétienne ! »

Ce jour a paru, et c'est la *Vie* de ce nouvel élu de Dieu, « du Louis de Gonzague contemporain, » que nous venons offrir au public chrétien, mais surtout à la jeunesse.

« Le Vénérable nous écrivait-on, il y a dix ans, est un modèle que l'on peut véritablement proposer à la jeunesse de nos Séminaires, Noviciats et Scolasticats. Il a éprouvé la fragilité humaine et il s'est sanctifié *silencieusement* sans visions ni miracles, par la seule pratique de sa règle et des devoirs de son état. En lisant sa vie chacun de nos jeunes gens peut se dire sans trop de frayeur : *Pourquoi ne ferais-je pas ce qu'il a fait lui-même ? Non potero quod iste ?* »

La jeunesse des Écoles trouve également en lui un modèle approprié.

« Ce saint jeune homme est pour nous un contemporain. Le milieu dans lequel il a vécu est presque le nôtre ; il eut de nos adolescents les défauts ordinaires, une foi plus vive et une piété plus fervente. Mais ces défauts mêmes, qu'il parvint à dominer, font ressortir, avec la puissance de la grâce, l'énergie de sa volonté et le mérite de sa vertu... » (1)

« Le Bienheureux Gabriel complète harmonieusement cette céleste galerie de jeunes prédestinés que les prédilections de notre foi distinguent dans le calendrier de la Sainte Eglise ; ilva bien à côté de saint Louis de Gonzague et de saint Stanislas Kostka. Et même, oserais-je le dire, il est plus consolant. Saint Louis de Gonzague est un lys qui n'a pas cessé de l'être. Gabriel a eu à laver dans ses larmes quelques légères taches faites à sa robe blanche de baptisé ; que de jeunes âmes se sentiront encore plus parentes de Gabriel le pardonné que de Louis l'immaculé.

« Sans extases ni prodiges, toute faite de fidélité aux conseils évangéliques, d'obéissance aux règles monastiques, de confiance en Dieu et de tendre piété envers la très Sainte Vierge, sa sainteté paraît imitable et ne saurait décourager aucune âme de bonne volonté... » (2)

Toutes les âmes chrétiennes trouveront donc dans cette vie les plus vifs encouragements en même temps que des exemples à leur portée.

Daigne le Bienheureux Gabriel répandre les heureux effets de sa bonté et de sa puissance sur tous ceux qui liront cet ouvrage et leur donner de suivre courageusement ses traces.

---

(1) Monseigneur Tourreau, ancien Vicaire Général de Bordeaux.
(2) Mgr Cœuret-Varin, dans une lettre à l'auteur.

Lettre de Son Eminence le Cardinal MERRY DEL VAL

Rome, le 1er Février 1909.

Mon Révérend Père,

C'est avec une particulière bienveillance que le Saint Père a reçu votre Vie si édifiante du Bienheureux Gabriel de l'Addolorata. Sa Sainteté, qui avait daigné bénir votre projet d'écrire cette Vie, fait des vœux pour que cet ouvrage contribue efficacement à faire connaître et aimer dans le disciple de Saint Paul de la Croix un attrayant modèle de la jeunesse en même temps qu'un puissant protecteur, et vous envoie de tout cœur la Bénédiction Apostolique.

Je vous remercie, en mon nom personnel, de l'exemplaire du même ouvrage que vous avez eu la gracieuseté de me remettre, et vous prie d'agréer, mon Révérend Père, l'expression de mes sentiments dévoués en N. S.

Cardinal MERRY DEL VAL.

Lettre de Son Eminence le Cardinal Lecot

(pour la deuxième édition)

ARCHEVÊCHÉ
de
BORDEAUX

Bordeaux, 14 Nov. 1908.

Mon Révérend Père,

Le rapport que je reçois sur votre livre me permet d'affirmer que vous avez été bien inspiré en donnant une seconde édition de la Vie du Bienheureux Gabriel.

L'heure ne pouvait être mieux choisie : montrer, à un moment où l'impiété s'acharne autour de l'âme de nos enfants, ce que peut pour élever, je dirais presque diviniser ces âmes, une religion que l'on veut bannir de l'école ; c'est en vérité une heureuse idée.

Le montrer par un exemple aussi attachant, aussi suave que la vie de notre cher petit Bienheureux, est une preuve plus convaincante encore, car il est un de nos frères, né de notre pauvre humanité, pétri de notre limon, celui que le glorieux Léon XIII appelait « le saint Louis de Gonzague des temps modernes. » Et il est là pour nous dire ce que nous pourrions nous aussi, si nous voulions laisser la grâce de Dieu travailler notre âme, pour la dégager de ces mille liens qui la retiennent attachée à la terre.

Aussi, je ne doute pas, mon Révérend Père, du bien que fera votre livre.

Il montrera à ceux, hélas ! trop peu nombreux de nos jours, qui sauront le comprendre, l'utilité de ces cloîtres, à l'abri desquels peuvent vivre des âmes qui ont reçu la sublime mission d'expier pour leurs frères.

Pour tous, il sera une grande leçon et un réconfort.

Et c'est de tout cœur, mon Révérend Père, que je bénis ce petit livre, que je bénis son pieux auteur, lui demandant en retour de recommander au Bienheureux Gabriel les graves intérêts dont Dieu m'a confié la charge.

Veuillez recevoir, mon Révérend Père, l'expression de mes meilleurs sentiments.

† V. L. Lecot,
Archevêque de Bordeaux.

VIE
DU
BIENHEUREUX GABRIEL
de L'ADDOLORATA

CHAPITRE I

Naissance du Bienheureux. — Ses Parents. — Il perd sa mère vers l'âge de 4 ans. — Noble caractère de son père, et soin qu'il prend de l'éducation de ses enfants. — Qualités et défauts de François.

La cité d'Assise, que le Poëte de l'Italie aurait voulu appeler *Orient*, pour avoir donné le jour au Séraphique saint François, vrai soleil de vertu, ravit les nombreux pélerins qui viennent la visiter chaque année.

Parmi les monuments qu'elle offre à leur admiration, il est juste de mentionner ses trois églises superposées, triple couronne en l'honneur de celui qui est sa première gloire ; l'église de sainte Claire avec sa crypte élégante, et surtout Notre-Dame des Anges avec sa chapelle de la Portiuncule si riche par le trésor de ses Indulgences.

Assise vous enchante par ses merveilles d'art et ses pieux souvenirs ; vous y respirez comme une atmosphère de sainteté qui vous élève vers le ciel.

C'est dans cette ville, pour ainsi dire toute consacrée, que naquit, au printemps de 1838, le Bienheureux dont nous allons essayer de raconter la vie et que l'immortel Léon XIII a appelé « le saint Louis de Gonzague des temps modernes. »

Ses parents n'étaient pas moins recommandables par les nobles sentiments de leur foi que par leur brillante situation.

Monsieur Possenti était né en 1790 à Terni, dans la province de Pérouse.

A peine âgé de 22 ans, il était nommé gouverneur d'Urbania. Plus tard il passait dans la ville d'Assise en la même qualité. C'était l'un des gouverneurs civils des Etats Pontificaux que Pie IX estimait le plus et pour lequel il avait même une véritable affection. Léon XIII n'apprécia pas moins ses talents et ses vertus.

Madame Possenti, née en 1804, descendait de la noble famille des Fransciotti, qui tirait son origine de Civita-Nova, petite ville de la province d'Ancône.

Modèles des époux chrétiens, ils vivaient tous les deux dans la crainte du Seigneur, fidèlement unis par les liens d'une tendre affection et d'un mutuel respect que la mort seule devait briser.

Comprenant le noble but du sacrement de mariage que l'apôtre saint Paul appelle *grand*, parce qu'il est le symbole de l'union de Jésus-Christ avec son Eglise, monsieur et madame Possenti ne se laissèrent point guider par certains calculs égoïstes qui ont souvent pour principe le vice, ou du moins un manque de confiance en la Providence de Dieu.

Le Seigneur bénit leur union et leur donna treize enfants, dont le onzième fut celui qui devait être un jour le Bienheureux Gabriel de l'Addolorata.

La première préoccupation de ces parents chrétiens fut toujours d'assurer à leurs enfants la grâce du saint Baptême.

C'est dans la cathédrale d'Assise que le serviteur de Dieu fut régénéré, et aux mêmes Fonts sacrés que Saint François.

En souvenir d'un aïeul, et plus encore sans doute par dévotion pour le grand patriarche d'Assise, le nouveau-né reçut le nom de François.

Le jeune Possenti ne tardera pas à marcher sur les traces de son illustre Patron, et lui aussi choisira pour son partage la pauvreté, le mépris du monde, l'amour de Jésus Crucifié.

« Nous avons été élevés avec le plus grand soin tant au point de vue de la piété que de l'instruction. Notre mère étant très pieuse nous éleva selon les principes de notre sainte Religion. »

Tel est le témoignage que rendront à leurs propres parents les frères du futur Bienheureux, lors des Procès de canonisation.

C'est donc d'une mère profondément pieuse que le petit François reçut les premiers éléments de la vie chrétienne ; c'est dans ses bras et sur ses genoux, qu'il apprit à bégayer les noms sacrés de Jésus et de Marie.

Heureux les enfants dont les parents comprennent l'importance capitale d'une bonne éducation première !

Ces premiers germes de la vertu pourront sans doute être plus ou moins arrêtés dans leur développement par les épines des passions, mais tôt ou tard ils reprendront le dessus sous l'action puissante de la grâce, et produiront des fruits abondants de salut.

Madame Possenti s'adonnait avec d'autant plus d'ardeur et de zèle à l'éducation de sa nombreuse famille, que son mari pouvait plus difficilement s'occuper des affaires domestiques, absorbé qu'il était par les multiples exigences de son importante charge.

A son grand déplaisir, il se voyait souvent contraint de se soustraire aux joies du foyer. Son cœur en souffrait d'autant plus cruellement qu'il comprenait mieux que le père et la mère doivent agir de concert dans l'œuvre si importante de l'éducation de leurs enfants. Pour être complète, elle doit allier en effet à la douceur, à la tendresse de la mère, la fermeté, l'autorité du père.

Peu de temps après la naissance de son fils François, monsieur Possenti, pour se conformer au désir de son Souverain, s'était vu dans la nécessité de se rendre pour quelques temps à Montalto, en qualité de gouverneur, puis à Poggio Mirteto.

En 1842, il s'établissait définitivement à Spolète comme assesseur au tribunal de cette ville.

C'est alors qu'il fit venir toute sa famille, demeurée jusque-là à Assise.

Quel bonheur pour elle de se voir enfin réunie à son chef, comme les membres à la tête, comme les branches au tronc qui leur communique la sève et la vitalité !

Mais hélas ! Les joies de la terre sont souvent de courte durée. Un douloureux événement va bientôt jeter la désolation au sein de cette famille qui semblait se promettre de longs jours de bonheur.

Quelques mois s'étaient à peine écoulés depuis son arrivée à Spolète, que madame Possenti se voyait attaquée d'une maladie grave, qui la conduisit rapidement aux portes du tombeau.

Comprenant que sa dernière heure va bientôt sonner, la pauvre mère fait venir tous ses enfants autour de son lit de mort ; elle leur donne ses suprêmes recommandations, les couvre de ses plus tendres baisers, surtout les plus jeunes, parmi lesquels le petit François qui avait à peine 4 ans.

Elle expirait munie des sacrements de l'Eglise et allait recevoir dans le sein de Dieu la juste récompense de ses admirables vertus.

Monsieur Possenti se montra à la hauteur de la terrible épreuve qui le frappait dans ses affections les plus chères. Il sut s'incliner sous la main de la divine Providence, toujours paternelle, alors même qu'elle semble nous frapper plus douloureusement. Il va se consacrer avec plus de soin que jamais à l'éducation de ses enfants désormais privés d'une mère si pieuse et si dévouée, et certes il n'était pas inférieur à sa tâche.

Les détails que le Bienheureux lui-même a donnés sur le genre de vie de son père, nous montrent quelle était la vivacité de ses sentiments chrétiens, comme aussi la dignité de son caractère.

Nous laissons parler sur ce point le R. P. Norbert, devenu plus tard le directeur spirituel du Confrère Gabriel.

20

« Bien que le Serviteur de Dieu fût très réservé pour tout ce qui le concernait lui ou sa famille, cependant, par un sentiment de reconnaissance envers Dieu, il lui est arrivé de parler quelquefois de son père, de ses mœurs irréprochables, de son intégrité absolue dans l'exercice de ses fonctions, du soin, de la vigilance et des moyens qu'il avait employés pour le bien élever. Il exprimait alors, avec esprit d'humilité, ses regrets de n'avoir pas lui-même parfaitement répondu à tant de sollicitude.

« Son père, me disait-il, ne sortait jamais de sa chambre, le matin, sans y avoir employé environ une heure à des exercices de piété.

« Venait-on, à ce moment, pour lui parler d'affaires qui ne fussent point absolument urgentes, il les remettait lui-même à un peu plus tard.

« Sa méditation terminée, il se rendait à l'église pour assister au saint sacrifice de la messe, et emmenait avec lui ceux de ses enfants qui n'en étaient pas empêchés.

« Après la messe, il se consacrait entièrement aux fonctions de sa charge ».

Le trait suivant marquera l'intégrité de ce magistrat modèle, constamment préoccupé de se rendre accessible à toute personne à se réclame.

On avait un jour servi à table un magnifique gâteau fort bien préparé. Madame Pascaud ayant demandé la provenance du mets : « Je viens, dit la famille n'a pu le renseigner, d'interroger le cuisinier. C'est un monsieur, répond celui-ci, qui a voulu vous faire ce cadeau. — Eh quoi, interpelle son mari Pascaud, sévèrement fatigué d'un semblable procédé, ne savez-vous pas que ce monsieur a...

ce moment une affaire pendante à mon tribunal ? Emportez ce poisson, distribuez-le aux pauvres, et que personne de la maison n'y touche.

Nous l'avons dit, les multiples occupations de ce digne magistrat ne lui permettaient guère de se consacrer à sa famille pendant le jour. Il y suppléait le soir, en se faisant rendre un compte exact de tout ce qui s'était passé.

Puis, le souper fini, et la prière récitée en commun, on voyait ce père, zélé imitateur des patriarches de l'ancienne loi, adresser à ses enfants de sages conseils et d'utiles enseignements.

Il leur parlait souvent des devoirs envers Dieu, de la reconnaissance envers l'Eglise, du respect pour l'autorité paternelle. Il leur recommandait fortement la fuite des mauvaises compagnies. Les mauvais camarades, disait-il, sont les assassins de la jeunesse, les satellites du démon, ses sicaires inséparables, la perte des âmes, les corrupteurs des bonnes mœurs, les perturbateurs de l'esprit et de la conscience.

Pour désabuser ces jeunes intelligences des trompeuses illusions de la vie présente, il leur rappelait avec le Sage que tout dans le monde est vanité et affliction d'esprit ; que les richesses ne sont qu'un peu de poussière ; les honneurs, une vaine fumée qui se dissipe ; la beauté, une fleur qui se fane du matin au soir ; la toilette, la recherche dans les vêtements, le soin excessif de sa personne, une perte de temps, un aliment pour la légèreté, pour l'orgueil et la vanité.

Qu'il est rare aujourd'hui de trouver des familles où se donne une semblable éducation !

Le foyer domestique est, hélas ! trop souvent profané. Trop souvent il offre le triste spectacle d'une école d'indifférence, ou même d'irréligion ; quelquefois le père et la mère, oublieux de leur essentiel devoir, livrent au vice et à l'enfer ces enfants qui ne leur étaient confiés que pour la vertu et pour le ciel.

Les fortes leçons que monsieur Possenti donnait à ses enfants, avec délicatesse et bonté, et qu'il appuyait d'ailleurs par l'autorité de ses propres exemples, ne tombaient point inutilement dans ces jeunes cœurs, et François fut un de ceux qui en profitèrent le plus pour jeter les fondements d'une solide piété. (1)

Dès ses plus tendres années, on vit, en effet, germer et se développer en lui toutes les vertus, surtout une tendre compassion pour les pauvres.

La gouvernante qui lui servit comme de seconde

---

(1) Notre Bienheureux a eu douze frères ou sœurs :
PAUL, né à Civita-Nova le 13 Février 1824 ; mort le 13 Janvier 1827.
LOUIS, né à Saint-Ginésio, le 17 Mai 1825 ; mort le 30 Avril 1828.
LAURENT, né à Saint-Ginésio le 17 Mai 1826 ; mort le 13 Février 1853.
PAUL, né à Corinaldo, le 1er Juin 1827 ; mort le 14 Octobre 1848.
MARIE-LOUISE, née à Cingoli, le 11 Mars 1829 ; morte le 3 Juin 1855.
THÉRÈSE, née à Cingoli, le 20 Août 1830 ; elle est mariée à M. Pellegrino, ancien président de la Cour d'appel de Turin. Elle habite Rome en ce moment.
LOUIS, né à Cingoli, le 17 Novembre 1831, et devenu religieux dominicain ; il est récemment décédé.
ADÈLE, née à Cingoli, le 6 Janvier 1833 ; morte le 27 Janvier 1842.
MICHEL, né à Cingoli, le 26 Mars 1834 ; aujourd'hui docteur médecin à Camerino.
HENRI, né à Cingoli, le 11 Août 1835 ; chanoine de la cathédrale de Turin ; décédé le 26 Février 1862.
FRANÇOIS, (le Bienheureux Gabriel de l'Addolorata), né à Assise, le 1er Mars 1838, mort le 27 Février 1862.
VINCENT, né à Assise, le 21 Mars 1839, mort le 12 Octobre 1862.
ROSE, née à Poggio-Mirteto, le 18 Mai 1841 ; décédée la même année.

mère, et dont il conservera toute sa vie le souvenir reconnaissant, lui offrait parfois des gateaux ou autres friandises ; il en gardait ordinairement une partie pour les petits mendiants qu'il rencontrait.

En revenant de l'école ou de la promenade, s'il trouvait sur son chemin quelque nécessiteux, il courait à la maison demander du pain, et quand la servante différait de se rendre à ses vives supplications : « Papa veut qu'on fasse l'aumône, disait-il ; nous ne devons pas mépriser les pauvres, car nous ne savons pas ce qui peut nous arriver un jour. »

Cette tendre compassion pour les indigents lui arrachera plus tard des accents vraiment touchants.

De pareils sentiments prouvent que le petit François avait un bon cœur et un caractère généreux.

Cette bonté de cœur le portait à prendre la défense de ses frères ou à les disculper quand il les voyait accuser à tort, comme aussi à demander pardon pour eux.

Connaissant sa droiture et sa bonté, ses **frères** le choisissaient souvent pour arbitre de leurs querelles enfantines.

François avait dès lors une inclination marquée pour les objets rares ou de valeur, néanmoins il ne s'y attachait point et savait aisément s'en défaire.

Ayant reçu un jour, en cadeau, une très belle chaine de montre, il la porta quelque temps, puis la donna à l'un de ses frères.

Une autre fois, on lui avait acheté un chapeau fort élégant qu'il avait entouré d'un magnifique ruban de velours. Il le donna bientôt à l'un des domestiques en lui disant : « Prenez-le, vous pouvez vous en servir vous-même. »

« Peu m'importent d'ailleurs tous ces objets, » disait-il encore, et il s'en dépouillait avec la même facilité qu'il les avait reçus.

Ce n'était point par dégoût ni caprice qu'il agissait ainsi, mais par désintéressement et plaisir de faire des heureux.

Ces petits traits, d'autres semblables, découvraient bien le fond de bonté et de droiture dont son cœur était enrichi et qu'il cultivait sous l'influence des précieuses leçons de son père.

Est-ce à dire que tout fut parfait en lui ? non, sans doute. Il avait ses défauts qui provenaient de la nature même de son caractère, doux et aimable, il est vrai, mais en même temps vif, bouillant, fortement enclin à la colère.

Grâce à Dieu, monsieur Possenti n'était pas de ces pères qui passent tous leurs caprices à leurs enfants, sous prétexte qu'ils sont jeunes, sauf à regretter, le plus souvent, leur faiblesse quand il est trop tard.

Eh quoi, peut-on ignorer que pour redresser un arbre il ne faut pas attendre qu'il ait grandi ?

La Sainte Ecriture déclare que l'homme parvenu à la plus extrême vieillesse marchera encore dans les voies qu'on lui aura tracées dès son enfance.

Voilà pourquoi, en père prudent et qui aime ses enfants d'un amour véritable, monsieur Possenti n'omettait pas de combattre leurs défauts, ni de leur infliger les corrections utiles.

François, dès sa plus tendre enfance, était obéissant et respectueux envers son père, mais son naturel bouillant le portait parfois à des accès de colère, quand on lui adressait quelque réprimande.

On le voyait alors frapper du pied, se débattre comme un furieux, puis s'en aller le visage enflammé.

Ce n'était là toutefois qu'un feu de paille.

Son bon cœur ne lui permettait pas de demeurer dans cet état violent.

Il revenait bientôt tout confus et les larmes aux yeux, demander pardon à son père de ses emportements, et le conjurer de lui rendre toute son affection.

Afin d'inspirer à son enfant une horreur plus vive de sa conduite, comme aussi pour se l'attacher d'une manière plus étroite et plus tendre, monsieur Possenti feignait, dans ces circonstances, de ne pas le voir ou de ne pas se soucier de lui, ni de ses promesses ; il le repoussait même avec un visage sévère, en lui disant : « Je n'ai que faire de tes caresses, ce n'est là que pures grimaces. Je veux des actes. »

François alors de se jeter au cou de son père, avec des larmes encore plus abondantes.

Vaincu par toutes ces marques d'un sincère repentir, monsieur Possenti le prenait dans ses bras, le couvrait de ses baisers, puis le renvoyait assuré de son pardon et de sa tendresse.

Grâce à cette conduite prudente de son père, qui ne lui passait aucun caprice, l'enfant apprenait à combattre ses propres défauts et à les vaincre.

Nous verrons plus tard comment il parviendra à dompter son caractère.

Il deviendra un modèle accompli de douceur inaltérable.

Le prodige opéré en Saint François de Sales se renouvellera en lui.

Au reste la mémoire de ce grand saint sera chère au cœur de notre Bienheureux ; il goûtera ses écrits et en conseillera la lecture à son père.

CHAPITRE II

François fréquente l'Ecole des Frères. — Sa Première Communion. — Il fait ses humanités au Collège des Jésuites de Spolète. — Le cœur de François se partage entre les sentiments de la piété et les vanités du monde.

Monsieur Possenti n'ignorait pas que l'un des premiers devoirs d'un père à l'égard de ses enfants est de leur assurer une éducation vraiment chrétienne.

Il confia de bonne heure son cher François aux soins intelligents et dévoués des Frères des Ecoles Chrétiennes.

C'est donc sous la direction des Enfants de Jean-Baptiste de la Salle, que le Bienheureux puisa les premiers éléments des connaissances humaines et développa les principes de la piété, de la vertu que l'éducation du foyer avait fait germer en lui.

Nous possédons peu de particularités relatives aux années qu'il dut consacrer aux études primaires.

Nous savons qu'il faisait de rapides progrès, car son intelligence était vive, sa mémoire prompte et fidèle, son application soutenue.

Monsieur Possenti s'intéressait vivement aux succès de son fils, mais cette sollicitude pour la culture de l'intelligence ne lui faisait pas oublier la culture du cœur.

Conformément aux traditions de piété établies dans sa famille, il voulut que François s'approchât de bonne heure du tribunal de la Pénitence, pour y puiser, avec les sages conseils du prêtre, les grâces précieuses du sacrement qui purifie les souillures de nos âmes.

C'est l'usage dans quelques nations, notamment en Italie, et cet usage est conforme à la tradition des premiers siècles du christianisme, d'admettre de bonne heure les enfants, non pas seulement à la réception du sacrement de Pénitence, mais à celle de la Confirmation et de l'Eucharistie.

François avait 7 ou 8 ans quand il reçut des mains de Monseigneur Sabbioni, archevêque de Spolète, le sacrement qui verse dans les âmes les dons précieux de l'Esprit-Saint et arme le chrétien pour les nobles combats de la vertu.

C'est une preuve, d'ailleurs, que le pieux enfant avait déjà une connaissance suffisante des vérités de notre sainte Religion.

Faut-il s'en étonner, quand on connaît les sentiments de foi qui distinguaient monsieur Possenti et les maîtres dont celui-ci avait fait choix pour l'éducation de ses enfants ?

Nul n'ignore avec quel zèle les Frères des Ecoles Chrétiennes enseignent à leurs élèves, en même temps que les éléments des siences humaines, les sublimes vérités de notre foi.

Bientôt va poindre pour notre pieux élève l'aurore si désirée du grand jour de la Première Communion, de ce jour ordinairement si décisif pour la vie toute entière et pour l'éternité.

Quelle admirable préparation cet enfant privilégié ne dut-il pas apporter à la réception de ce sacrement par excellence, de ce sacrement qui nous donne le corps, le sang, l'âme et la divinité de Notre-Seigneur Jésus-Christ, en un mot, tout l'Homme-Dieu !

Tel était son esprit de foi, nous déclare un témoin oculaire, telle la véhémence de ses désirs, l'ardeur de son amour, qu'au moment de recevoir son Dieu pour la première fois « on l'eût pris pour un ange. »

Nous n'essaierons pas de percer le voile des secrets mystérieux qui s'échangèrent alors entre le cœur de l'enfant et le cœur adorable du divin Maître : toujours est-il que ces sentiments de foi et de piété envers la divine Eucharistie ne cesseront de briller en lui d'un éclat extraordinaire durant les années de son adolescence, et au milieu même de sa vie quelque peu mondaine.

C'est d'ailleurs à la réception fréquente de la sainte communion qu'il devra surtout la grâce d'avoir été préservé de tout désordre grave.

Lorsque François eut terminé ses études primaires, monsieur Possenti songea à lui faire donner une éducation plus relevée et plus en rapport avec sa situation ; il confia son fils, comme il l'avait fait pour ses autres enfants, aux Révérends Pères Jésuites qui dirigeaient le collège de la ville.

Ce collège, florissant par le nombre des élèves et plus encore par la science et la vertu des maîtres, avait été fondé par la munificence de Léon XIII, une des gloires de Spolète.

Comme ses prédécesseurs, ce grand Pape savait apprécier le rare talent que possèdent les fils de Saint-Ignace pour l'instruction et l'éducation de la jeunesse.

C'est au collège de Spolète que François fit, en qualité d'externe, toutes ses études, y compris celle de la philosophie.

Son application au travail était soutenue et ne contribuait pas peu au développement de ses aptitudes naturelles.

Aussi ses progrès étaient sensibles ; chaque année il remportait quelques prix, et au concours général de la dernière année il obtint une médaille d'honneur que l'un de ses frères conservait encore au moment des Procès de Canonisation.

François comptait parmi les meilleurs élèves de sa classe, mais il l'emportait sur tous par sa parole et le charme de sa diction. Les professeurs le choisissaient ordinairement comme lecteur dans les réunions de la Congrégation, et même à l'église, pendant les conférences catéchistiques qui s'y faisaient certains jours de fête.

Sa voix forte et sonore le servait à merveille, et à l'entendre on eût dit qu'il tirait de son propre fond ce qu'il lisait, tant il y mettait d'âme.

C'est ce qui faisait présager en lui un orateur de renom ou un puissant missionnaire.

Son caractère, nous l'avons constaté dans son enfance, était fortement enclin à la colère, et on le vit encore s'échapper quelquefois en vives saillies pendant ses premières années de collège.

« Lorsqu'il recevait de ses maîtres quelque sévère réprimande, lisons-nous dans les Procès de Canonisation, le feu de la colère lui montait au visage, mais il ne tardait pas à revenir à lui et à demander humblement pardon. »

Toujours il eut pour ses professeurs de vifs sentiments d'estime et de respect.

Lui arrivait-il d'entendre des camarades se permettre à leur égard des paroles peu dignes de la reconnaissance que les élèves doivent à leurs maîtres, il prenait aussitôt leur défense et contraignait les détracteurs à se taire.

Ses maîtres de leur côté avaient pour lui une véritable affection et une sorte de prédilection.

C'est que la candeur de son naturel, nous dit un de ses anciens condisciples, s'unissait en lui à un extérieur si aimable et à de si belles qualités qu'il gagnait tout le monde.

« Son commerce était agréable, ses manières distinguées, sa conversation joyeuse, son maintien tenait à la fois de la modestie et de la gravité ; le sourire ne quittait presque pas ses lèvres. Il apportait à rendre service une grâce accomplie. Sa délicatesse de sentiments était exquise ; sa nature, en un mot, semblait formée pour les plus nobles affections. »

Tout le monde fondait sur lui les meilleures espérances.

De si belles qualités ne firent que se développer sous l'heureuse influence de la religion.

« Pendant son adolescence, dit l'un de ses frères, on remarquait en lui une grande bonté de cœur pour le prochain, et je me rappelle qu'il accueillait les pauvres avec beaucoup de charité. Il allait jusqu'à leur donner son pain au risque d'en manquer lui-même, et il lui est arrivé de se priver parfois de sa collation en leur faveur. »

Il avait aussi une tendre compassion pour les malades, auxquels il était heureux de pouvoir rendre quelque service.

Une pensée supérieure lui faisait découvrir en eux les membres souffrants de Jésus-Christ.

François, nous l'avons dit, jouissait de l'affection de ses maîtres ; mais il n'était pas moins aimé de ses condisciples, dont il était d'ailleurs l'un des modèles.

Son caractère enjoué le rendait l'âme des récréations ; il égayait tout le monde par ses plaisanteries de bon goût et les histoires amusantes qu'il racontait.

Bien éloigné de vouloir causer de la peine à qui que se fût, il lui est arrivé d'offrir des excuses à quelque camarade dont il avait reçu des injures imméritées.

Son amour pour l'étude ne lui faisait point négliger l'accomplissement d'autres devoirs encore plus importants, les devoirs religieux.

Il s'approchait souvent des sacrements et toujours avec une piété qui sortait de l'ordinaire et le distinguait même entre tous.

« Jamais, a déclaré un de ses amis les plus intimes, il ne s'approchait des sacrements, sans laisser voir les sentiments de foi et de religieux respect dont il était pénétré. Combien de fois ne l'ai-je pas aperçu les mains jointes, les yeux humides de larmes et comme abîmé dans de profondes pensées ! Combien de fois n'ai-je pas vu son visage comme transfiguré, dans ces moments solennels où l'âme se divinise en quelque sorte par ses rapports et son union intime avec son Créateur ! »

Toujours aussi il conserva envers la Très Sainte Vierge une dévotion filiale.

« Je sais, nous déclare un de ses anciens professeurs, qu'il a montré dès son enfance une dévotion spéciale envers Marie. Je le sais aussi, tout le temps que je l'ai eu pour élève, il suivait avec exactitude les exercices de la Congrégation. Je crois même, si la mémoire ne me trompe, qu'il en a été le Président. »

Sa dévotion envers la Très Sainte Vierge avait surtout pour objet les Douleurs de l'auguste Mère de Dieu.

Pendant ses dernières années de collège, témoigne un de ses frères, il manifestait une dévotion particulière envers Notre-Dame des Douleurs. Nous avions chez nous une petite statue la représentant avec le corps inanimé de son Fils entre les bras. C'est François lui-même qui se réservait le soin d'orner son petit autel. Il y entretenait une lampe constamment allumée et y récitait chaque jour quelque prière. »

Cette dévotion marquée envers Marie, il le reconnaîtra lui-même, a été l'un des moyens les plus puissants qui lui ont fait éviter les graves écueils auxquels sa vertu a été plus d'une fois exposée.

Les qualités morales que nous avons signalées dans notre jeune homme, jointes à une physionomie gracieuse, séduisante, pouvaient lui créer un véritable danger à la fleur de son adolescence, et de fait, l'astucieux ennemi de tout bien lui livrera de terribles assauts.

Le démon, il est vrai, ne réussira point à lui ravir l'innocence, mais il remportera cependant sur lui quelques légers avantages.

Ceci soit dit à l'honneur de la vérité, comme à la gloire de notre jeune héros que nous verrons bientôt triompher, en disant au monde un éternel adieu, et réparer surabondamment toutes les pertes que lui auront fait subir son inexpérience et son trop grand amour des amusements frivoles.

Puisse la jeunesse d'aujourd'hui, plus exposée que jamais, se mettre en garde contre les périls qui la menacent de toutes parts ; puisse-t-elle du moins pleurer aussi amèrement ses graves désordres, que François a pleuré ses frivolités !

Vers l'âge de 16 à 17 ans, la beauté de son âme fut diminuée par une teinte de vanité et de légèreté.

Il voulait que ses habits fussent du meilleur goût et à dernière mode. Il se parfumait les cheveux et les arrangeait avec beaucoup de recherche.

Ami des joyeuses réunions, il se livrait avec ardeur aux amusements frivoles et même à la danse.

Faisons observer toutefois que c'était uniquement dans des familles amies et très honorables, où monsieur Possenti allait de temps en temps passer quelques heures, le soir, pour se délasser des travaux de la journée.

Avec cette inclination immodérée pour les divertissements, François avait un penchant marqué pour les représentations théâtrales.

Doué d'une diction très agréable, il était quelquefois invité à prendre part à des pièces qui se jouaient dans des soirées de famille et il s'y prêtait sans se faire prier, jamais toutefois sans la permission de son père.

Ces sortes de distractions étaient innocentes par elles-mêmes ; elles dénotaient toutefois dans ce jeune homme des tendances périlleuses.

Cependant les témoignages sont unanimes à déclarer qu'on n'a jamais remarqué en lui un acte, ni même une parole contraire à la morale et à la vertu.

« Bien qu'il aimât à se produire dans le monde, nous dit un de ceux qui l'ont connu le mieux, jamais il n'a manqué à cette réserve et à cette circonspection que la piété de ses parents et les enseignements de ses maîtres lui avaient inspirées... Il n'a jamais abandonné les pratiques religieuses, ni les devoirs positifs d'un bon chrétien... Il avait même contracté la pieuse habitude de faire ses actions pour l'amour du Bon Dieu, si bien que son entrée en religion doit être regardée, non pas comme une conversion proprement dite, mais plutôt comme un changement en mieux. »

« Ses mœurs étaient irréprochables, déclare encore un de ses amis les plus intimes. Je n'ai jamais entendu sur ses lèvres une parole peu mesurée, ou qui se rapportât même de loin à des choses peu convenables. »

Le trait suivant montre avec quel soin François veillait à la garde de sa pureté, de cette vertu qui donne à l'adolescence tant de charme et d'éclat, et répand en même temps un si délicieux parfum autour d'elle.

Un des condisciples de François le rencontre un jour un couteau-poignard à la main ; très surpris de lui voir une telle arme, il lui fait observer que cela n'est pas convenable pour quelqu'un de son rang. —

« J'ai dû m'en saisir, répond-il, avec vivacité et encore sous le coup d'une forte émotion, j'ai dû m'en saisir afin de repousser les violences d'un jeune homme vicieux, qui voulait m'entraîner au mal, et qui n'a renoncé à son projet que lorsqu'il m'a vu bien décidé à faire usage de la force. »

Cet exemple de vertu nous rappelle la conduite de l'angélique François de Sales, dans une conjoncture à peu près semblable, alors qu'il suivait les cours de l'Université de Padoue.

Notre serviteur de Dieu a donc eu le bonheur de préserver son innocence de toute atteinte grave ; les témoignages sont unanimes sur ce point.

Mais alors, comment expliquer les reproches sévères qu'il se fera plus tard, quand il sera consacré au Seigneur dans la vie religieuse, les pleurs amers et presque intarissables que le souvenir de ses légèretés fera couler de ses yeux ?

« O vanité de mes passe-temps, s'écriera-t-il avec
« douleur, quel n'était donc pas mon aveuglement !
« Je ne vivais que pour un peu de fumée !... O mon
« Dieu, que de soupirs s'échappent de mon cœur à
« la pensée des théâtres et des amusements frivoles
« auxquels je me livrais... Dans quels abîmes ne
« serais-je pas tombé, si la Très sainte Vierge Marie
« n'était venue à mon secours !... »

Mais n'anticipons point sur notre récit et bornons-nous à dire que les paroles du Serviteur de Dieu qui seraient de nature à nous faire supposer qu'il eut le malheur de tomber dans de graves péchés, ne prouvent qu'une chose : c'est que, dans la vie des saints, c'est que les moindres fautes vénielles paraissent vraiment horribles à ceux qui, éclairées des vives lumières de la foi, conçoivent

Au reste, la divine Providence, qui le destine à une grande sainteté, va bientôt commencer à détacher son cœur des fausses joies de la terre, alors de la

CHAPITRE III

La vocation religieuse. — Le Bienheureux se sent appelé à la Congrégation de la Passion. — Double épreuve. — Circonstance mémorable qui détermine François à renoncer aux vanités du siècle.

Notre-Seigneur, côtoyant un jour le lac de Génésareth, vit Simon-Pierre et André son frère : « *Venez avec moi,* leur dit-il, *je vous ferai pêcheurs d'hommes.* »

A cette invitation de Jésus, les deux frères quittent aussitôt leur barque et leurs filets et se mettent à sa suite.

Les autres apôtres furent appelés par le divin Maître dans des circonstances à peu près semblables, et ils n'hésitèrent pas davantage à répondre à sa voix.

Saint Jérôme rapporte, à ce sujet, que le philosophe Porphyre et Julien l'apostat taxaient d'insensée la conduite des apôtres ; ils avaient agi, disaient-ils, à la légère et sans la moindre réflexion.

Ces sophistes haineux, dignes ancêtres des impies de nos jours, prétendaient prouver par là que la religion chrétienne ne reposait sur aucune base solide et qu'elle était déraisonnable.

L'illustre docteur de l'Eglise réduit à néant ce raisonnement spécieux.

« Quoi donc ! répondait-il, nous voyons dans la nature elle-même la pierre aimantée attirer invinciblement à elle les paillettes de fer, et nous nous étonnerions que le Créateur souverain possédât la puissance d'attirer, quand il le veut, les âmes dont il est lui-même l'Auteur ?

« D'ailleurs, ajoutait-il, nous devons supposer qu'il y avait dans le regard du divin Maître, dans ses paroles, en toute sa personne sacrée, comme un reflet de sa divinité, bien capable de subjuguer des âmes droites et dociles. »

Cette conduite qu'il a plu au Sauveur de tenir dans la vocation des apôtres, il la continue, bien que d'une manière invisible, à l'égard de ceux qu'il appelle à le suivre dans la voie des conseils évangéliques.

Ceux-là qui en ont fait l'expérience peuvent répondre aux détracteurs de la vie religieuse, que ce que nous appelons la vocation n'est point une illusion, une sorte de folie, le produit d'une imagination troublée, mais quelque chose de réel et de divin.

Ils peuvent déclarer que suivre cet appel mystérieux, c'est se conduire selon les lois de la plus haute raison, qui dicte l'obéissance à la volonté divine clairement manifestée.

Multiples sont les moyens dont Dieu se sert pour attirer les âmes dans les voies de la perfection évangélique.

Tantôt il frappe de grands coups, il terrasse de nouveaux Saul sur le chemin de Damas, et ramène à la vertu de nouveaux Augustin ; tantôt il découvre dans les accidents de la vie, comme à saint François de Borgia, le néant des biens de ce monde ; d'autres fois, il attire comme insensiblement à Lui par des voies cachées et toujours admirables.

A quelle époque Dieu inspira-t-il à notre Bienheureux l'idée d'embrasser la vie religieuse ?

Nous ne le savons pas d'une manière positive. Il est certain toutefois que cette voix divine s'est fait entendre de bonne heure à son âme, comme il résulte des déclarations faites sous la foi du serment dans les procès de Canonisation.

« Ce projet d'entrer dans la vie religieuse, dit un témoin qui l'avait connu tout jeune encore, François le mûrissait dans son âme sans le donner à connaître à sa famille. »

« Je sais, déclare un autre témoin, qu'il a entendu plusieurs fois l'appel de Dieu l'invitant à quitter sa vie un peu mondaine, et le pressant d'entrer dans une Congrégation religieuse. »

« Je ne connais pas, ajoute un troisième, l'époque précise de son changement de vie, ni la cause qui le fit rentrer en lui-même, je suis certain cependant que les bonnes inspirations ne lui faisaient pas défaut, car depuis sa plus tendre enfance il eut toujours une très grande dévotion envers la Très Sainte Vierge Marie, et je suis persuadé qu'il lui doit sa vocation à l'état religieux. »

François Possenti a donc été appelé de bonne heure à la vie religieuse, mais quand a-t-il compris que Dieu le voulait dans la Congrégation de la Passion ?

« Je ne sais comment expliquer le choix qu'il a

fait de la Congrégation des Passionistes, dit un de ses anciens camarades de Collège, car il n'y avait point de ces religieux à Spolète, et je n'ai pas entendu dire non plus qu'il eût des relations avec eux. »

Le Serviteur de Dieu répondra lui-même à l'un de ses frères qui lui opposera les austérités de la vie des Passionistes : « Il y a longtemps que je me sens appelé à me consacrer à Dieu dans cet Institut. »

Si maintenant nous recherchons la cause qui a pu le déterminer à ce choix, nous la trouverons sans doute dans la volonté de Dieu de qui dépend notre vocation à tel ou tel genre de vie, mais surtout dans sa dévotion extraordinaire à la Passion du Sauveur.

« Il aimait à méditer très souvent la Passion et la mort de Jésus-Christ ainsi que les Douleurs de Marie, et il désirait trouver une Congrégation dans laquelle il lui fût possible de s'adonner plus aisément à ce pieux exercice. Voilà pourquoi, depuis un certain temps, il avait arrêté les yeux sur celle des Passionistes. »

François était donc arrivé à l'âge de l'adolescence, mais tous ses bons désirs, tous les appels d'en haut restaient sans résultat. C'est même vers ce temps qu'il commença à ouvrir davantage son cœur aux frivolités du monde, dont le bruit étouffait la voix divine.

Le Seigneur qui avait sur lui de grands desseins de perfection ne l'abandonna pas, et diverses épreuves ménagées par sa Providence paternelle contribuèrent puissamment à le faire rentrer en lui-même.

Une grave maladie le conduisit en quelques jours aux portes du tombeau.

L'aspect de la mort lui inspira une salutaire frayeur ; il eut recours à Dieu et à la Très Sainte Vierge, promettant de quitter le monde s'il obtenait la guérison. Sa prière fut exaucée, mais il ne tarda pas à oublier ses promesses.

Il tombe de nouveau très dangereusement malade.

Déjà tout espoir semblait disparu, quand la pensée lui vint de recourir au Seigneur par l'intercession du bienheureux Bobola, tout récemment élevé aux honneurs des saints autels. Notre moribond renouvelait sa promesse d'entrer dans une Congrégation religieuse.

Cependant le mal augmentait au point de rendre la respiration très difficile, et l'on craignait de le voir d'un moment à l'autre exhaler le dernier soupir.

Plein de confiance dans la protection du saint martyr, François fit placer son image sur la partie atteinte, et ne tarda pas à s'endormir. Quelques heures plus tard, il s'éveillait complètement guéri.

Le Serviteur de Dieu conservera jusqu'à sa mort le souvenir reconnaissant de cette faveur insigne. Il emportera au couvent l'image du bienheureux, et ne cessera d'avoir pour elle une grande vénération.

Ayant donc recouvré la santé d'une manière si prodigieuse, François voulut mettre sa promesse à exécution. Il fit même quelques démarches dans ce but, mais il ne tarda pas à abandonner une fois encore tous ses beaux projets, pour retourner à la frivolité.

L'amour du monde était rentré dans le cœur de notre adolescent, quand un évènement tragique vint le réveiller de sa langueur spirituelle, et lui rappeler ses promesses réitérées.

François aimait tendrement tous les siens, mais une affection plus vive l'unissait à sa sœur Marie.

Tous deux semblaient n'avoir qu'un même esprit et qu'une seule âme. Aussi quels ne furent pas les déchirements de son cœur lorsque la cruelle main de la mort vint la lui arracher violemment, dans tout l'épanouissement de sa jeunesse.

Mademoiselle Marie Possenti fut la première victime du choléra qui fit son apparition dans la ville de Spolète en 1855.

Le terrible fléau continuera ses affreux ravages, jusqu'au jour où les ardentes supplications du peuple tout entier en auront obtenu la cessation par l'intercession miraculeuse de la Très Sainte Vierge.

Cette mort inopinée causa à François un profond chagrin. Pendant plusieurs jours il ne cessa de verser des larmes. Elle fut aussi pour lui comme un coup de foudre qui le tira du sommeil spirituel auquel il s'abandonnait, et comme un éclair qui fit briller à son esprit, plus vivement que jamais, ces vérités éternelles qu'il semblait trop oublier.

« Nous sommes comme l'eau qui s'écoule, disait-il souvent, empruntant les paroles de la Sainte-Ecriture. La figure de ce monde passe ; l'homme s'évanouit comme une ombre, comme l'image d'un songe... Il y a quelques jours à peine, ma sœur était une fleur de beauté ; elle jouissait d'une santé florissante, et maintenant qu'est-elle devenue ?...

Levez la pierre qui la recouvre et regardez, vous ne verrez plus qu'un amas de pourriture ! »

Ce tragique évènement produisit un changement notable dans la conduite de notre jeune mondain, du moins pendant quelque temps, et rappela fortement à son esprit ses anciennes promesses de vie religieuse.

Il semble même que François, à cette époque, ait fait part à son père de son dessein d'entrer en religion : c'est ce qui résulte de certaines dépositions aux Procès de Canonisation.

Monsieur Possenti aimait d'une affection toute particulière son cher François, et, soit crainte de voir ce fils bien-aimé s'arracher à sa tendresse, soit désir d'éprouver la sincérité de sa vocation, il cherchait à le produire encore davantage dans le monde et le conduisait plus fréquemment au théâtre et aux soirées.

En agissant ainsi monsieur Possenti n'outrepassait-il point les bornes de la prudence ? N'écoutait-il point trop les sentiments de la chair et du sang ? N'assumait-il point même devant Dieu une certaine responsabilité ?

Toujours est-il que notre adolescent ne tarda pas à se livrer de nouveau et même avec plus d'ardeur que jamais à la légèreté, au luxe des habits, à l'amour des vanités du monde.

Il parut oublier, une fois encore, les promesses faites à Dieu ; et il déclarera plus tard que sans une nouvelle grâce de la Très Sainte Vierge, il aurait peut-être compromis sa vocation et même son salut éternel.

Nous l'avons fait entendre, la conduite de monsieur Possenti, relativement à la vocation de son fils, ne paraît pas en tout digne d'approbation.

Il est juste cependant de faire observer qu'il n'allait jamais que dans des familles très honorables, et que le théâtre était loin d'être alors ce qu'il est devenu de nos jours.

La ville de Spolète faisait partie, à cette époque, des Etats Pontificaux, et les pièces qui se jouaient au théâtre offraient toute garantie de moralité. François, il est vrai, ne tardera pas à déplorer le danger auquel sa vertu y avait été exposée. A maintes reprises il conjurera son père de ne point y conduire ses autres frères. Il ira jusqu'à dire, dans une lettre à un ami, qu'il est bien difficile de sortir l'âme intacte de ce lieu de plaisir.

Que penser, dès lors, de ces parents qui ne craignent pas de conduire leurs enfants aux représentations théâtrales sous prétexte qu'il n'y a là pour eux aucun danger ?

François se laissait donc éblouir plus que jamais par les fausses apparences des vanité de la terre, sans toutefois outrepasser les limites de la vertu, ni sans jamais devenir, pour qui que ce fût, une pierre d'achoppement et de scandale.

Il continuait à fréquenter les sacrements et se rendait fidèlement aux réunions de la Congrégation dont il faisait partie.

C'est sans doute dans cette dévotion envers la Très Sainte Vierge qu'il puisait l'énergie suffisante pour ne point glisser davantage sur la pente fatale.

Cependant le jour est proche où un dernier coup de la grâce divine va rompre définitivement toutes ses attaches mondaines et lui inspirer l'irrévocable résolution de se consacrer pour toujours au Seigneur.

Dans l'église métropolitaine de Spolète se vénère une délicieuse image de la Très Sainte Vierge, implorant son divin fils en faveur des pécheurs.

Cette peinture appelée la *Sainte Icone*, d'un mot grec signifiant *image*, fut donnée à la ville de Spolète par l'empereur Frédéric Barberousse, en signe de réconciliation et de paix. Lui-même l'avait reçue de ses ancêtres.

C'est un de ces tableaux attribués au pinceau de Saint Luc et dont s'était enrichi l'Occident, lors des persécutions des Iconoclastes ou de l'invasion musulmane.

Chaque année, le jour de l'octave de l'Assomption, la *Sainte Icone* est retirée d'un précieux reliquaire, pour être portée processionnellement dans la cathédrale et sous le portique extérieur, au milieu d'un immense concours du peuple de Spolète et des contrées environnantes.

Personne qui ne se découvre, qui ne fléchisse le genou au passage de l'image miraculeuse de l'auguste Mère de Dieu, et qui ne cherche à la contempler de ses yeux, dans l'espoir d'en obtenir une précieuse bénédiction.

En 1856, comme les années précédentes François se trouvait au milieu de la foule, plutôt en simple spectateur, et sans un sentiment particulier de dévotion, ainsi qu'il l'a lui-même déclaré ; mais, ô prodige ! A peine son regard s'est-il porté sur l'image de Marie, qu'il se sent profondément touché. Il a vu la Très Sainte Vierge le regarder avec une tendresse ineffable et lui adresser en même temps ces paroles : « François, le monde n'est plus pour toi ; il te faut entrer en religion. »

Sous le coup de l'émotion que ce prodige lui cause, il se lève, sort de la foule et va donner un libre cours à ses larmes.

À partir de ce moment il n'est plus le même. Une merveilleuse transformation s'est soudain opérée en lui. La grâce a entièrement changé son cœur, et ce miracle est l'œuvre de Marie, envers laquelle François avait toujours conservé une tendre dévotion.

Pour lui, comme pour d'autres privilégiés de la grâce divine, s'est réalisée la parole du *Cantique des Cantiques* : *Vulnerasti cor meum in uno oculorum tuorum.* « Vous avez blessé mon cœur par un regard de vos yeux. »

Aussi depuis ce jour jusqu'à son entrée dans la vie religieuse, notre pieux converti ne cessa plus de se redire : « Que fais-tu, ô François ? Tu n'es plus pour le monde et le monde n'est plus pour toi... Sors de ta maison et de ton pays et va où la voix de Dieu t'appelle...... Crains le seigneur qui passe et qui ne revient pas pour appeler à Lui une seconde fois.... Souviens-toi de Pierre et d'autres apôtres qui abandonnent sur le champ leur barque et leurs filets pour suivre Jésus-Christ... Si tu n'obéis pas à la miséricordieuse impulsion de ta céleste Mère, tu n'es plus qu'un insensé, qu'un fils ingrat... il ne s'agit plus de délibérer, il faut te résoudre, il faut en venir à l'exécution. »

Cependant, jusqu'au jour même de son départ, François ne fera rien paraître au dehors du travail mytérieux qui s'est opéré et se continue dans son âme.

Il comprenait qu'on ne doit point divulguer, avant l'heure, le secret du roi céleste, ni livrer aux yeux profanes le trésor de la vocation.

Même élégance, même recherche dans la manière de se vêtir ; mais sous ses habits luxueux il cache maintenant un rude cilice, formé de lanières de cuir toutes hérissées de petites pointes, et qu'il porte sur sa chair nue. Le soir, il accompagne encore son père au théâtre, mais, — circonstance vraiment digne d'être rapportée et qui montre bien que François n'est plus intérieurement ce qu'il paraît au dehors, — sous prétexte de monter aux loges supérieures avec ses camarades, il sort du lieu profane et se rend à la cathédrale, située non loin de là, afin de prier aux pieds de l'image de Marie.

Si l'église se trouvait fermée, François demeurait à genoux sous le portique, à l'endroit même où la voix de l'auguste Mère de Dieu s'était fait entendre à son cœur, et il ne quittait le lieu saint que pour rejoindre son père au sortir du spectacle.

Quelques jours encore, et il dira au monde un éternel adieu.

CHAPITRE IV

Le Bienheureux fait connaître à son directeur spirituel sa résolution d'entrer en religion. — Il demande à son père la permission de partir. — Sage détermination de Monsieur Possenti.

La lumière céleste qui avait brillé à l'esprit de François était si vive, si puissantes avaient été les touches de la grâce divine sur son cœur, qu'il ne lui restait pas le moindre doute sur la vérité de sa vocation, il avait répondu, et d'une manière irrévocable, à l'invitation miséricordieuse de son auguste Mère : *Ecce ego, quia vocasti me.* « Vous m'avez appelé : me voici. »

Toutefois, pour agir selon les conseils de la prudence dans une affaire de cette importance, il ne voulut pas s'en tenir à ses seules lumières.

Après avoir prié longtemps et avec ferveur, il va trouver son Directeur spirituel, le R. P. Bompiani, religieux aussi éclairé dans les voies de Dieu que zélé pour sa gloire.

« Un dimanche soir, (c'est la déposition du Révérend Père aux Procès de Canonisation), je vois venir à moi François Possenti qui demande à m'entretenir. Je le fais entrer dans ma classe, et c'est alors qu'il me communique son projet d'entrer dans la Congrégation des Passionistes. Cette détermination m'étonna d'abord chez ce jeune homme, dont le

monde se retire ; le jeune homme alors veut essayer quelques mots, mais l'émotion le saisit et il fond en larmes.

Son père l'encourage avec bonté, lui dit qu'un fils peut en toute confiance déposer ses secrets et ses peines dans le cœur d'un père, et qu'il est d'ailleurs disposé à faire droit à toute demande juste et raisonnable.

Un peu remis de son émotion par ces tendres paroles, François fait enfin connaître, d'une voix entrecoupée de sanglots, sa résolution bien arrêtée d'entrer dans la vie religieuse et sollicite l'autorisation de la mettre à exécution.

A ces mots, monsieur Possenti se met à sourire : « Eh quoi ! lui dit-il en plaisantant, tu me parles de te faire religieux, toi qui jusqu'à présent n'as guère songé qu'aux vanités et aux amusements ! Tu me parles de vêtements de bure, toi qui as toujours recherché une mise élégante ! Du reste, pourquoi agir avec tant de précipitation ? A la première idée de vie religieuse tu veux en venir aussitôt à l'exécution ? Ce n'est point là une chose qu'il faille faire en quelques instants. Avant de prendre une pareille détermination, il faut avoir mûrement réfléchi et longtemps prié. Agir autrement serait s'engager dans une entreprise dont on ne pourrait se retirer ensuite sans beaucoup de honte. Allons, allons, c'est là une pure velléité. Si tu as une véritable vocation, l'avenir le montrera. »

François ne se déconcerte pas à cette réponse qu'il a d'ailleurs prévue. « Non, répond-il, ce n'est point là une résolution prise à la hâte ; j'y ai mûrement réfléchi et mon Directeur spirituel, à qui je m'en suis ouvert, l'a approuvée après un sérieux examen. J'entends constamment au fond du cœur une voix qui me presse d'entrer dans la vie religieuse, et je n'aurai ni paix ni tranquillité que je n'aie vu la réalisation de mes ardents désirs. J'ai déjà fait une demande d'admission et j'attends d'un moment à l'autre une réponse favorable. Tout est arrangé, dit-il en terminant, il ne me faut plus que votre consentement pour couronner l'œuvre. »

Grande fut la surprise de monsieur Possenti en entendant que la demande d'admission était déjà faite, mais son étonnement devint de la stupeur lorsqu'il apprit que son fils voulait entrer dans une des Congrégations réputées les plus sévères, celle des Passionistes.

Il revient avec plus de force encore sur les difficultés déjà proposées et lui fait observer que son tempérament délicat ne saurait soutenir les austérités d'un pareil genre de vie.

François répond à tout et ajoute : « Je ne me lèverai point d'ici, que vous ne m'ayez accordé la permission que j'implore. »

Le père ne sait à quel parti s'arrêter.

Opposer un refus absolu était chose facile, mais qui répugnait à sa conscience. Donner sur le champ son consentement lui paraissait un acte imprudent et dangereux. Il remet donc sa décision à un autre moment.

Monsieur Possenti comptait parmi ses fils un religieux dominicain, le Révérend Père Louis, alors au sein de la famille, mais sur le point de retourner à sa résidence de Livourne ; il le fait appeler dans sa chambre pour un entretien particulier.

« J'étais bien loin, a raconté depuis ce bon religieux, lors des procès de canonisation, j'étais bien loin de soupçonner la communication qui allait m'être faite. Quel ne fut pas mon étonnement d'entendre que mon frère François était absolument décidé à embrasser la vie religieuse dans la Congrégation des Passionistes ! — Remettez-lui encore sous les yeux, me dit mon père, les sérieuses difficultés qui s'opposent à l'exécution d'un pareil projet, surtout la délicatesse de son tempérament. S'il persiste dans sa détermination vous voudrez bien l'accompagner vous-même. Je viens de recevoir du R. P. Provincial des Passionistes une lettre par laquelle il fait connaître à votre frère que sa demande d'admission au Noviciat est accueillie. »

« Pour me rendre au désir de mon père je vais trouver François.

« Grande est ma surprise, lui dis-je, d'apprendre que vous avez résolu de quitter le monde. — Il y a longtemps, me répond-il, que je me sentais appelé à me donner tout à Dieu dans l'Institut de la Passion. — Mais ne voyez-vous pas quelle peine vous allez causer à notre excellent père et à toute la famille, en les abandonnant ainsi ? Sachez, au reste, que les obligations de la vie religieuse sont très graves. Comment surtout vous sera-t-il possible de soutenir les austérités de la Règle des Passionistes ?

Mon frère satisfit à mes diverses questions.

« Quant à l'austérité de vie des Passionistes, ajouta-t-il, j'espère que le Bon Dieu me viendra en aide. »

Je compris que sa résolution n'était nullement

l'effet d'un caprice, mais provenait d'une véritable vocation. Notre père se rendit à mon avis.

Il fut décidé que j'accompagnerais mon frère au noviciat et que nous nous arrêterions à Lorette, tant pour vénérer ce sanctuaire que pour voir un de nos oncles, chanoine de l'insigne basilique, auquel mon père voulait aussi confier l'examen de la vocation de François, résolu d'avance à s'en tenir à la décision de ce prêtre, aussi recommandable par son savoir que par sa pitié. »

En apprenant cette détermination de son père, le serviteur de Dieu tressaillit de bonheur ; il se voyait déjà vainqueur de tous les obstacles. Sa vocation à la vie religieuse lui paraissait tellement certaine qu'il ne redoutait en rien l'examen le plus minutieux et le plus sévère.

Dès le lendemain matin il court à l'église des Servites se jeter aux pieds d'une image de Notre-Dame des Douleurs, pour laquelle il avait toujours nourri une particulière dévotion, et là, dans l'effusion de son âme, il rend grâce à Marie de la permission qu'il vient d'obtenir.

Désormais il compte les jours, les heures qui le séparent encore du moment fortuné où il pourra franchir le seuil du monastère.

Comme le nautonnier errant à l'aventure au milieu des écueils, sur une mer soulevée par la tempête, dès qu'il aperçoit le port, hâte sa course pour y entrer et se soustraire au péril qui le menace, ainsi François dirige toutes ses pensées, tous ses désirs vers le port de la vie religieuse ; il tend de toute l'énergie de son âme vers cet asile béni qui le mettra à l'abri des dangers du monde.

Au moment déterminé, François lit son discours, mais avec tant de grâce et tant d'âme que l'assistance en est sous le charme.

Le légat apostolique, président de la distribution des prix, partage l'admiration générale, et se tournant vers monsieur Possenti placé à son côté, il lui dit avec un sentiment d'exquise délicatesse : « Si votre fils était ici, je l'embrasserais pour vous. »

François ne laissait donc absolument rien soupçonner des sentiments dont son cœur était animé.

« Pour moi, a déclaré plus tard monsieur l'abbé Bonaccia, son condisciple et son ami, j'ai toujours gardé la persuasion que François s'était vêtu ce jour-là avec plus d'élégance que jamais, afin de mieux terrasser, en présence de ce grand concours de peuple, toutes les vanités du siècle. »

N'aurait-il point voulu imiter les religieuses, le jour où elles disent au monde un éternel adieu pour se consacrer entièrement à Jésus-Christ ?

On les voit, au commencement de la pieuse cérémonie, revêtir les plus riches parures : perles précieuses, bracelets, couronnes brillantes, et bientôt après s'en dépouiller pour le céleste Epoux.

La distribution des prix terminée, le jeune Possenti rentre dans sa famille, pour lui consacrer les dernières heures qui vont précéder son départ.

Nous renonçons à reproduire la scène attendrissante des derniers adieux : les mutuels embrassements, les larmes coulant de tous les yeux, les supplications de ses frères et sœurs, qui tous le conjurent en sanglotant de ne point les quitter, de ne point abréger les jours de leur vieux père.

Comment surtout décrire les déchirements de cœur de ce père si aimant et si tendrement chéri !

Il ne fallait rien moins que la toute puissance de la grâce divine pour triompher des sentiments exquis de piété filiale dont était animé ce noble adolescent.

Le lendemain, dès la pointe du jour, François, accompagné de son frère le dominicain, partait en voiture dans la direction de Notre-Dame de Lorette.

Malgré le bonheur intime de son âme, il jetait en s'éloignant un dernier regard empreint de tristesse sur cette ville de Spolète où il avait passé de si heureuses années ; sur cette maison où il laissait en pleurs ses frères, ses sœurs et ce père bien-aimé qu'il ne reverra plus.

Ceux qui ne connaissent qu'imparfaitement les pensées de la foi trouveront étrange une pareille détermination ; peut-être même seront-ils portés à la taxer de cruauté et de folie.

Comment ! Un jeune homme, à la fleur de son adolescence, renoncer à un brillant avenir, fouler aux pieds les sentiments de l'amitié, de la famille, pour s'ensevelir en quelque sorte tout vivant dans un cloître !.....

Pour nous, qui sommes éclairés des lumières surnaturelles, nous trouvons l'explication d'une si admirable conduite dans cette parole que le divin Maître adressait à un jeune homme bon et favorisé des dons de la fortune : « Si vous voulez être parfait, renoncez à tout et venez à ma suite, portant chaque jour votre croix, » et dans cet autre : « Quiconque ne quittera pas sa maison, ou son père, ou sa mère, ou ses sœurs, ou ses frères pour mon amour, celui-là n'est pas digne de moi. »

Au reste, s'attacher ainsi aux pas du Sauveur, — pour une âme qu'il daigne appeler à sa suite — ce n'est nullement se dépouiller des nobles sentiments de la nature, c'est plutôt les purifier et comme les diviniser.

Ecoutons comment notre jeune François, devenu religieux, a répondu lui-même victorieusement à cette fausse accusation : que le religieux foule aux pieds les sentiments du cœur.

« Ne croyez pas, écrira-t-il à son père — comme
« il en est qui le pensent faussement — ne croyez
« pas que pour être entré en religion, un fils ou-
« blie l'amour qu'il doit à son père, et tout ce que
« ses parents ont fait et souffert pour lui. Je puis
« vous assurer, au contraire, qu'en se consacrant à
« Dieu, le religieux perfectionne sa tendresse na-
« turelle pour les siens, et garde toujours le sou-
« venir reconnaissant de leurs bienfaits. »

La nouvelle du départ de François Possenti s'était répandue avec rapidité et causait dans toute la ville, mais principalement parmi ses camarades de collège, une surprise d'autant plus grande, que la veille encore on le voyait prendre une large part à la séance académique, et attirer les regards et les applaudissements de tous les spectateurs.

Ce départ imprévu faisait l'objet de toutes les conversations. Les uns ne pouvaient y croire ; d'autres se demandaient d'où pouvait provenir une pareille détermination... Si encore il avait choisi un Ordre peu austère, mais l'un des plus rigoureux, l'Ordre des Passionistes !... Pourra-t-il s'habituer à une vie aussi dure, lui d'un tempérament si délicat !... Oh ! quelle merveille de la grâce, ajoutaient les autres !... Oh ! quelle générosité de cœur! Oh ! quelle promptitude à répondre à l'appel de Dieu !....

Beaucoup lui portaient envie, l'appelaient bienheureux et tiraient de salutaires réflexions d'un si bel exemple.

Rapportons à ce sujet les paroles d'un de ses condisciples, devenu plus tard son biographe.

« La veille de son départ, à la séance académique de la distribution des prix, je me trouvais avec lui sur l'estrade. Lorsque nous descendions, il se tourna vers moi d'une manière fort aimable et me fit ses adieux. Pourquoi, lui dis-je, me faire vos adieux ? — C'est que, répondit-il, je pars demain pour un voyage qui ne sera pas bien long.

« Je crus qu'il allait simplement passer, chez des parents, une partie des vacances, et n'attachai aucune importance aux adieux qu'il m'adressait ; mais quand, le lendemain matin, j'appris par les Pères du collège son généreux dessein, j'éprouvai une profonde émotion dont le souvenir est toujours vivant dans mon cœur. »

Durant le trajet, qui fut assez long, François se montra fort joyeux. On eût dit un exilé reprenant le chemin de la patrie. Il égayait ses compagnons de route par de bons mots, d'agréables saillies, et laissait voir toute l'aménité de son caractère et la candeur de son âme. Arrivés à Lorette, les deux frères se rendirent chez monsieur le chanoine Acquacotta, leur parent, et lui remirent la lettre par laquelle leur père le priait d'examiner la vocation de François, et déclarait s'en remettre à son jugement.

Monsieur le chanoine fit le plus aimable accueil à ses neveux, mais l'heure étant assez avancée, il remit au jour suivant l'examen qui lui était demandé.

Le 8 septembre, fête de la Nativité de la Très Sainte Vierge, était un jour de grande solennité à Lorette. Une multitude considérable de pèlerins accouraient de bien loin, pour offrir à Marie, dans ce pieux sanctuaire, de touchants témoignages de leur foi et de leur amour.

« Nous nous rendîmes de bonne heure à la basilique, afin de satisfaire notre dévotion, raconte le R. P. Dominicain. Tandis que j'allais célébrer la sainte Messe, mon frère s'approchait du tribunal de la Pénitence et avait ensuite le bonheur de recevoir la Communion dans la *Santa Casa*. (1)

« Son action de grâces terminée, il se rendit au collège des Pères Jésuites, pour y saluer un de ses anciens professeurs. Bientôt après je le retrouvai en prières à la *Santa Casa*.

« Comme je le pressais de venir assister avec moi à la messe solennelle, durant laquelle devaient se faire entendre de brillants artistes : « Je préfère demeurer dans la *Santa Casa*, me répondit-il.

« Combien d'heures n'a-t-il point passées aux pieds de notre bonne Mère du Ciel ! C'était, je n'en doute pas, pour la remercier de la grâce si pré-

---

(1) La *Santa Casa* est la maison qu'habitait la Sainte Famille à Nazareth, et dans laquelle s'est opéré le Mystère de l'Incarnation du Verbe divin. Elle a été miraculeusement transportée d'abord en Dalmatie, et plus tard en Italie, le 10 Décembre 1294.

cieuse de la vocation, comme aussi pour attirer la protection de cette puissante et douce Reine sur toute notre famille et particulièrement sur notre père bien-aimé.

« A l'heure convenue nous nous présentions chez monsieur le chanoine, notre excellent parent.

« Vous voulez donc devenir religieux, dit-il à mon frère, avec un sourire quelque peu malin... Mais y avez-vous réfléchi ?... Vous êtes-vous rendu compte des graves obligations de ce genre de vie ?... Peut-être ne savez-vous pas que dans la Congrégation des Passionistes il y a des règles très difficiles à observer, pour vous surtout qui avez une santé peu robuste... Vous devrez vous lever chaque nuit pour le chant des Matines, vous astreindre à des jeûnes fréquents, revêtir un habit lourd et grossier, endurer maintes privations.

« Après avoir écouté avec attention et respect ces sages observations et d'autres encore, François répondit que sa détermination était immuable, et que rien ne saurait le faire changer.

« Vous voulez à tout prix, dites-vous, entrer dans l'Ordre des Passionistes ; eh bien ! personne ne connaît mieux que moi les austérités qui se pratiquent dans cette Congrégation. J'ai passé plusieurs jours dans un de leurs couvents, et la seule pensée de leurs mortifications me fait encore frémir... Je ne sais si, jeune et frêle comme vous l'êtes, il vous sera possible de demeurer même un seul jour parmi eux. Je ne voudrais pas vous voir devenir le jouet d'une ferveur passagère. Pensez-y sérieusement, sans quoi vous ne devrez vous en prendre qu'à vous-même, si vous ne persévérez pas. »

« Mon cher oncle, répondit François, j'ai beaucoup réfléchi et beaucoup prié, avant de me décider à suivre la Règle des Passionistes. Je choisis cette Congrégation, précisément parce qu'elle est très austère et qu'on y pratique fidèlement l'observance. Je vous déclare que je n'ai pas le moindre doute au sujet de ma vocation. »

Monsieur le chanoine Acquacotta n'insista plus, il avait acquis la conviction de la vérité de cette vocation, aussi s'empressa-t-il d'écrire à monsieur Possenti pour l'engager à ne point mettre obstacle à la volonté de Dieu sur son fils.

En sortant de chez son oncle, François se rendit de nouveau à la *Santa Casa* ; il allait sans doute remercier l'auguste Mère de Dieu du triomphe qu'il venait de remporter. Le lendemain matin, il disait adieu à ce sanctuaire béni, et partait avec le R. P. Louis dans la direction de Morrovalle, où se trouvait le Noviciat des Passionistes.

Les deux voyageurs s'arrêtèrent quelques heures à Civitanova, chez des parents qui les retinrent à dîner. Ceux-ci ne tardèrent pas à connaître le but de ce voyage, et commencèrent à harceler notre jeune postulant. Chacun lui disait son mot, lui faisait ses remontrances pour le dissuader de ce qu'ils appelaient une folle entreprise. Inutiles efforts ! François répondait à tout le monde avec amabilité et d'un air d'autant plus joyeux qu'il lui semblait toucher au but de ses ardents désirs.

Après avoir remercié leurs parents de leur cordiale hospitalité, les deux frères se remettaient en route et parvenaient, à la chûte du jour, au couvent des Capucins de Montovall [illegible]

Jean-Baptiste, le cadet, était [illegible]

Monsieur Rossini lui avait écrit [illegible] d'examiner attentivement [illegible]

François.

En homme prudent, le bon père fit diverses objections et renchérit à dessein sur les paroles de monsieur le chanoine de [illegible] mon hahit, dit-il enfin, il est grossier [illegible] combien celui des Passionistes [illegible] encore [illegible]

François était resté jusqu'à [illegible] dans sa résolution, et il [illegible] définitive.

Dans quelques heures, il aura franchi le seuil sacré du Noviciat [illegible] et déjà il chante [illegible] prophète : « C'est ici le lieu de mon repos [illegible] parce que je l'ai choisi [illegible] pour [illegible] reposé [illegible]

CHAPITRE VI

Action de Dieu sur les âmes. — Dernières heures passées dans le monde par le Bienheureux Gabriel. — Trait vraiment touchant de sa générosité envers Dieu.

Les admirables paroles que l'Esprit-Saint prononce de l'Eternelle Sagesse disposant tout dans le monde avec une *force* infinie et une égale *douceur* peuvent s'appliquer en toute vérité à la grâce divine, dans la réalisation de ses desseins de miséricorde sur les âmes.

Par sa force toute-puissante la grâce divine aplanit les voies de la sainteté ; elle renverse les montagnes et comble les vallées, elle triomphe de tous les obstacles ; par sa *douceur,* elle ouvre les cœurs, les assouplit et les amène à ses fins, sans jamais porter atteinte à la liberté humaine, pour laquelle Dieu est *pénétré du plus profond respect.* (1)

Cette alliance harmonieuse de la *force* et de la *douceur,* apparaît clairement dans le travail de transformation surnaturelle accompli dans l'âme de François pour le disposer à correspondre aux vues providentielles.

---

(1) Sap. VIII 1 ; XII. 18.

Afin de le réveiller du dangereux sommeil de la tiédeur, deux maladies graves se succèdent coup sur coup, bientôt suivies de la mort inopinée d'une sœur bien-aimée : c'est la puissante voix du Seigneur, qui *brise les cèdres du Liban*. Le jeune homme est ébranlé ; ses yeux se dessillent et il aperçoit le vide, le néant des biens et des plaisirs de la terre. La Très Sainte Vierge vient ensuite couronner l'œuvre par sa voix d'une ineffable suavité, dont le charme le subjuge et l'attire comme invinciblement.

Dès lors, rien ne l'arrête et il marche de victoire en victoire, jusqu'au moment tant appelé par ses vœux, où le saint asile du Noviciat mettra entre lui et les vanités du monde une infranchissable barrière.

Ce moment n'est plus éloigné, quelques heures seulement l'en séparent.

Le lecteur se le rappelle, François, sur le conseil de son confesseur, avait sollicité son admission dans l'Institut des Passionistes. Le supérieur Provincial, à qui les pièces requises avaient été adressées, ne tarda pas à l'informer de l'acceptation de sa demande. Or, monsieur Possenti retint cette lettre, pour gagner du temps, sans doute, et pouvoir examiner plus à loisir la vocation de son fils.

Le R. P. Provincial ne recevant point de réponse et craignant que sa lettre ne se fût égarée, en avait écrit une seconde dans laquelle il exhortait le jeune postulant à demander à son père la permission de partir au plus tôt. « Il ne reste plus, disait-il, qu'une seule place de libre au Noviciat. »

François ne reçut communication de la première lettre que la veille de son départ, et la seconde lui lut seulement remise le lendemain de son arrivée au couvent des Pères Capucins de Morrovalle.

Le pieux jeune homme tressaillit de bonheur en lisant cette dernière lettre qui l'exhortait à presser l'exécution de son projet, s'il ne voulait se voir supplanté par quelque âme plus prompte à obéir à la voix de Dieu. Il croyait entendre la céleste Marie lui réitérant son appel. Aussi brûlait-il de se rendre au Couvent des Passionistes qu'il apercevait, non loin de celui des Capucins, au sommet d'un riant côteau.

Bientôt il se met en route accompagné du R. P. Jean-Baptiste et de son frère.

C'était le 10 Septembre, 4 jours après son départ de Spolète.

Quels durent être les transports de son âme lorsqu'il put enfin franchir le seuil de cette maison bénie ; visiter ce monastère, véritable sanctuaire de la perfection ; contempler ces fervents religieux, qui deviendront bientôt ses frères d'adoption, et considérer ce vêtement grossier, qu'il désire, avec tant d'ardeur, d'échanger contre les livrées du siècle ;

Le couvent de Morrovalle, construit dans un site fort agréable, est éloigné de toute agglomération, conformément à l'esprit de la Règle des Passionistes.

Leur Fondateur, Saint Paul de la Croix, a voulu que les maisons de son Ordre fussent placées dans une solitude profonde, — d'où leur nom de *Retraites*, — pour donner à ses missionnaires toute facilité de se retremper dans le silence et le recueillement, au retour de leurs travaux apostoliques, et de se conserver ainsi de dignes instruments de la gloire du Seigneur.

Une fois entré dans la religieuse Retraite du Noviciat, François ne voulut plus en sortir, malgré les conventions précédentes ; mais laissons le R. P. Louis Possenti nous raconter lui-même ce trait édifiant.

« Le Supérieur des Passionistes de Morrovalle nous avait fait l'accueil le plus aimable, le plus sympathique. Toutefois, je ne pouvais retenir mes larmes, en songeant que je devais quitter mon frère le lendemain, et retourner seul auprès de mon père plongé dans la douleur. Une chose tempérait cependant mon profond chagrin : c'était la pensée que j'avais encore un jour à passer avec lui. Il avait été décidé, en effet, avec notre oncle, que nous reviendrions coucher à son couvent, pour nous rendre le jour suivant à Montegiorgio, près d'une de nos tantes, religieuses de l'Ordre de saint Augustin. François ne devait entrer définitivement au Noviciat qu'au retour de cette visite.

« Nous étions donc depuis deux heures déjà au couvent des Passionistes, quand je fis remarquer à mon frère qu'il était temps de partir : demain soir je reviendrai vous accompagner ici, lui dis-je, pour vous laisser suivre la volonté du Seigneur dans votre nouvelle vocation. — Non, non, me répondit aussitôt François, à ma grande surprise ; non, non, je veux rester ici.

« Vainement je renouvelai ma demande en rappelant sa promesse ; vainement le R. P. Jean-Baptiste et les autres religieux déclarèrent la chose tout à fait juste et convenable, tout fut inutile. « Je suis « venu ici pour y demeurer, rien ne pourra me déci- « der à en plus sortir, » telle fut son unique réponse.

« Mais ne songez-vous pas, lui dis-je, à la peine très sensible que va éprouver notre tante, en me voyant arriver sans vous ? — Morrovalle n'est pas si éloigné de Montegiorgio, reprit-il, qu'une occasion ne se présente plus tard de faire sa connaissance.

« Devant une volonté si arrêtée, où je reconnus un effet de la grâce du Seigneur, je n'insistai plus. J'encourageai mon frère à soutenir, sans défaillance, les austérités du nouveau genre de vie qu'il allait entreprendre, et après l'avoir embrassé une fois encore en fondant en larmes, je le quittai pour ne plus le revoir sur la terre. »

On ne peut se défendre d'un vif sentiment d'admiration devant cette ardente générosité qui témoigne d'un complet renoncement au monde, renoncement que François va bientôt consacrer par la prise de l'habit religieux.

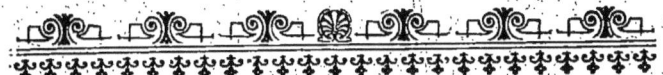

CHAPITRE VII

Le Bienheureux revêt le saint habit de la Passion. — Explication de la cérémonie de vêture. — François manifeste son bonheur dans une lettre à son père. — Autre lettre à un condisciple de collège.

Le 31 Septembre, fête de Notre-Dame des Sept-Douleurs, toute la communauté se trouvait réunie dans le lieu saint pour une touchante cérémonie : la Vêture de François, qui va en même temps échanger son nom contre celui de *Confrère Gabriel de l'Addolorata* ou *de Notre-Dame des Sept-Douleurs*. (1)

Notre fervent postulant s'était soumis avec tant de

---

(1) Pour mieux symboliser leur renoncement au monde, les Passionistes, dès leur entrée au Noviciat, remplacent leur nom de famille par celui d'un saint.
Ce nom est parfois laissé au choix du postulant.
François Possenti — que nous appellerons désormais : *Confrère Gabriel de l'Addolorata*, — demanda-t-il lui-même à porter ce nom ?
Ce qui est certain, c'est que ce ne fut point pour lui un vain titre, nous dirons même qu'il ne saurait mieux le caractériser.
François rivalisera, en effet, de respect et de vénération pour Marie, avec le céleste Messager des divins mystères de notre Rédemption ; et si l'on peut dire que la note dominante de la vie du Serviteur de Dieu fut la dévotion envers Marie, on peut ajouter qu'il eut toujours une prédilection marquée pour le mystère des *Douleurs* de cette Reine des Martyrs.
Quant au mot *Confrère*, il désigne dans la Congrégation des Passionistes les scolastiques et les novices destinés au sacerdoce, mais qui ne sont pas encore dans les Ordres sacrés.

zèle et de perfection aux observances de la communauté, que les religieux l'admettaient d'une voix unanime à prendre le saint habit, onze jours seulement après son entrée au Noviciat.

Ce fut un heureux moment pour lui que celui où il préluda par la vêture au sacrifice qu'il devait consommer, l'année suivante, par l'émission irrévocable des saints Vœux de religion ! Une joie profonde vint inonder son âme, lorsqu'il laissa les vêtements du siècle pour revêtir les précieuses livrées de la Passion du Sauveur ! Son attitude recueillie, ses yeux mouillés de larmes, son visage tout de feu, le sourire céleste épanoui sur ses lèvres, exprimaient éloquemment le bonheur qu'il ressentait au plus intime de son être. Non, jamais prince, se voyant revêtir d'habits somptueux, ruisselants d'or et de pierreries, n'éprouva une joie égale à celle du jeune postulant recevant l'humble et pauvre vêtement religieux.

Il est vrai que les prières liturgiques de la Vêture, particulières à la Congrégation des Passionistes, font admirablement ressortir le sens mystique de cette touchante cérémonie, que notre postulant saisissait déjà si bien. On nous saura gré, nous n'en doutons pas, de les donner ici.

Le prêtre officiant procède d'abord à la bénédiction des vêtements.

Bénédiction de la robe de bure

« Seigneur Jésus, qui avez daigné revêtir notre nature mortelle, nous vous le demandons humblement, daignez bénir et sanctifier ce vêtement qui a pour objet de rappeler le souvenir de votre passion et de votre mort. Accordez à votre serviteur qui désire revêtir, avec un pieux sentiment de dévotion, l'habit de notre Congrégation, la grâce de se revêtir de vous-même. »

Bénédiction de la ceinture

« O Dieu, qui pour sauver votre esclave avez voulu que votre Fils fût lié par les mains des pécheurs, bénissez cette ceinture, nous vous en prions, et faites que votre serviteur conserve toujours le souvenir des liens de ce même Jésus-Christ Notre-Seigneur. Accordez-lui aussi la faveur de persévérer dans cette Congrégation où il entre, et de se rappeler qu'il est lié pour toujours à votre divin service. »

Bénédiction du manteau

« O Seigneur Jésus, daignez bénir ce manteau et le sanctifier par votre céleste miséricorde ; et de même que vous avez accepté de vous voir revêtir d'une robe blanche dans le palais d'Hérode, et d'un manteau d'écarlate dans le prétoire de Pilate, de même accordez à votre serviteur, qui va être revêtu de ce manteau en souvenir de votre Passion, la grâce de supporter généreusement les outrages, les sarcasmes, les moqueries, pour la gloire de votre nom. »

La bénédiction des vêtements terminée, le prêtre adresse un discours au postulant, pour l'éclairer sur le grand acte qu'il est sur le point d'accomplir.

Il le revêt ensuite de la *robe de bure* en prononçant les paroles suivantes :

« Que le Seigneur vous recouvre de ce vêtement noir de la pénitence, afin que vous teniez toujours les yeux fixés sur Jésus qui a été cloué à la croix par les mains des pécheurs, et que vous pleuriez sur lui, comme on pleure sur la mort d'un premier-né. »

En mettant la ceinture

« Que le Seigneur vous attache par le lien de la justice et de la charité, afin que, demeurant constamment au pied de la croix, vous lui restiez toujours uni par le lien du divin amour. »

En mettant le manteau

« Seigneur Jésus, qui avez dit : « Mon joug est suave et mon fardeau léger, » nous vous en prions, accordez à votre serviteur la grâce de porter ce manteau de telle sorte qu'étant soutenu par la continuelle méditation de la Passion, il pratique sans cesse la mortification de la chair. »

Le célébrant place une *croix* sur les épaules du postulant en disant :

« Frère bien-aimé, recevez cette croix en souvenir de la croix de Notre-Seigneur Jésus-Christ : renoncez-vous vous-même sous la main toute-puissante de Dieu, afin de jouir avec lui de la vie éternelle. »

Le célébrant lui met une *couronne d'épines* sur la tête :

« Recevez, Frère bien-aimé, cette couronne d'épi-

heur, bien loin de décroître, devenait plus vif de jour en jour. Après quatre ans de vie religieuse il écrivait à son père :

« Nos réjouissances, à nous, consistent en promenades que nous faisons de temps en temps et qui nous donnent, non point ce vain plaisir qu'on éprouve dans les amusements trompeurs et empoisonnés du monde, mais cette joie véritable que porte avec elle la grâce du Seigneur.

« Oh ! qu'il avait raison cet homme de Dieu, lorsqu'il disait : — si les gens du monde connaissaient la tranquillité, la paix, le bonheur de la vie religieuse, ils entreraient en foule dans les couvents, et les villes deviendraient désertes.

« Oh ! qu'il est doux, me répètent souvent mes Confrères, qu'il est doux de servir Dieu et sa Très Sainte Mère !

« Oh ! les délices que l'on goûte dans une heure d'oraison, en présence de Jésus au Très Saint Sacrement et de Marie sa Très Sainte Mère, sont incomparablement plus grandes que celles que l'on peut éprouver dans des soirées passées au théâtre, dans des salons brillamment éclairés, dans les joyeuses sociétés et les amusements mondains : toutes choses qui ne sauraient rassasier notre cœur ! Oui ! il y a plus d'agrément à faire une simple promenade solitaire dans l'enclos d'un couvent, sous les yeux de Marie notre Reine et l'Amante véritable de nos cœurs, qu'on ne saurait en trouver dans les promenades mondaines les plus enchanteresses. Les plaisirs du monde, en effet, laissent toujours dans le cœur un grand vide que nulle créature ne pourra jamais remplir ! Mais quelle surabondance de consolation pour le religieux quand, le soir venu, il voit que, grâce à la divine miséricorde, toute sa journée a été employée au service de ce Souverain Maître qui sait rémunérer si largement ses serviteurs.

« Oui, ce religieux surabonde de joie à cette pensée, et il se couche sur son pauvre lit en attendant de se lever bientôt pour chanter de nouveau les louanges de Dieu !

« Enfin, ce qui rend le joug du Seigneur agréable, doux, suave, c'est l'espérance que bientôt viendra le jour où, sans avoir à éprouver les angoisses inévitables de la séparation des siens et de tout ce que l'on possède, on ira jouir éternellement de Dieu.»

Un des frères du Serviteur de Dieu sembla lui manifester, un jour, l'intention de le suivre dans l'état religieux. « Je désire ardemment, écrivait-il, que tu me fasses connaître en détail ton genre de vie. » Gabriel en éprouva une joie très vive et s'empressa de répondre :

Mon cher Frère,

Je ne commencerai point ma lettre par les souhaits qu'il est d'usage de s'adresser à l'occasion d'une nouvelle année ; je vais t'ouvrir mon cœur en toute sincérité, comme on le doit à un frère. Que te dirai-je ? Je ne voudrais point jeter le trouble dans ton esprit, mais ces paroles que tu m'as écrites : « Je désire ardemment que tu me fasses connaître en détail ton genre de vie, » ont fait une grande impression en moi. Depuis ce moment, je n'ai point cessé de te recommander particulièrement au Seigneur et à la Très Sainte Vierge Marie, et je continuerai de le faire.

Mon cher frère, serait-elle arrivée pour toi aussi cette heure fortunée qui a déjà sonné pour moi, bien que je fusse beaucoup plus indigne de cette faveur ? Et pourquoi Celle qui est appelée : *Refuge des pécheurs,* n'aurait-elle pas tourné vers tous les deux les regards de sa miséricorde ? J'aime à le croire, et s'il en était réellement ainsi il ne me resterait plus qu'à te dire : *surge et veni*, « Lève-toi, et viens. » Ne fais point comme moi qui, appelé par le Seigneur, ai négligeamment retardé de jour en jour de me rendre à son invitation ; mais si tu entends sa voix, n'hésite pas un instant à y répondre. Laisse-là les sciences, les parents et le monde, et mets la main à l'œuvre. Ne te laisse point tromper par le démon, qui te dira : « Il faut y réfléchir auparavant... » Non, ne l'écoute point, mais pars immédiatement et marche à la suite de Jésus.

Peut-être ne serais-je point où je me trouve maintenant si j'avais retardé quelques instants de plus à répondre à l'appel de Dieu. Aie recours à Marie, et si elle t'a obtenu cette grâce précieuse de la vocation, témoigne-lui ta reconnaissance en faisant à ses pieds le sacrifice de toutes choses et lui disant : (remarque bien ces paroles,) « Je vous sacrifie tout : sciences, parents et biens de ce monde. » Mets-toi sous sa protection et viens sous sa conduite.

Si je devais avoir le bonheur de te voir appelé à la vie religieuse, écris-le-moi bientôt afin que je puisse faire moi-même les démarches nécessaires auprès de notre Provincial. Mais si je m'étais trompé, si tu ne reconnaissais pas, — et ce n'est qu'avec les yeux de l'esprit qu'il faut considérer une chose de cette importance, — si, dis-je, tu ne reconnaissais pas en toi cette vocation, fais comme si je ne t'avais rien écrit sur ce sujet.

Voilà ce que je sentais dans mon cœur ; tu le prendras certainement en bonne part.

Je vais maintenant te faire connaître en détail mon genre de vie. Toutefois, je crois utile de te dire auparavant que dans notre Congrégation on mène une vie commune parfaite.

Le simple religieux n'a nullement à se préoccuper de tout ce qui concerne la nourriture ou le vêtement. Il est pourvu de tout par son supérieur qui a pour ses sujets la même sollicitude qu'un bon père de famille pour ses enfants.

Les Passionistes n'ont de revenus d'aucune sorte ; ils vivent uniquement d'aumônes. Je puis t'assurer d'ailleurs que, grâce à Dieu, il ne nous manque rien, car le Seigneur nous pourvoit abondamment.

Je vais te faire connaître maintenant, d'une manière succinte, l'horaire du jour et de la nuit.

Le soir, nous allons nous reposer d'assez bonne heure, et après cinq heures de sommeil nous nous levons pour chanter au Chœur les Matines. Ce chant qui dure environ une heure est suivi d'une demi-heure d'oraison mentale. On retourne se reposer, l'hiver pendant trois heures, et deux heures et demie l'été. Le matin nous nous levons pour psalmodier les Heures canoniales de Prime et Tierce. Nous assistons à deux messes, et après avoir mis en ordre notre cellule nous allons prendre quelque chose. Chacun s'adonne ensuite à son propre travail : étude, ministère des confessions, etc.... Après cela nous avons une lecture spirituelle d'un quart d'heure, suivie d'une promenade solitaire d'une demi-heure. On revient au chœur psalmodier Sexte et None, puis on va dîner.

En outre du Carême et de l'Avent, nous avons trois jours de jeûne par semaine : le mercredi, le vendredi et le samedi.

A l'heure fixée nous allons chanter Vêpres, et nous faisons environ un quart d'heure de lecture spirituelle en commun. Chacun s'occupe ensuite de son emploi comme le matin. Il y a également le soir une autre promenade solitaire d'une demi-heure. Cependant, le jeudi et le dimanche, comme aussi un certain nombre de jours de fête, nous consacrons une partie de la soirée à une promenade hors de la maison. Au retour de cette promenade on dit les Complies, on fait une heure d'oraison et l'on va souper. Nous avons ensuite une récréation de trois quarts d'heure pendant l'hiver, et d'une heure pendant l'été. Nous terminons par la récitation du chapelet.

De cette sorte, la journée se passe rapidement dans la paix et l'allégresse.

Oh ! le doux repos que celui que l'on va prendre, avec la pensée que dans tout le cours de la journée on a servi le Seigneur, quoique trop imparfaitement sans doute ! Quel sommeil agréable et tranquille que rien ne vient troubler : ni la crainte, ni les soucis, ni les anxiétés, ni la mort même ; car étant en grâce avec Dieu, comme nous l'espérons, la mort ne peut que nous délivrer de cette vallée de misère !

Je termine en te disant que, moi aussi, j'ai goûté

les divertissements et les passe-temps que peut donner le monde trompeur, et je puis t'affirmer qu'une seule aspiration vers Jésus et Marie cause plus de joie que toutes ces futilités et vanités du siècle.

Souviens-toi de l'image miraculeuse dont papa nous a souvent parlé, et qui est appelée, — si j'ai bonne mémoire, — Notre-Dame de Pitié. Vas-y ; demande-lui de t'éclairer ; dis-lui que papa a eu recours à Elle, et qu'il n'a point été déçu ; tu ne le seras point, toi non plus....

Ton frère très affectionné.

Les joies que les vrais Serviteurs de Dieu goûtent dans la vie religieuse étant si vives et si profondes, et le bienheureux Gabriel les ayant savourées, nous ne devons pas être surpris de l'entendre déclarer qu'il n'aurait point voulu les échanger contre tous les trésors et les honneurs du monde.

« Je suis heureux, écrivait-il à l'un de ses frères dans sa dernière lettre, deux mois seulement avant sa mort, je suis heureux d'être entré dans cette sainte Congrégation religieuse, et je préfèrerais, avec la grâce de Dieu, être le dernier de nos Frères que l'héritier d'un royaume... »

Le respect et l'amour du Serviteur de Dieu pour le saint habit de son Ordre achèvent de montrer son profond attachement à la vie religieuse. Il avait contracté l'habitude de le baiser souvent et toujours avec un vif sentiment de piété. En appliquant ses lèvres à cette bure grossière, il voulait offrir chaque fois à Dieu un témoignage de reconnaissance pour la faveur signalée de la vocation religieuse.

A le voir agir de la sorte on comprenait aisément

qu'il n'y avait pour lui nul trésor plus précieux au monde, nul objet plus aimable. Ces sentiments de tendre piété se manifestaient par l'allégresse qui brillait alors sur son visage.

Mais n'est-ce pas là une chose ridicule, une sorte d'idolatrie, dira peut-être quelque esprit dégagé des préjugés d'un autre âge ? Un morceau d'étoffe, pour précieux et riche qu'on le suppose, mérite-t-il cette démonstration ?

Avant de leur répondre, nous voudrions bien leur demander si les honneurs rendus au drapeau s'adressent à l'étoffe plus ou moins précieuse dont il est formé, et non pas à l'idée de patrie, aux nobles sentiments dont ce drapeau est le symbole !

Pour le Confrère Gabriel l'habit religieux était le symbole de toutes les vertus qu'il devait pratiquer, le souvenir permanent de l'inestimable bienfait de la vocation religieuse, et comme l'image du Christ lui-même dont il devait se revêtir.

C'est une règle pour les religieux Passionistes de garder le saint habit, même durant leur sommeil ; ils ne le quittent que dans certains cas de maladie grave. Or, un de ces cas se présenta pour le Serviteur de Dieu et fut l'occasion d'une scène attendrissante qui montre bien tout son attachement pour les saintes livrées de la vie religieuse.

C'était deux jours seulement avant sa mort. Le Supérieur avait remarqué depuis quelque temps déjà combien il eût été utile de faire ôter l'habit au cher malade pour lui donner plus facilement les soins que réclamait son douloureux état. Toujours il avait reculé à la pensée de la peine immense que cette seule proposition causerait au fervent religieux. Le contraindre à laisser momentanément son saint habit, mais n'était-ce pas lui ôter comme une partie de lui-même ? N'était-ce pas froisser cruellement cet amour si ardent qu'il avait pour sa vocation sainte ?

Pourtant il fallut s'y résoudre ; mais dès que la proposition lui en fut faite, le saint jeune homme frémit d'horreur dans tout son être ; il ne tarda pas cependant à retrouver le calme, grâce à sa vertu, et se tournant vers le Père Supérieur, il lui dit : « Ferai-je la volonté du Seigneur en ôtant mon habit ? » Le bon Père lui en ayant donné l'assurance, le Serviteur de Dieu se résigna, mais quand il dut en venir à l'acte une vive émotion le saisit ; il fondit en larmes et se mit à baiser maintes et maintes fois cette précieuse livrée, ce saint habit dont il n'aurait jamais voulu se séparer: « O sainte tunique, dit-il enfin devant tous les religieux profondément attendris, ô sainte tunique, pardonne-moi ! Je voudrais avoir la consolation de mourir avec toi, mais l'obéissance et la nécessité ne me le permettent pas. Oh ! pardonne-moi !... »

Eprouveront-ils d'aussi suaves sentiments de piété, à leur lit d'agonie, ces jeunes gens, ces jeunes filles, esclaves de l'amour du monde, que la maladie aura contraints à quitter les hochets de la vanité ? N'auront-ils point lieu au contraire de pleurer amèrement, en voyant près d'eux ces vêtements de luxe, ces brillantes parures qui auront été pour eux et pour d'autres la cause de tant de fautes ?

On le voit, en renonçant au monde et à ses vanités, le Confrère Gabriel avait consacré toutes ses affections, toutes ses tendresses, tout son cœur à Dieu, à la vie religieuse et à la Congrégation vers laquelle ce Dieu de miséricorde l'avait attiré.

CHAPITRE X.

Année de probation. — Les Vœux de religion. — Cérémonie de la Profession. — Sentiments du Serviteur de Dieu.

Le noviciat a pour but d'instruire de toutes les obligations de la vie religieuse celui qui aspire à la perfection évangélique. C'est un temps de probation pendant lequel le postulant s'exerce à la pratique des vertus et des mortifications propres à son Institut. Plus ou moins long selon les différents Ordres, il est d'une année dans celui des Passionistes.

Ce que nous avons dit dans les chapitres précédents ne nous donne qu'une faible idée de la ferveur avec laquelle notre jeune novice s'était consacré, dès le premier jour, au travail de sa propre sanctification. Une prodigieuse transformation s'était opérée dans ce jeune homme. Il avait dépouillé les vêtements du siècle pour revêtir l'habit religieux, mais ce dépouillement extérieur n'était qu'un symbole de son dépouillement intérieur, de son entier renoncement non seulement à toutes les vanités du monde, mais encore à tout ce qui se ressentait de la nature.

Il semblait véritablement n'être plus de la terre;

toutes ses pensées, toutes ses paroles, toutes ses actions n'avaient que Dieu pour objet. On l'eût pris dès lors, selon l'expression d'un témoin, pour « un ange dans une chair mortelle »; tant la grâce avait agi puissamment et promptement dans son cœur.

Bien loin de ralentir sa marche vers la perfection, le fervent novice s'élevait chaque jour davantage dans l'amour de Dieu et de la vertu. Aussi était-il le modèle de ses compagnons de noviciat et l'admiration de la communauté.

Il n'est point encore parvenu au but suprême de ses désirs, mais avec quelle ardeur ne soupire-t-il pas après le moment béni où il lui sera enfin donné de se consacrer pour toujours au Seigneur par la profession religieuse ! Que veut-il, en effet, autre chose en ce monde que la Croix du Sauveur !

Plus il approchait du jour de sa profession, plus il redoublait d'exactitude et de ferveur dans la sainte observance, et telle était la véhémence de l'amour dont son âme brûlait pour Dieu qu'il ne pouvait le contenir et le laissait s'exhaler en paroles enflammées.

Il arrive enfin à l'heure la plus solennelle de sa vie, « heure à jamais inoubliable », selon sa propre expression, où la divine Providence, qui l'avait préparé par tant de grâces précieuses, allait le consacrer à son service par le pacte solennel et irrévocable de la profession religieuse.

De nos jours, il est vrai, des novateurs ont voulu rabaisser la noblesse des vœux de religion et des sectaires les condamnent au nom de la dignité humaine, mais la sainte Eglise de Dieu qui possède les lumières d'en haut rejette leurs sophismes, qui proviennent de l'esprit de mensonge ou de haine.

Le Confrère Gabriel comprenait l'importance et la noblesse des vœux de religion. Il s'y était préparé avec une telle ferveur que les religieux de la communauté de Morrovalle, réunis en conseil, l'admettait à la profession, d'un vote unanime.

Avant ce vote favorable, le Supérieur l'avait fait venir dans la salle du chapitre pour lui demander quelles étaient ses intentions. « Ma volonté ferme et irrévocable, avait-il répondu, c'est de me consacrer entièrement à Dieu dans la vie religieuse. Je veux le servir par l'observance parfaite de toutes les Règles, et cela jusqu'à la mort ; » et en disant ces mots il versait d'abondantes larmes. L'accent pénétré qu'il mit dans cette déclaration émut profondément tous les assistants.

C'est le 22 septembre, premier jour de l'octave de Notre-Dame des Sept-Douleurs, que le Confrère Gabriel devait émettre ses vœux. Dans sa pieuse impatience, il comptait les heures qui lui paraissaient des années. Le matin, il reçut la sainte communion avec un sentiment de dévotion impossible à décrire.

Deux autres jeunes novices allaient partager son bonheur : Erménégilde du Cœur de Jésus, et Xavier de Notre-Dame des Sept-Douleurs. (1)

Le soir de ce jour, la communauté se trouvait réunie dans la chapelle pour la cérémonie de la

---

(1) Ce dernier, devenu plus tard Supérieur Général de la Congrégation, eut la consolation de faire introduire la cause de Béatification de son saint Confrère dont il avait pu apprécier les éminentes vertus. Bien que très gravement malade, il voulut faire sa déposition aux Procès canoniques, et peu de temps après il expirait, heureux de voir cette Cause en bonne voie.

profession, dont les détails intéresseront, croyons-nous, plus d'un lecteur.

Le novice est agenouillé au pied de l'autel.

Le Supérieur, revêtu des ornements sacrés, procède à la bénédiction du *Signe* (1) ou *Emblème*, que les religieux Passionistes portent sur la poitrine, et dont nous donnons ci-dessous la reproduction.

Puis il le bénit et s'adresse au novice :

« Avez-vous vraiment l'intention d'émettre les

Signe ou emblème des religieux de la Passion.

(1) Ce *Signe* est d'origine surnaturelle, comme on le voit dans la vie de Saint Paul de la Croix, Fondateur des Passionistes. « Je venais de faire la sainte communion, a raconté le saint ; lorsque je me sentis tout pénétré de recueillement. Je partis pour rentrer chez moi, (il n'avait pas encore quitté le monde) lorsque arrivé près de notre maison, je fus élevé en Dieu. Tout à coup je me vis revêtu d'une tunique noire avec une croix blanche sur la poitrine, sous la croix, en lettres blanches aussi, était écrit le très saint nom de Jésus. À cette vue, la douce onction de mon âme s'épancha en des flots de larmes... »

« Un autre jour, Paul suivait un sentier solitaire, lorsque la Sainte Vierge lui apparut. Elle était revêtue de la tunique noire, et portait sur son sein le *signe* sacré d'une blancheur éclatante ; sur un fond noir, ayant la forme d'un cœur surmonté d'une croix, et au milieu duquel était tracée, avec les clous du crucifiement, la *devise* de la Passion :

JESU XPI PASSIO

vœux simples ? Agissez-vous en cela dans toute la plénitude de votre liberté ? Connaissez-vous la Règle de la Congrégation ? N'avez-vous rien qui s'oppose à votre admission dans notre Institut ? »

Ces interrogations terminées, le célébrant ou un autre prêtre rappelle au novice dans un discours l'importance et la grandeur de l'acte qu'il va accomplir. On implore ensuite sur lui les lumières et la force d'en haut par le chant du *Veni Creator*, après quoi le novice se prosterne au milieu du sanctuaire et reste ainsi étendu, pendant qu'un prêtre revêtu des ornements du diacre fait à haute voix la lecture de la Passion.

Les cloches annoncent par le glas funèbre la mort mystique du postulant.

Aux paroles du texte sacré : *Et inclinato capite emisit spiritum*, (1) celui-ci se lève, s'agenouille devant le célébrant et prononce la formule des vœux par laquelle il va mourir au monde et à lui-même.

Le célébrant met ensuite une couronne d'épines sur la tête du nouveau profès, une croix sur ses épaules, comme pour la cérémonie de Vêture, et atta-

---

Cette devise est une inscription gréco-latine signifiant : **Passion de Jésus-Christ**.

XPI est le monogramme grec du nom de **CHRIST** composé de trois lettres majuscules.
L'**X** est notre **CH**, le **P** notre **R**. Le trait qui est au-dessus indique l'abréviation du mot.
La Très Sainte Vierge Marie, portant sur son visage cette empreinte de douleur qu'elle avait sans doute au Calvaire, lui dit ces mots : « Vois-tu comme je suis vêtue de deuil ? C'est à cause de la très douloureuse Passion de mon bien-aimé Fils Jésus. Tu dois fonder une Congrégation dans laquelle on se revêtira de la même manière, et on y fera un deuil continuel pour la Passion et la mort de mon cher Fils. »
(Histoire de Saint Paul de la Croix, par le R. P. Louis).

(1) Et ayant incliné la tête, il rendit son âme.

che sur sa poitrine l'emblème de la Passion, en disant : « Recevez, frère bien-aimé, ce *Signe* sacré du salut, comme le drapeau victorieux de votre Profession, et combattez sous lui le bon combat en demeurant attaché à la Croix avec Jésus-Christ. »

Nous ne saurions assurément exprimer la profonde impression que cette touchante cérémonie produisit sur le cœur si tendre de Gabriel. Son visage était tout enflammé et de ses yeux coulaient des larmes brûlantes.

Ecoutons-le dans une lettre qu'il écrivait à son père quelques jours plus tard.

Père bien-aimé,

« Mardi, avec la grâce de Dieu, et le secours de ma Mère des Douleurs, j'ai vu mes désirs se réaliser. J'ai fait la sainte Profession avec une allégresse et une douceur inexprimables. Une telle grâce ne saurait être appréciée à sa juste valeur. Ayant donc reçu de Dieu une faveur si précieuse, l'obligation d'y correspondre devient plus pressante pour moi. Maintenant je vous laisse à penser si j'ai besoin de vos prières et de celles des autres.

« Que Dieu et la Très Sainte Vierge bénissent ma Profession et la comblent de grâces ! »

A la cérémonie de la Vêture, le Confrère Gabriel s'était séparé du monde ; il lui disait solennellement un éternel adieu par la Profession des saints Vœux. Désormais il ne s'appartient plus ; ne s'est-il pas consacré sans réserve à Jésus-Christ ? Mieux que jamais il proclamera par ses actes et à tous les instants de sa vie la devise du grand apôtre : « Le monde m'est crucifié et je suis crucifié au monde. Je suis attaché à la croix avec Jésus-Christ. »

En effet à partir du moment solennel de son entière consécration, la vie du Confrère Gabriel n'est plus qu'un véritable holocauste qui se consume à la gloire du Seigneur, et dont l'agréable odeur monte vers le ciel comme le parfum de l'encens.

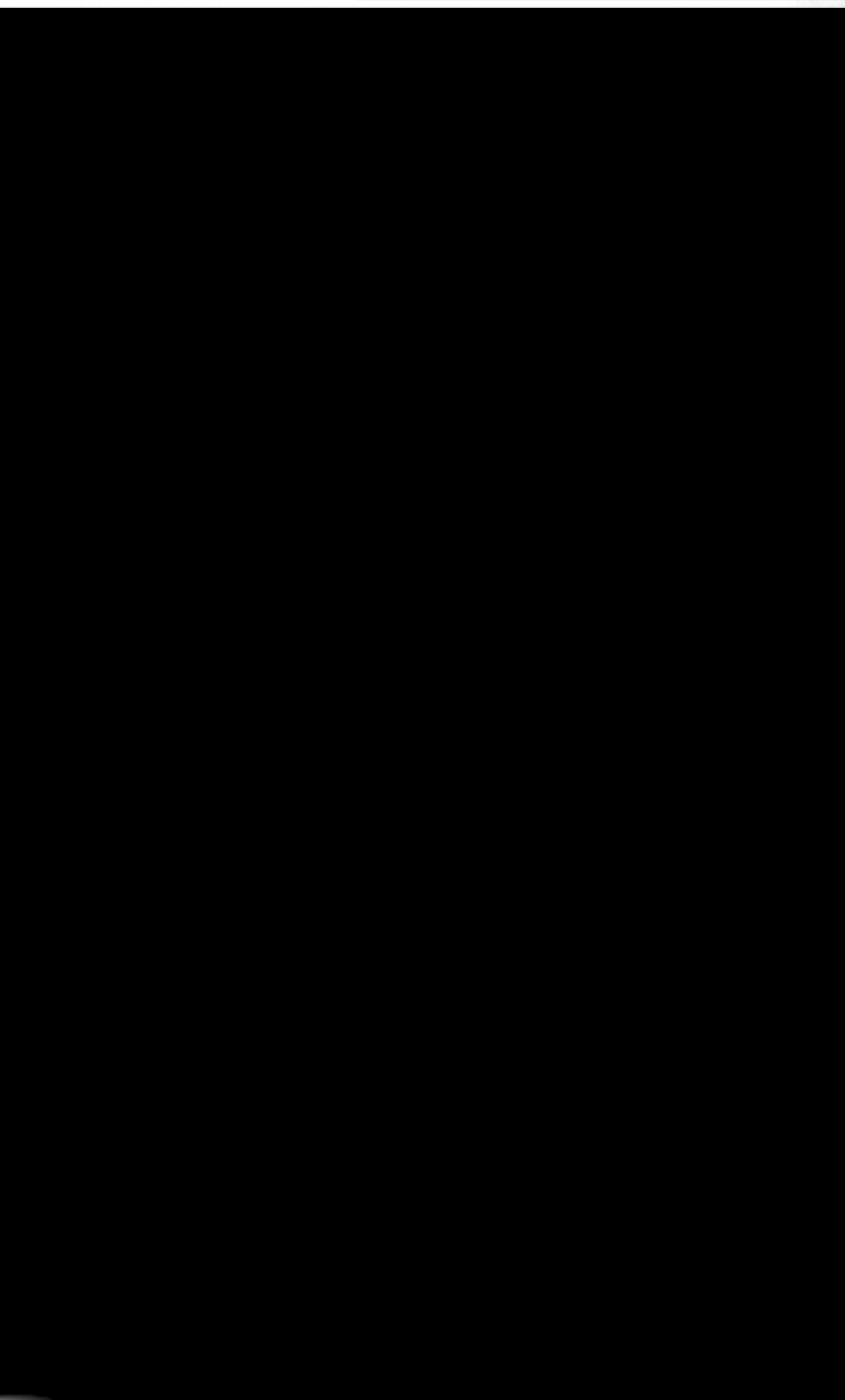

Serviteur de Dieu quitta le couvent de Morrovalle pour se rendre à celui de Piévétorina, sous la conduite du R. P. Norbert qu'il avait eu pour Vice-Maître, et qui sera désormais son professeur et son directeur spirituel.

Piévétorina est une localité peu éloignée de Camerino, dans les Marches d'Ancône. Elle est située dans une jolie plaine entourée de bois et de côteaux. La petite rivière du Chienti la traverse et contribue à la rendre plus agréable et plus fertile.

C'est non loin du village que se trouve le couvent des Passionistes. La chapelle, dédiée à saint Augustin, a été consacrée par le Vénérable Strambi, évêque de Macerata et Tolentino, enfant lui aussi de saint Paul de la Croix, et mort en odeur de sainteté le 1 Janvier 1824.

Après un séjour de dix-huit mois dans la Retraite de Piévétorina, Gabriel fut transféré avec ses compagnons d'études au couvent d'Isola dont nos religieux avaient pris possession depuis peu de temps, et que devaient illustrer les nombreux prodiges opérés par le Serviteur de Dieu après son bienheureux trépas.

La tradition attribue à saint François d'Assise la construction de ce couvent, dont il avait dédié la chapelle à la Très Sainte Vierge sous le glorieux vocable de son Immaculée-Conception.

Les fils du Patriarche d'Assise l'habitèrent jusqu'à l'époque néfaste de l'invasion de l'Italie par les armées de la Révolution, époque d'épreuves si cruelles pour les Ordres religieux. Alors comme aujourd'ui, Satan et ses suppôts livraient une guerre acharnée, autant que déloyale, aux Congrégations religieuses dont le seul crime est de passer, comme le divin Maître, en faisant le bien.

Le Confrère Gabriel était heureux dans sa nouvelle résidence d'Isola comme dans les autres.

« L'air de cette contrée est excellent, écrivait-il à son père, dès son arrivée, le 19 Juillet 1859. Il y a beaucoup d'arbres fruitiers dans cette région ; cela confirme ce que je vous disais naguère de la douceur de son climat.

« Pour moi, grâce au ciel, je suis content d'être ici. »

Isola est une localité sans grande importance, mais placée dans un site très pittoresque, non loin des bords enchanteurs de la mer Adriatique. Deux petites rivières l'entourent et en font une sorte d'Ile, d'où son nom *d'Isola*. Tout autour, de riants côteaux couverts de villages lui forment une couronne. A quelques heures de marche se dresse, comme un géant, le *Gran Sasso* ou *Grand Rocher d'Italie*, point culminant de toute la chaîne des Appenins ; il atteint 3000 mètres d'altitude.

C'est à Piévétorina que le Confrère Gabriel avait repris l'étude de la philosophie. Pour lui cette étude ne fut point une pure spéculation, un simple moyen, si noble soit-il, de cultiver et d'enrichir son intelligence ; ce fut avant tout, et pour mieux dire, ce fut uniquement un moyen de servir Dieu et d'embellir son âme.

Ce zèle pour sa propre sanctification ne fit que s'accroître dans sa nouvelle résidence d'Isola, où il se consacra à l'étude de la science par excellence : la théologie, qui a pour objet la contemplation de Dieu et des sublimes mystères de la religion.

Plus Gabriel apportait d'ardeur à cette étude des sciences ecclésiastiques, plus son esprit se perfectionnait dans la connaissance des vérités révélées, plus il approfondissait la nature et les attributs de Dieu, source de toute vérité et la Vérité même, et plus son cœur s'embrasait des pures flammes du saint amour. Aussi ce temps des études, qui est parfois pour les jeunes religieux un temps d'arrêt dans le chemin de la perfection spirituelle, ne fut pour lui que la continuation de l'œuvre commencée au noviciat : une perpétuelle ascension vers les sommets de la sainteté.

Inutile de parler de son application soutenue au travail. Ecoutons-le stimuler lui-même l'ardeur de ses frères qui suivaient encore les cours du collège de Spolète.

« Mon cher Henri, et toi, mon cher Censio, étudiez bien, écrivait-il dans une lettre à son père.... Dites à Cencio et à Henri de bien étudier, écrivait-il une autre fois ; qu'ils s'adonnent désormais de tout cœur à l'étude, se souvenant que c'est pour eux un devoir d'état. Ils seront heureux plus tard de s'être bien acquittés de cette obligation...

« J'ai appris par mon oncle, disait-il encore, que Cencio et Henri étudient peu ou ne font presque rien. Je ne veux pas m'étendre là-dessus en recommandations. J'avouerai, en toute simplicité, que parmi les remords qui me déchirent le cœur, l'un des principaux provient de ce que j'ai été autrefois négligent dans l'étude....

« Comment mes frères s'adonnent-ils à l'étude ? demandé-t-il plus tard à son père. »

Ses encouragements, ses exhortations ne furent

vail assidu par lequel il s'était préparé à cette grande œuvre. »

Notre pieux scolastique se disait à lui-même et il disait aux autres : « Le Serviteur de Dieu doit être instruit de tout ce qui concerne sa noble vocation, selon l'enseignement de saint Paul ; il ne peut travailler avec fruit dans la vigne du Seigneur s'il n'a acquis auparavant une somme abondante de sainteté et de doctrine. »

A ce sujet il rappelait avec chaleur la maxime que le Vénérable Strambi avait coutume d'inculquer aux jeunes religieux, ses élèves : « Lorsque vous devez vous livrer à l'étude, imaginez-vous que vous êtes entourés d'une multitude innombrable de pauvres pécheurs privés de tout secours, et qui vous demandent avec de vives instances le bienfait de l'instruction, le chemin qui conduit au salut. »

Ces pensées produisaient la plus heureuse influence sur l'esprit de notre jeune saint, et les progrès continuels qu'il faisait dans les sciences en étaient une preuve sensible. Bien que ses compagnons de classe, en effet, fussent fervents et assidus au travail, et que plusieurs fussent doués d'une intelligence plus vive et d'un esprit plus solide, Gabriel les surpassait tous en succès aussi bien qu'en vertu.

Pour ne pas perdre une parcelle de ce temps que l'Esprit Saint appelle très précieux, il s'était fait une loi rigoureuse de ne jamais sortir de sa cellule pendant le temps destiné à l'étude.

En classe, il était continuellement comme suspendu aux lèvres du Professeur. A le voir, il était facile de comprendre que les enseignements scientifiques, tout arides et abstraits qu'ils sont parfois, pénétraient dans son esprit et s'y gravaient profondément ; ce dont on pouvait se convaincre d'ailleurs lorsque venait son tour de traiter une question.

Dans les petites joutes scolastiques ou scientifiques qui se livrent parfois en classe dans le but de former les élèves à la dialectique, le Confrère Gabriel observait avec la plus scrupuleuse exactitude le règlement qui ordonne d'éviter dans la controverse toute parole de dispute ou de nature à blesser l'adversaire. « Je mortifierai mon trop grand désir de parler, — trouvons-nous dans ses maximes relatives au sujet que nous traitons, — j'éviterai d'irriter qui que ce soit par des paroles dures et blessantes ; je n'emploierai aucune expression qui puisse couvrir les autres de confusion. »

Arrivait-il que son adversaire, serré de près par la force des arguments, se trouvât réduit au silence, l'humble Serviteur de Dieu, bien loin de tirer avantage de sa victoire, cherchait avec un doux sourire et de la meilleure façon du monde à porter la discussion sur un autre point. Aussi, professeur et élèves étaient-ils heureux quand c'était au Confrère Gabriel à soutenir la discussion ou même à traiter simplement le sujet donné.

Si un contradicteur, bien que victorieusement réfuté, refusait d'admettre ses raisons et s'obstinait dans sa propre manière de voir, Gabriel n'insistait pas davantage. Il préférait cesser la discussion et abandonner le terrain, plutôt que de manquer en quoi que ce fût à la vertu de charité.

Après plusieurs années d'une application si soutenue le Serviteur de Dieu possédait toute la science requise pour être promu aux saints Ordres et même à la prêtrise. Jamais cependant, dans son humilité si profonde, il n'eût osé de lui-même faire un seul pas vers le sacerdoce, dont il avait une si haute idée.

Les Supérieurs n'avaient pas hésité à lui conférer les Ordres mineurs, qu'il avait reçus le 25 Mai 1861, dans la cathédrale de Penne, des mains de Monseigneur Vincent d'Alfonso, et déjà ils songeaient à l'élever aux Ordres majeurs et au sacerdoce, mais les bouleversements politiques survenus à cette époque dans le royaume de Naples ne permirent pas la réalisation de leurs désirs. Les évêques avaient eux-mêmes remis les Ordinations à un temps meilleur.

« J'aurais pu être prêtre, à l'heure qu'il est, écrivait Gabriel à son père le 19 Décembre 1861 ; mais je n'ai reçu jusqu'à présent que les Ordres mineurs, l'Ordination n'ayant pas eu lieu. Dieu le veut ainsi, je me soumets volontiers. »

La lettre que Gabriel adressait à l'un de ses frères, nouvellement promu au Sacerdoce, nous fait connaître, mieux que nous ne saurions le dire nous-mêmes, l'idée qu'il se faisait de l'excellence de la prêtrise et de la grandeur des devoirs qu'elle impose à ceux que Jésus-Christ appelle à cette éminente dignité.

Mon cher frère,

« Si je ne t'aimais pas je ne me mettrais pas beaucoup en peine de toi ; mais comme je t'aime maintenant plus ardemment que jamais, écoute mes paroles, quoiqu'elles soient d'un frère bien au-dessous de toi. Je me sens pressé de te parler en véritable frère, au sujet de ton nouvel état ; mais n'ayant rien à t'écrire qui vienne de moi, je te mettrai sous les yeux ce que disent les auteurs et les saints sur le sacerdoce. *C'est une grande dignité que le Sacerdoce, mais c'est aussi un grand fardeau. Placés par lui à une sublime hauteur, les prêtres doivent également atteindre au sommet des vertus ; sans cela ce n'est point pour leur récompense mais pour leur propre condamnation qu'ils ont été élevés.* Ainsi parle saint Justinien. Telle est l'excellence de ta dignité, bien-aimé frère, que saint Bernardin, s'adressant à Marie, disait : *O Vierge bénie, pardonnez-moi ce que je vais dire : Dieu a élevé le Sacerdoce au-dessus de vous-même.* Saint Bernard appelle les prêtres : *Les Parents du Christ* ; et saint Augustin s'écrie : *O vénérable dignité des Prêtres ! Le Fils de Dieu s'incarne en quelque sorte dans leurs mains, comme il s'est incarné dans le sein de la Très Sainte Vierge !* Enfin saint Clément parlant du Prêtre, l'appelle un Dieu sur la terre. *Post Deum deus terrenus.*

Quelle ne doit donc pas être ta sainteté, ô mon frère ! Evite la société des prêtres qui ne seraient pas des exemples de vertu ! Reste seul, ou bien va avec ceux qui peuvent faire du bien à ton âme. Veille avec soin sur tes sens. Fuis les rapports avec les femmes, et médite sur le fait suivant : Un ange montra un jour le purgatoire à un serviteur de Dieu ; celui-ci voyant dans ce lieu de tourments beaucoup de séculiers qui souffraient à cause de leur impudicité, et au contraire très peu de prêtres, demanda pourquoi ces derniers se trouvaient en si petit nombre. L'ange répondit : *Vix aliquis talium habet veram contritionem, idcirco pene omnes damnantur.*

Fuis l'oisiveté et le maudit jeu. De combien de maux ne sont-ils pas la source ! Livre-toi à l'étude avec ardeur. Garde-toi de dire la messe et l'office divin avec précipitation. Travaille pour Dieu, car ce n'est pas maintenant un temps de repos, mais de travail, surtout pour un prêtre. Propage la dévotion envers Marie, selon que je te l'ai écrit dans une autre lettre. Je n'ai point voulu te faire un sermon en t'adressant ces lignes, mais Dieu se sert parfois des moyens les plus méprisables pour parler aux âmes. »

Le Serviteur de Dieu écrivait cette lettre le 9 Mai 1861, quinze jours avant de recevoir les Ordres mineurs, et quelques mois seulement avant sa mort.

Avec quelle perfection notre pieux lévite ne se fût-il pas acquitté des nobles obligations du Sacerdoce ! Comme il eût réalisé cette grande devise : *Sacerdos alter Christus.* « Le prêtre est un autre Jésus-Christ ! »

Mais il était dans les desseins de la divine Providence de cueillir cette fleur du Sanctuaire au moment où elle promettait les plus beaux fruits.

CHAPITRE XII

Vie intérieure. — Le Confrère Gabriel n'agit que sous son impulsion surnaturelle. — Moyens dont il se sert pour la maintenir et la développer en lui. — Comment il la manifeste au dehors et dans sa correspondance. — Témoignages rendus à sa vie intérieure.

« La vie chrétienne est une affaire particulière de Dieu avec l'homme, et de l'homme avec Dieu ; c'est un mystère entre eux deux, qu'on profane quand on le divulgue, et qui ne peut être caché avec trop de religion à ceux qui ne sont pas du secret. C'est pourquoi le Fils de Dieu nous ordonne, lorsque nous avons dessein de prier, — et cela doit s'entendre de toutes les vertus chrétiennes ; — il nous ordonne de nous retirer en particulier, et de fermer la porte sur nous..... Ainsi la vie chrétienne doit être une vie cachée, et le chrétien véritable doit désirer ardemment de demeurer couvert sous l'aile de Dieu sans avoir d'autre spectateur. » (1)

Ce conseil évangélique est facile à suivre par les Scolastiques Passionistes, qui mènent une vie de retraite presque absolue.

L'oraison, le travail intellectuel, les actes de la sainte observance : telle est leur unique occupation

---

(1) Bossuet. Second Panég. de St. Joseph.

durant les années préparatoires au sublime ministère de l'apostolat.

Ces limites, déjà si resserrées par l'uniformité d'une vie commune, le sont encore davantage par le soin jaloux que notre héroïque jeune homme a pris lui-même de cacher aux yeux des hommes la grande perfection de ses vertus.

Sa vie, ainsi que le déclare son Directeur spirituel, n'a rien eu de saillant, mais elle a été très exacte et entièrement conforme à nos saintes Règles et aux devoirs qui nous sont propres. Il a eu, il est vrai, le désir et conçu le projet d'entreprendre des choses extraordinaires pour la gloire de Dieu, jamais cependant il ne lui a été donné de les mettre à exécution, s'étant toujours laissé guider par l'obéissance avec la docilité d'un petit enfant ; heureux d'ailleurs d'offrir au Seigneur le sacrifice de ses désirs du bien. Il avait pour maxime — et c'est là une vérité indéniable — « que la sainteté consiste « avant tout dans l'accomplissement fidèle de ses « propres obligations. »

Nous venons de dire que la vie du Serviteur de Dieu a été commune et ordinaire, mais en réalité elle fut vraiment extraordinaire par l'esprit intérieur dont elle était animée. C'est l'esprit intérieur, en effet, l'esprit de foi qui divinise nos moindres actions et leur donne aux yeux de Dieu une valeur inestimable, au point qu'un simple verre d'eau donné au nom de Notre-Seigneur Jésus-Christ ne restera pas sans récompense.

« Dans toutes ses actions, lisons-nous au Procès de Canonisation, le fervent religieux avait une intention droite et pure. Tout en lui, jusqu'aux choses les plus indifférentes de leur nature, était animé d'un esprit de foi et d'amour. Il mettait tout en œuvre pour accomplir ses devoirs avec la plus grande perfection. »

« Moi qui l'ai dirigé jusqu'à son dernier soupir, — témoigne le R. P. Norbert, sous la foi du serment, — je puis affirmer que rien n'a jamais été capable de ralentir sa marche dans les voies de la perfection : ni les aridités spirituelles, ni les tentations auxquelles il a été en butte, ni les maladies corporelles. Qu'il y goûtât ou non des douceurs ou consolations sensibles, il remplissait ses obligations avec la même ferveur d'esprit, avec la même générosité de cœur, sans se laisser jamais aller à aucune négligence volontaire, perfectionnant au contraire ses bonnes dispositions intérieures. »

L'exercice de la présence de Dieu a toujours été proposé comme un des premiers principes de la vie spirituelle, et saint Paul de la Croix en a établi l'usage fréquent dans sa Congrégation. Lui-même marchait toujours en la présence de Dieu. « Je ne puis comprendre, disait-il à ses religieux, comment il est possible de ne pas toujours penser à Dieu ! »

En digne fils d'un tel père, Gabriel s'était adonné de tout son pouvoir à ce saint exercice offert par Dieu lui-même comme moyen souverainement puissant de sanctification.

Par là il réussit à acquérir un tel recueillement intérieur et une telle possession de lui-même qu'il n'éprouvait plus de distraction dans la haute région de son esprit, pas même en accomplissant les actions extérieures.

A la lumière divine qu'il obtenait par cet exercice

de la présence de Dieu, il voyait tous les mouvements de son âme, toutes les faveurs dont le Seigneur le comblait ; il entendait toutes les paroles que ce Dieu de bonté adressait à son cœur.

Aussi quel soin n'apportait-il pas à se corriger de ses moindres imperfections ! « Servons Dieu, disait-il, servons Dieu de toute l'énergie de notre volonté, de toute l'ardeur de notre âme. ».

Il évitait dans ses actions la précipitation et l'anxiété comme la lenteur. Ses entretiens étaient toujours de choses utiles et ayant rapport le plus souvent à la spiritualité. Il terminait ordinairement ses conversations par ces paroles : « Ce que nous avons dit est bien, mais il ne faut pas se contenter de parler, il faut agir. » Pour lui, comme l'ont unanimement déclaré depuis ses compagnons d'études, pour lui les actes précédaient les paroles.

Ce que nous devons admirer dans notre Bienheureux, c'est le zèle qu'il déployait pour progresser sans relâche dans l'exercice de la vie intérieure.

« Je me suis souvent arrêté à considérer les vertus de ce fervent religieux, déclare encore son Directeur spirituel, et il m'a toujours fallu reconnaître qu'il n'y en avait pas une seule, propre à son état, qui ne brillât en lui, ni qu'il fût possible d'imaginer plus parfaite. J'ai su depuis, que d'autres se faisaient les mêmes réflexions à son sujet. Telle était la faim et la soif dont il se sentait pressé pour la vertu qu'il ne laissait passer aucune occasion d'en produire des actes ; bien plus il les recherchait et savait en trouver, même dans les choses les plus indifférentes de leur nature. On peut dire que la vertu lui était comme naturelle et qu'elle était devenue un besoin de son âme.

« Ses progrès dans la vie spirituelle étaient si sensibles qu'on le voyait s'avancer et se perfectionner de jour en jour ; et telle était l'abondance des grâces dont le comblait la divine bonté, surtout la dernière année de sa vie, que j'en étais absolument émerveillé. Tout en avait revêtu comme un caractère de gravité aimable et douce qui m'inspirait pour ce jeune homme un sentiment de respect et de vénération. »

Afin de parvenir à cette étonnante perfection de vie intérieure, le Serviteur de Dieu avait aussi contracté l'habitude si utile de faire ses actions comme s'il avait eu l'assurance de devoir comparaître au tribunal de Dieu après chacune d'elles.

Les autres Scolastiques, ses Confrères, qui connaissaient bien les dispositions de son âme, lui disaient un jour : Que feriez-vous, si l'on venait vous annoncer que vous devez mourir dans quelques instants ? — Je continuerais l'action déjà commencée. — Mais si vous receviez cette nouvelle au réfectoire, ou lorsque vous allez vous mettre au lit ? — Je continuerais à manger, ou je chercherais à m'endormir. »

« Notre perfection, avait-il coutume de dire, ne consiste pas à faire de grandes œuvres, des choses extraordinaires, mais à bien accomplir les obligations de la Règle et de la sainte observance, en un mot, tout ce que l'obéissance nous impose ; nos actions, en effet, tirent leur valeur des dispositions avec lesquelles nous les accomplissons. »

Le Confrère Gabriel n'était donc point de ces âmes

peu généreuses qui, dans le service de Dieu, ont en quelque sorte continuellement le compas à la main pour mesurer à quoi elles sont obligées sous peine de péché ; ni de ces âmes qui sont si habiles à distinguer les petites choses des grandes, les choses importantes de celles qui le sont moins.

Pour lui, rien n'était petit de ce qu'il savait être agréable à Dieu et utile à sa propre sanctification ; car il avait constamment devant les yeux ces grandes maximes par lesquelles Notre-Seigneur nous exhorte à ne rien négliger, disant de Lui-même qu'Il est venu accomplir la loi, non pas seulement dans ses grandes lignes, mais dans ses détails les plus minutieux et jusqu'au moindre trait, jusqu'à un *iota*.

Malgré son ardent désir de vivre complètement caché aux yeux des hommes, le Serviteur de Dieu trahissait à son insu les sentiments de son cœur et l'esprit de foi dont il était animé.

Cet esprit de foi, qui est comme l'essence même de la vie intérieure, se reflétait dans ses actions extérieures, à la grande édification de la communauté.

Il était pénétré d'une profonde vénération pour la Sainte-Ecriture qu'il lisait avec bonheur, la tête découverte, parfois même à genoux. Il en faisait son aliment, et trouvait surtout ses délices dans les passages de ce livre divin, qui avaient un rapport plus intime avec l'état de son âme.

Les religieux passionistes psalmodient au chœur l'office du Bréviaire, et se lèvent la nuit pour chanter les Matines et les Laudes. Cette psalmodie était une des joies les plus sensibles de Gabriel ; aussi quelle privation pour lui lorsque ses indispositions ne lui permettaient pas de s'unir à ses frères pour chanter avec les anges les louanges du Seigneur ! Il souffrait particulièrement de ne pouvoir se lever la nuit, persuadé qu'il était, comme son bienheureux Père, Saint Paul de la Croix, que « ce sacrifice de louanges offert à Dieu à une heure où la plupart des hommes sont plongés dans le sommeil, ou se livrent à des amusements frivoles et trop souvent criminels, est le témoignage d'un sincère et ardent amour envers Lui. C'est alors, disait aimablement le saint Fondateur, que les amis de Dieu donnent à ce bon Maître de joyeuses sérénades... (1)

Pénétré de ces profonds sentiments de piété, Gabriel apportait à la récitation de l'office divin une application tout à fait extraordinaire. Pour favoriser son recueillement et puiser une plus grande abondance de grâces célestes dans ce saint exercice, il avait écrit sur des feuilles volantes qu'il mettait dans son bréviaire ou sur le pupitre du chœur, certains versets de nos Saints Livres qui lui semblaient plus aptes à nourrir sa piété ; il avait même prié des religieux très versés dans la science des Ecritures de lui fournir des sentences choisies qu'il s'appropriait ensuite selon les circonstances.

Quand son état de santé ne lui permettait pas de psalmodier l'Office avec la communauté, il le récitait debout et la tête découverte, comme au chœur ; et, si ses Supérieurs le lui avaient permis, il eût toujours dit le Bréviaire à genoux, afin de mieux témoigner son respect envers la divine majesté.

Connaissant tout le prix de la lecture spirituelle,

---

(1) Vie de Saint Paul de la Croix par le Vén. Mgr Strambi.

il se gardait bien de l'omettre, ni d'en rien retrancher, sous quelque prétexte que ce pût être. Quand elle se faisait en commun, il y prêtait une oreille attentive et ouvrait surtout l'oreille de son cœur pour ne pas en perdre la moindre parcelle.

Avec quelle pieuse avidité aussi n'écoutait-il pas les conférences spirituelles que les religieux prêtres font à tour de rôle à la communauté ! Toutes preuves non équivoques de l'esprit de foi dont il était pénétré et qui était l'âme de toutes ses actions.

Cet esprit de foi produisait en lui des fruits abondants de vertus.

Grâce aux lumières surnaturelles qui éclairaient son âme d'un éclat toujours plus vif, il comprenait mieux le néant des choses créées, la vanité du monde, la folie de ses maximes. Il puisait aussi dans cet esprit de foi un amour toujours plus intense pour la vertu, un zèle toujours plus ardent pour le salut des âmes.

Quel bonheur lorsqu'il apprenait que des pécheurs se convertissaient, que des hérétiques rentraient dans le giron de l'Eglise, que des infidèles embrassaient le christianisme ! Avec quelle ferveur ne priait-il pas pour les missionnaires, pour ceux surtout qui s'en vont dans les contrées lointaines !

Lui-même brûlait du désir de se consacrer un jour au sublime labeur de l'apostolat, et il mettait volontiers à profit les circonstances qui lui étaient offertes de satisfaire les ardeurs de son zèle.

Les Scolastiques Passionistes n'ont point de rapports avec les personnes séculières et ne peuvent leur parler sans une permission spéciale.

« Comme je connaissais les dispositions dont était

animé le Confrère Gabriel, déclare son Directeur spirituel, et que je savais le bien qu'il pouvait faire aux petits bergers et aux autres enfants que nous rencontrions dans la campagne, je lui permettais parfois de leur adresser la parole. Tout heureux, le Serviteur de Dieu les questionnait sur la manière dont ils faisaient leur prière, sur les éléments de la religion, et les pressait avec une grâce charmante de suivre régulièrement le catéchisme et de remplir avec fidélité leurs autres devoirs de chrétiens.

Ces enfants, devenus hommes, se souvenaient encore des pieuses et ardentes exhortations que leur avait adressées le Serviteur de Dieu.

Son esprit de foi se manifestait d'une manière vraiment remarquable, à l'occasion des grandes solennités de l'Eglise. Il s'y préparait par des neuvaines et des mortifications particulières. C'est surtout en ces circonstances qu'il écrivait à sa famille ; et avec quelle touchante éloquence ne l'avons-nous pas vu leur communiquer les sentiments de piété et de ferveur dont lui-même se sentait animé !

C'est également aux lumières de la foi qu'il considérait tous les événements de la vie, et ses lettres si profondément senties vont nous en fournir des preuves.

Son vénérable père lui ayant écrit le 7 Mars 1858, qu'en raison de son grand âge il s'était retiré des affaires publiques, le Confrère Gabriel lui répondit :

« Je remercie le Seigneur de vous avoir fait parvenir à l'âge de la retraite.

« Moins on a de tracas, et mieux on peut diriger ses efforts vers le but suprême de l'existence. C'est là que nous espérons recevoir d'un Dieu tout-puissant et généreux le repos éternel, après les quelques travaux de notre vie si courte. Que la Très Sainte Vierge Marie soit votre avocate et qu'elle obtienne à tous une si précieuse faveur. »

Monsieur Possenti tomba malade l'année suivante. Notre pieux scolastique lui écrivit pour l'encourager et lui rappeler que c'est uniquement dans l'union avec Jésus et Marie que l'on peut trouver la force et la consolation dont on a besoin dans la souffrance.

« Pour vous aider, ajoutait-il, faites de bonnes lectures…. Lisez les deux livres que je vous ai indiqués dans mes précédentes lettres. Lisez les ouvrages de saint François de Sales, que vous avez à la maison ; en un mot, adonnez-vous à l'exercice continuel des œuvres de piété. Vincent et Henri vous tiendront compagnie pour tout cela, comme aussi toute la famille.

« Que votre âme soit l'unique objet de vos pensées, maintenant que vous n'avez plus à vous occuper d'affaires. Dieu le veut ainsi.

« Puisque Vincent suit le cours en qualité d'externe, faites-vous lire par lui les livres de piété que je vous ai indiqués plus haut. Jésus et Marie vous y feront goûter toute la douceur qu'ils renferment.

« Quelle facilité n'avez-vous pas aujourd'hui pour vous adonner à la pratique de toutes les vertus ! Vous êtes délivré de toutes les affaires, vous avez un fils déjà sous-diacre….

« Oh ! bien-aimé papa, que de fois ne m'avez-vous pas dit vous-même que vous vouliez vous retirer dans une maison religieuse ! Ne laissez donc pas votre proie vous échapper des mains. D'ailleurs, ce que vous désiriez est très facile, puisque la divine Providence a si bien disposé toutes choses. Si vous mettez ces desseins à exécution, vous jouirez ici-bas d'une vie très douce et tout à fait en rapport avec votre âge. Quant à moi, je ferai pénitence de ma vie passée, et vous tous, vous amasserez des trésors pour l'autre vie. De cette manière nous aurons le bonheur de nous embrasser au jour terrible du jugement universel, et de nous asseoir à la droite du Souverain Juge, grâce à la protection de Marie, notre libératrice. »

Le père du Serviteur de Dieu recouvra la santé, mais il retombait encore plus gravement, deux ans plus tard.

Le Confrère Gabriel s'empressa de le fortifier dans cette nouvelle épreuve :

Père bien-aimé,

« J'ai appris par votre dernière lettre que Dieu vous a visité par une grave tribulation ; vous vous êtes consolé par la pensée que Dieu éprouve ceux qu'il aime, et que ce n'est point un très bon signe que d'être toujours dans la prospérité. Ce n'est pas maintenant le temps du repos, c'est le temps de la souffrance ; le repos viendra quand par un effet de la divine miséricorde il plaira au Seigneur de nous appeler à Lui. Nous construisons maintenant la demeure que nous devons habiter, non pas trente, quarante, cent années, mais toute l'éternité.

« Nous aurons la demeure que nous nous serons construite ; il dépend de nous d'être heureux ou malheureux pour toujours. Courage donc, père chéri. Nous sommes des pèlerins, et en cette qualité nous ne devons point nous arrêter sur le chemin de ce monde trompeur. Tenons les yeux fixés sur notre patrie. Considérez attentivement Jésus et Marie, et voyez si leurs douleurs ne surpassent pas toutes les tribulations imaginables. Souffrez pour eux de bon cœur ; ils sauront bien vous en récompenser.

« Lui qui est le Roi de l'univers, Elle qui en est la Reine, ont souffert ; et nous, néant que nous sommes, nous ne voudrions rien souffrir pour leur amour ? que dis-je ? pour notre propre avantage ! »

Dans ces édifiantes lettres, nous voyons jusqu'à quel point l'esprit de foi avait transformé et perfectionné dans le Serviteur de Dieu l'amour naturel que nous devons avoir pour les autres de nos jours.

Ajoutons encore quelques traits de cet esprit surnaturel, nous y trouverons une preuve de plus que la vie religieuse, bien loin de détruire les nobles sentiments de la nature, ne fait au contraire qu'en augmenter la délicatesse.

Gabriel était au noviciat depuis peu de temps, quand il reçut la triste nouvelle d'une perte cruelle que venait de subir un de ses cousins. Il lui exprime ainsi ses sentiments de religieuse condoléance.

Très cher Cousin,

« J'ai éprouvé une bien grande peine en apprenant la mort de votre vertueuse épouse et de votre enfant nouveau-né. La foi nous enseigne que nous devons nous soumettre à la volonté du Seigneur qui permet tout pour notre bien. Assurément ce coup a dû vous être bien sensible ; mais qu'y pouvons-nous faire ?

« Laisserons-nous passer de pareilles occasions sans en retirer un précieux avantage pour notre salut ? Oh non ! La nature, il est vrai, souffre cruellement, mais nous ne devons pas pour cela nous abandonner au-delà des justes limites. Tournons-nous vers le Seigneur et faisons-lui un généreux sacrifice de toutes ces épreuves. Je ne manquerai pas de me souvenir de cette chère défunte dans mes prières ; elle a déjà reçu du Seigneur, nous l'espérons, la récompense due aux grandes vertus dont elle était enrichie. »

Nous trouvons un autre témoignage de cet esprit de foi dans ce fait, surprenant d'abord, qu'il n'a jamais écrit à son frère le dominicain, tandis qu'il n'a point cessé de correspondre avec son frère Michel resté dans le monde.

Il donne dans une lettre à ce dernier le motif de cette conduite :

« Quand tu écriras à notre frère le dominicain, offre-lui bien mes salutations, et dis-lui que si je parais l'oublier en ne lui écrivant point je ne l'oublie pas cependant dans mon cœur. Donne-lui ce petit souvenir. Il faut se le rappeler, nous sommes lui et moi, étroitement obligés de tendre à la perfection. »

C'est ici, disions-nous, une forte preuve de l'esprit de foi dont était animé le Serviteur de Dieu.

S'il gardait le silence vis-à-vis de son frère religieux, ce n'était point, comme il le dit d'ailleurs, par défaut d'affection, mais parce qu'il y aurait eu dans les relations avec lui plus de satisfaction humaine que d'avantage spirituel, au lieu qu'il poursuivait, dans une correspondance assidue avec son frère Michel, un but purement surnaturel. Il voulait le maintenir dans la pratique de ses devoirs, et le mettre en garde contre les dangers auxquels il était exposé.

Michel suivait, en effet, les cours de médecine, et se trouvait sans doute en contact avec certains camarades moins soucieux de pratiquer tous leurs devoirs de chrétien que de s'adonner aux plaisirs dangereux du monde.

L'esprit de foi du Serviteur de Dieu ne se montrait pas moins clairement dans ses entretiens journaliers avec ses compagnons de scolasticat, ainsi que nous l'avons déjà vu ; au reste, les occasions de le constater à nouveau ne nous manqueront pas. Cette vertu était l'un des côtés les plus caractéristiques de la vie de ce saint jeune homme, ainsi que l'a attesté, entre autres, l'un de ses compagnons les plus intimes, le R. P. François-Xavier. Voici ce qu'il a déclaré dans les Procès de Canonisation : « Quand à la vertu théologale de Foi, je me souviens parfaitement que le Serviteur en était si profondément pénétré qu'il semblait tout embrasé d'un feu sacré lorsqu'on s'entretenait avec lui d'un sujet de piété. Voulait-on le faire parler, soit en récréation soit en promenade, il suffisait de commencer à s'entretenir des choses du ciel. On le voyait aussitôt s'animer d'une façon étonnante, et prendre une part active à la conversation tant que l'on restait sur ce sujet. Il était généralement enjoué dans les récréations, mais on le voyait parfois absorbé dans ses pensées, et plongé dans un recueillement si pieux que nous en étions grandement édifiés. »

Son Directeur spirituel n'est pas moins explicite :

« On peut l'affirmer et je le déclare, dit-il, cet excellent jeune homme était tout pénétré de l'esprit de foi, principalement la dernière année de sa vie, où l'on put voir toutes ses vertus se développer d'une manière surprenante et parvenir à une perfection tout à fait extraordinaire. Il eut cependant à souffrir de nombreuses et fortes tentations contre la foi, mais il les rejetait avec mépris, et en prenait occasion de s'affermir davantage dans cette vertu et de faire ses actions sous l'influence de cet esprit surnaturel. »

« Il semble, dit encore le R. P. Norbert, que Dieu ait voulu le proposer comme un modèle à la jeunesse, surtout aux novices et aux scolastiques, et leur apprendre ce qu'ils doivent faire pour construire sur un fondement solide l'édifice de la perfection et de la sainteté. Sans la pratique de la vie intérieure, ils ne pourront pas remplir la grave obligation qu'ils ont de tendre à la perfection ; voilà pourquoi je reviendrai sur ce sujet toutes les fois que l'occasion m'en sera fournie. »

C'est à quoi nous nous attacherons également nous-mêmes dans la suite de cet ouvrage, nous appuyant toujours à cet effet sur les dépositions authentiques faites au cours des Procès de Canonisation.

CHAPITRE XIII

Oraison et méditation. — Zèle du Serviteur de Dieu pour acquérir et accroître en lui l'esprit d'oraison. — Moyens qu'il emploie pour bien faire la méditation. — Prière ou oraison perpétuelle. — On interdit au Bienheureux l'exercice de la méditation. — Comment des créatures il s'élève au Créateur. — Efforts impuissants du démon pour troubler la paix de son âme.

La vie chrétienne, qui doit être une vie intérieure, une vie de foi, *une vie cachée en Dieu avec Jésus-Christ*, comme parle saint Paul, ne peut se maintenir et moins encore se développer sans la prière, et, jusqu'à un certain point, sans la méditation ou oraison mentale qui est une forme plus élevée de la prière.

Il en est ainsi, à plus forte raison, de la vie religieuse, perfection et couronnement de la vie chrétienne. Un religieux mentira à son nom s'il n'est pas homme de prière et d'oraison ; il n'aura du religieux que l'apparence ; ce sera « *un corps sans âme,* » selon l'énergique expression des saints Docteurs de l'Eglise, et bien loin de marcher dans la voie de la sainteté il ne fera même pas son salut.

D'après la doctrine de saint Alphonse de Liguori, « un prêtre qui omet l'oraison mentale aura peu de lumières pour diriger les autres et pour se garder lui-même ; il ne connaîtra pas ses défauts ; par suite, il ne s'en affligera point ni ne travaillera à son amendement. Il se flattera de vivre saintement et de marcher dans la bonne voie, tandis qu'il sera plongé dans la tiédeur et qu'il suivra la route de l'enfer. » (1)

Comme tous les saints, le Confrère Gabriel a été un homme de *vie intérieure* parce qu'il a été un homme d'oraison, et nous pouvons lui appliquer, en toute vérité, ce que le Vénérable Strambi, cet autre digne fils de la Passion, disait de saint Paul de la Croix : « C'est dans cette fournaise céleste de l'oraison qu'il s'enflammait de l'amour de Dieu. Il avait pour elle un attrait remarquable, il s'y adonnait tout entier ; enfin on ne saurait dire combien il était affectionné à ce saint exercice ; il y trouvait sa force, son repos, son trésor. On peut affirmer que l'oraison fut son occupation continuelle, et que sa vie fut une union continuelle avec Dieu. »

En effet, « dès les premiers jours de son noviciat, comme l'a déposé aux Procès de Canonisation l'un de ses anciens confrères les plus intimes (2), Gabriel fixa tellement ses pensées et ses affections aux choses spirituelles qu'il paraissait n'avoir jamais eu jusque-là d'autre occupation ni d'autre objet de ses vœux.

« Son âme était bien une de ces âmes privilégiées dont parle le Saint-Esprit, qui après avoir aspiré l'agréable odeur des célestes parfums en suivent la trace avec une ardeur infatigable.

« A peine eut-il commencé à s'adonner à l'orai-

---

(1) Selva : Inst sur l'oraison.
(2) Le Révérendissime Père Bernard-Marie de Jésus, ancien Supérieur Général des Passionistes.

son qu'il en savoura aussitôt la douceur, et comprit les précieux avantages de ce saint exercice ; depuis lors il s'en montra toujours avide, il en avait une faim insatiable et au-delà de toute expression. »

Monsieur l'abbé Bonaccia, son ancien ami de collège, et plus tard son biographe, est stupéfait de cet admirable changement : « N'est-ce pas une véritable merveille, écrit-il, de voir un jeune homme à peine sorti du monde, c'est-à-dire du théâtre de la dissipation, n'avoir plus de goût que pour les choses spirituelles, comme s'il en avait toujours fait jusque-là son aliment de prédilection ! »

Le temps fixé pour l'oraison mentale s'écoulait, pour lui, avec une extraordinaire rapidité ; il s'y absorbait tout entier dans l'objet de sa contemplation. Son extérieur respirait une ardente piété, et son visage reflétait quelque chose de la beauté divine dont les charmes se révélaient alors à son âme. On l'eût pris « pour un ange. »

Chacun a ses inclinations qui l'entraînent avec plus de force : le suprême attrait du Confrère Gabriel, l'objet de ses plus vifs désirs était de s'entretenir continuellement avec Dieu. C'était un spectacle touchant de l'entendre se plaindre que le temps qui précédait l'oraison passât avec trop de lenteur, ou bénir l'heure consacrée à ce saint exercice, tout en regrettant qu'elle s'écoulât trop rapidement.

Nous n'essaierons pas de dire combien étaient intimes les communications de Dieu avec cette âme, ni l'abondance des faveurs spirituelles dont elle était inondée. Voici simplement son propre témoignage.

« Oh ! les délices que l'on goûte dans une heure
« d'oraison, en présence de Jésus au Très Saint Sa-
« crement et de Marie sa Très Sainte Mère, sont in-
« comparablement plus grandes que celles que l'on
« trouve dans des soirées passées tout entières au
« théâtre, dans les salons brillamment éclairés,
« dans les conversations et les amusements : toutes
« choses qui ne sauraient assouvir notre cœur. »

Au reste, l'on pouvait juger des saintes ardeurs qui le consumaient durant ces rapports intimes avec Dieu, par ses tendres soupirs, par ses aspirations enflammées, par les pieuses larmes qui coulaient de ses yeux.

Incessants étaient ses progrès dans la sainte oraison. Il s'élevait si haut sur les ailes de la prière qu'il demeurait dans un calme parfait et dans des régions inaccessibles aux tempêtes des tentations et aux nuages d'imaginations importunes. La dernière année de sa vie il fut exempt de toute distraction, même durant le temps consacré à la méditation : faveur dont on ne trouve guère d'exemple que dans la vie de saint Louis de Gonzague. Ainsi que cet angélique jeune homme, il éprouvait une joie indicible à s'adonner à l'oraison ; bien différent en cela d'un trop grand nombre qui n'y trouvent qu'ennui ou que dégoût.

Au sortir de cet intime entretien avec Dieu, il s'abstenait de regarder les objets dont la vue aurait pu le tirer tant soit peu de son recueillement ; il semblait dire : Oh ! combien la terre me paraît bien plus vile maintenant que je viens de contempler les beautés du ciel !

Le R. P. Norbert qui a été le témoin perpétuel de

la vie de notre Bienheureux, le dépositaire de tous les secrets de son âme, a dit relativement à notre sujet :

« Le confrère Gabriel s'était donné à Dieu de toute l'énergie de sa volonté, dès le commencement de sa vie religieuse ; faut-il s'étonner, dès lors, que Dieu, de son côté, se soit communiqué si intimement à lui, au point qu'en commençant la méditation son esprit se trouvait aussitôt comme abîmé dans un océan de saintes pensées et de pieuses affections.

« Telle était son ardeur pour la méditation qu'à peine entré au Noviciat et avant même d'avoir revêtu le saint habit, le temps consacré à cet exercice lui semblait passer avec la rapidité de l'éclair. »

Le fait suivant nous montre le peu de temps qu'il a fallu à Gabriel pour connaître pratiquement la méthode de la méditation, et quelles lumières il recevait de Dieu dès le commencement du noviciat.

Le Directeur des scolastiques du couvent de Recanati était venu au couvent de Morrovalle. Passant devant la salle du Chapitre où les novices se trouvaient alors réunis pour rendre compte de leur oraison, il entendit quelques paroles qui le frappèrent et s'arrêta pour écouter. Les pensées, les sentiments, les applications, les conclusions, tout était exprimé d'une manière si extraordinairement pieuse qu'il se sentit profondément impressionné ; mais autrement grande fut sa surprise en apprenant que le jeune homme qu'il venait d'entendre était entré au noviciat depuis quelques jours seulement. Ce novice déjà si instruit des choses de l'oraison était le Confrère Gabriel.

Dieu éprouva plus tard son Serviteur en le visitant par des aridités, par des sécheresses spirituelles, mais jusque-là l'oraion fut pour lui un temps de célestes délices.

« Je l'ai toujours eu à mes côtés dans l'oratoire, nous dit le R. P. Norbert, et je l'ai toujours vu immobile comme une statue. Parfois cependant les sentiments de tendre piété dont son cœur était rempli s'exhalaient en soupirs ardents, si bien que je me vis contraint de l'en avertir pour éviter à la communauté une cause de distraction. Tel était son amour pour la sainte oraison qu'il mettait tous ses soins à ne rien perdre de ce temps précieux. Bien plus, il employait à s'entretenir avec Dieu tous les instants dont il pouvait disposer après s'être acquitté de ses autres devoirs, et, cette sainte ardeur, il l'a maintenue avec une fidélité inviolable, même dans les temps d'aridité spirituelle. »

Grâce à ce saint exercice pratiqué avec tant de ferveur jusqu'à sa mort, le Confrère Gabriel parvint à un si haut degré d'oraison que son Directeur spirituel, homme de vertu et de science, ne parvenait pas à la définir et à la classer.

On se tromperait si l'on croyait que ce don d'oraison fût purement gratuit ; le Serviteur de Dieu y contribuait pour une large part, en n'omettant rien de ce qui était en son pouvoir pour y réussir : recueillement intérieur, pratique du silence, mortification des sens, fuite des moindres fautes ou manquements volontaires, souvenir habituel de la présence de Dieu. Il se gardait bien de s'arrêter aux moindres actes de curiosité et aux pensées inutiles. Il évitait de prêter l'oreille à tout ce qui n'était pas de nature à élever son esprit et son cœur vers Dieu, de peur, disait-il, de porter préjudice au recueillement intérieur et à l'oraison mentale.

Durant les bouleversements politiques dont les provinces napolitaines furent victimes en 1860 et 1861, le Confrère Gabriel se trouvait en résidence sur le théâtre même des opérations militaires, à Isola du Grand Rocher. L'heure était critique, ainsi que les événements ne tardèrent pas à le montrer ; mais le Serviteur de Dieu s'était entièrement abandonné entre les mains de la Providence, et ne voulait rien savoir de tout ce qui se passait ; il cherchait même à détourner la conversation, quand ses confrères voulaient l'entretenir sur ce sujet. « Pourquoi « perdre ainsi son temps, disait-il, quel avantage en « résulte-t-il pour nous ? D'ailleurs tout cela peut « occasionner des distractions dans l'oraison, et « n'est-ce pas un inconvénient contre lequel on ne « saurait trop se prémunir ? »

Arrivait-il qu'une nouvelle donnée aujourd'hui était démentie le lendemain, le Serviteur de Dieu plaisantait agréablement ses confrères : « Vous le « voyez bien, tout le temps que vous avez consacré à « ces discours, c'est du temps perdu ; restons avec « Dieu. »

Ses condisciples voyant ce soin extrême à éviter tout entretien de choses futiles en étaient grandement édifiés ; et quand il arrivait en récréation, on changeait au besoin le sujet de la conversation pour ne s'entretenir que d'étude ou de spiritualité.

Il aimait à parler de l'oraison, et de la mortification sans laquelle l'oraison elle-même est impossible. « Si nous écoutions bien le Seigneur, répétait- « il souvent, nous l'entendrions nous dire : morti-

« fie-toi en ceci, ne regarde pas tel objet, n'écoute
« pas telle conversation, ne cède point à tel acte de
« curiosité, car tout cela apporterait quelque obsta-
« cle à la sainte oraison. Non, nous ne pouvons pas
« bien faire l'oraison si nous ne nous mortifions
« pas. »

L'Esprit-Saint nous avertit de préparer notre cœur avant de nous livrer à la prière ; ce serait tenter Dieu que de prétendre faire une bonne oraison sans aucune préparation préalable. Telle n'était point la conduite de notre Bienheureux ; il avait contracté la bonne habitude de préparer dès le matin le sujet de la méditation du soir, et le soir, celui de la méditation du matin ; aussi était-ce avec une faim intense et une soif ardente qu'il se rendait à ce saint exercice. A peine l'avait-il commencé qu'il s'y trouvait comme plongé dans un abîme ; et à cela rien d'étonnant, car on peut dire qu'il n'entrait pas en oraison, absorbé qu'il était sans cesse dans la contemplation des choses du ciel.

« Son cœur, nous dit le R. P. Norbert, était dans une perpétuelle activité, tout lui fournissait une occasion de saintes pensées et de pieuses aspirations, et à son maintien si modeste et si recueilli l'on voyait clairement qu'il n'était attaché à rien en ce monde, que rien en dehors de Dieu n'attirait ses regards. »

Des personnes peu instruites de ce qui concerne la spiritualité croiront que ce recueillement habituel est de nature à nuire à tout travail. Erreur profonde ; ce recueillement intérieur n'est nullement une sorte d'abstraction purement spéculative, et le Confrère Gabriel pouvait s'adonner avec la plus grande attention et diligence à l'étude et à ses autres occupations, tout en demeurant uni à Dieu dans la haute partie de son âme.

D'ailleurs les regards fréquents au crucifix qu'il avait dans sa chambre ou qu'il portait sur lui, les baisers enflammés dont il le couvrait de temps en temps avivaient son union à Dieu.

Cet esprit d'oraison le suivait partout. Il s'endormait livré à ses saintes pensées, et ses rêves mêmes étaient ordinairement de choses pieuses, de sorte qu'il réalisait presque au sens littéral le précepte par lequel notre divin Maître nous ordonne de prier toujours ; mais c'est dans le sens entendu par le Sauveur qu'il l'accomplissait avec perfection.

L'oraison du Bienheureux Gabriel n'étant point une spéculation subtile et stérile tendait avant tout à la pratique de la vertu ; il dirigeait toujours ses actions à des fins surnaturelles, et les transformait ainsi en une *prière ininterrompue*.

Il ne craignait rien tant que la vaine gloire, qui cause ordinairement tant de ravages dans nos meilleures actions, et dont le venin est d'autant plus redoutable qu'il est plus subtil. Pour s'en préserver, il veillait avec le plus grand soin sur son propre cœur et redisait fréquemment : « A vous seul, ô mon Dieu, l'honneur et la gloire. » *Non nobis Domine, non nobis, sed nomini tuo da gloriam.*

« Dieu m'a aimé par pure libéralité, disait-il en-
« core, et moi, pourquoi ne chercherais-je pas à
« l'aimer avec désintéressement ? »

Parmi les résolutions qu'il avait écrites dans un petit carnet, et qu'il relisait de temps en temps afin de se les rendre plus familières, nous trouvons les suivantes qui montrent bien sa volonté de croître

sans cesse dans l'amour de Dieu : « Je ferai mes
« actions pour Dieu seul ; jamais dans des vues hu-
« maines ni pour mon intérêt ou mon plaisir per-
« sonnel. Je ne négligerai rien de ce que je saurai
« être la volonté de Dieu. Je me tiendrai toujours
« en la présence de Dieu, redisant de temps en
« temps quelques oraisons jaculatoires.

« Je m'accoutumerai à diriger toutes mes actions
« vers Dieu. Je les lui offrirai dès le matin, et re-
« nouvellerai cette offrande au commencement de
« chaque action et dans l'action elle-même, élevant
« mon cœur vers Lui : C'est pour vous, Seigneur,
« que j'entreprends cette chose, c'est pour votre
« gloire, et parce que vous le voulez ainsi.

« J'augmenterai progressivement le nombre de
« ces actes d'offrande, tant le matin que le soir.

« J'offrirai à Dieu toutes mes actions, les unis-
« sant aux mérites de Notre-Seigneur Jésus-Christ.
« Je me consacrerai moi-même entièrement à Lui,
« pour qu'il dispose de moi et de tout ce qui me
« concerne, selon sa volonté. Je déclare ne vouloir
« rien autre chose que son amour et son bon plai-
« sir. »

Gabriel puisait dans la méditation de tels sentiments de ferveur, témoigne son directeur spirituel,
que sans sa parfaite docilité à toutes mes recommandations il se serait laissé emporter par de pieux
excès qui eussent altéré ses forces. Jamais il ne
m'a fallu l'exciter à la pratique de la vertu, souvent au contraire je me voyais dans l'obligation
de modérer son ardeur, et la dernière année de sa
vie, j'ai été contraint de lui interdire la méditation
proprement dite, parce que l'extrême application

avec laquelle il s'y livrait devenait nuisible à sa santé déjà fortement compromise. Cette défense fut pour lui une peine et un sacrifice dont on ne saurait se faire une idée, mais il l'accepta avec la simplicité d'un enfant. »

Sur ce point encore notre Gabriel a ressemblé à Louis de Gonzague : comme lui, il a eu le mérite du martyre intérieur causé par l'obligation que l'obéissance lui avait imposée de se tenir en quelque sorte éloigné de Dieu ; et quel martyre plus douloureux pour une âme que de se voir contrainte de ne point penser à l'unique objet de son ardent amour ! Car penser à Dieu était ses seules délices, tout le reste n'était pour lui qu'amertume et dégoût.

Cette prohibition toutefois ne portait que sur l'exercice de la méditation proprement dite, et non point sur le recueillement intérieur qu'il eût été impossible de lui défendre.

Les prières jaculatoires, ces flèches de feu que le cœur lance au ciel, contribuaient singulièrement à l'entretenir dans le sentiment de l'union divine.

D'ailleurs tout lui servait de moyen pour s'élever à Dieu.

Pour lui, comme pour son bien-aimé père et modèle, saint Paul de la Croix, la nature était un miroir dans lequel il contemplait les perfections du Créateur. Tout, jusqu'à la fleur des champs, jusqu'à l'humble brin d'herbe était une voix qui lui prêchait la puissance, la sagesse, la bonté, la beauté, la paternelle providence de Dieu, et l'exhortait à *l'aimer, à le servir et à le glorifier.*

Gabriel se conduisait donc envers Dieu comme un fidèle serviteur envers un bon maître, ou plutôt comme un fils aimant à l'égard d'un tendre père ; il déversait son cœur dans le cœur de Dieu ; son âme était avec Dieu dans une intime et continuelle communication ; et, comme la bouche parle de l'abondance du cœur, ses conversations étaient toujours de Dieu et des choses d'en haut ; ses paroles étaient animées d'un si grand esprit de foi, imprégnées d'un sentiment de si tendre piété qu'on ne se lassait jamais de l'entendre, et qu'elles communiquaient à ses auditeurs quelque chose de ce feu sacré dont lui-même était si embrasé.

Dans le calme intérieur qui régnait au plus intime de son âme, il entendait la voix de Dieu et les invitations par lesquelles le Seigneur le stimulait à la pratique de la vertu. Lui semblait-il parfois n'avoir pas répondu à ses inspirations avec toute la ferveur dont il aurait pu être capable, il s'humiliait profondément et renouvelait une ferme résolution d'y être plus fidèle. Pour l'éprouver, Dieu se dérobait parfois à sa vue et ne se faisait plus sentir à son âme ; il le laissait dans l'aridité, dans la sécheresse spirituelle. Gabriel ne s'en plaignait pas. « Je mériterais bien pis encore, disait-il avec un profond « sentiment d'humilité, si Dieu me traitait selon la « rigueur de sa justice ; » et il acceptait ces heures d'épreuve comme une expiation pour ce qu'il appelait « ses infidélités à la grâce. »

Le souvenir habituel de Dieu et la méditaion fréquente de ses bienfaits et des grâces qu'il recevait sans cesse l'enflammaient d'un amour toujours plus pur et plus ardent. Sa bonté, sa miséricorde le remplissait d'admiration ; aussi les effusions de sa vive reconnaissance s'échappaient-elles de son cœur. Il s'excitait à un redoublement de générosité à son divin service, sans se mettre en peine des difficultés à surmonter et de la violence qu'il devait se faire à lui-même.

Son amour pour Dieu et sa ferme volonté d'être à lui seul pour toujours lui avaient inspiré, dès le commencement de sa vie religieuse, une haine profonde pour tout ce qui pouvait déplaire à ce Dieu d'infinie bonté ; de là, sa résolution bien arrêtée de ne jamais commettre, pour quelque motif que ce pût être, la moindre faute, ni de faire la moindre action qui fût de nature à déplaire à cette divine Majesté. « Ne jamais rien faire contre Dieu, » telle était une de ses maximes fondamentales ; et, grâce à sa défiance de lui-même, à sa confiance en Dieu, grâce au secours de la Très Sainte Vierge qu'il implorait avec ferveur, il se conduisait de telle sorte qu'au témoignage de son Directeur spirituel il ne commit aucune faute de propos délibéré depuis sa profession religieuse.

Le trait suivant montre son soin extraordinaire à éviter les moindres imperfections.

« Je passais un jour, dit le R. P. Norbert, devant la cellule du Serviteur de Dieu ; Gabriel, reconnaissant mon pas, ouvrit la porte de sa chambre et me pria d'entrer. « O mon Père, me dit-il aussitôt avec « un accent profondément pénétré, et les larmes « aux yeux, ô mon père, faites-moi connaître s'il « y a en moi quelque chose qui ne plaise pas à « Dieu, car avec son secours je veux l'arracher de « mon cœur. » Il prononça ces paroles avec tant d'animation et les accompagna d'un geste si expressif que j'en étais tout ému et frappé d'admiration. — « Non, lui répondis-je, pour le tranquilliser, je ne vois rien en vous qui ne soit agréable à Dieu ; — et c'était ma pleine conviction ; — cependant, ajoutai-je, priez-le de vous découvrir lui-même ce qui pourrait lui déplaire dans votre cœur, et corrigez-vous-en avec le secours de sa grâce. »

Il me remercia de mes conseils et reprit son calme habituel.

Nous avons admiré jusqu'à présent le travail opéré dans l'âme du Serviteur de Dieu depuis son entrée dans la vie religieuse, mais la dernière année de sa vie, redisons-le, a été marquée par des signes frappants d'une perfection achevée. Malgré le soin extrême avec lequel il cachait les choses intimes qui se passaient dans son cœur, les suaves effluves de la sainteté se dégageaient de toute sa personne.

Dès les premiers jours de son noviciat, sa seule vue inspirait la pensée de rentrer en soi-même, tant il paraissait recueilli et uni à Dieu ; mais la dernière année de sa vie, on ne pouvait le regarder sans être ému d'un profond sentiment de piété et de tendre dévotion.

Dieu le fit passer cependant par de dures épreuves intérieures : il lui retira pendant quelque temps toutes ses consolations et le soumit à un douloureux abandon.

Un jour que le pieux scolastique s'entretenait de spiritualité avec un de ses compagnons d'études, il se mit tout à coup à fondre en larmes : « Hélas ! « dit-il soudain, avec un vif sentiment d'humilité et « de componction, que d'inspirations je sens en « moi-même ! Dieu m'appelle à la perfection, il

« veut que je sois saint, que je sois tout à lui, et
« moi, je suis infidèle à tant de grâces ! » et il continuait de pleurer à chaudes larmes.

Le démon voyant cette âme se donner éperdûment à Dieu, n'omettait rien pour empêcher le travail de sanctification qui s'opérait en elle.

A une certaine époque surtout, sa colère devint une véritable rage et ses attaques furieuses causèrent un douloureux martyre à cette âme si candide et si pure.

« Ce malin esprit, nous dit le R. P. Norbert, l'accablait d'horribles pensées, et le poussait même à proférer d'affreux blasphèmes, si bien que le saint jeune homme avait presque horreur de lui-même quand il me rendait compte de l'état de son âme et me demandait conseil pour soutenir vaillamment le bon combat. Toutefois, quelque nombreuses et quelque violentes qu'aient été certaines tentations, jamais Gabriel n'a eu conscience d'y avoir cédé le moins du monde, et il demeurait malgré tout dans le calme et la paix intérieure. »

C'est ainsi que par la prière, par l'exercice continuel de la méditation, par son esprit d'oraison, il est parvenu à un si haut degré de perfection et d'amour de Dieu ; c'est ainsi qu'en moins de six années de vie religieuse, il a rempli une longue carrière, nous laissant un exemple admirable de ce que nous pouvons nous-mêmes si nous voulons nous consacrer à la vie intérieure, et vivre en quelque sorte, déjà, dans les cieux par l'exercice habituel de la sainte oraison.

CHAPITRE XIV

Les Conseils évangéliques. — Le Vœu d'Obéissance. — Délicatesse de l'obéissance de Gabriel. — Bonheur qu'il goûte dans la pratique de cette vertu. — Avec quelle admirable simplicité il se laissait guider par son directeur spirituel. — Son estime de la Règle. — Sa ponctualité à observer la règle du silence.

Les Conseils évangéliques se résument dans les trois vœux ordinaires de religion parmi lesquels le vœu d'obéissance occupe la première place, comme offrant à Dieu ce que l'homme a de plus précieux : la liberté.

Le Confrère Gabriel, nous dit un témoin oculaire, a observé le vœu d'obéissance « *d'une manière vraiment admirable.* » Cette obéissance s'étendait aux moindres observances qu'il pratiquait avec une telle ponctualité, une telle exactitude, « que personne ne pouvait lui être comparé, » ainsi qu'il est déclaré dans les Procès de Canonisation.

« Une des choses les plus étonnantes que l'on ait remarquées dans ce jeune homme dès son entrée dans la vie religieuse, et au sujet de laquelle il ne s'est jamais démenti un seul jour, a été sa docilité, sa soumission, son obéissance en tout. C'est là une des choses les plus étonnantes, parce que dans le monde il était d'un caractère irascible et emporté.

Or, à peine entré en religion, il s'opéra en lui un tel changement qu'on ne l'aurait plus reconnu. (1)

« Lorsque je reçus le Confrère Gabriel sous ma direction, écrit le R. P. Norbert, je le trouvai imparfait en deux choses : il ne s'était pas encore dépouillé complètement de sa volonté propre, et avait trop d'attachement pour les pénitences corporelles et pour certaines pratiques de dévotion qui finissaient par le surcharger ; mais il ne tarda pas à se conformer entièrement à mes observations, en cela comme en tout le reste. »

En méditant les exemples des saints et surtout ceux de Notre-Seigneur Jésus-Christ, il avait compris l'importance capitale de l'abnégation de la volonté propre, et de la soumission à la volonté de Dieu. La volonté propre, sous quelque jour qu'on la considère, de quelque prétexte qu'on la colore, ne saurait être agréable à Dieu, disait-il, et cette maxime était si profondément gravée dans son esprit que, même dans son délire, lors de sa dernière maladie, on l'entendit prononcer ces paroles : « Non, la volonté propre n'est point agréable à « Dieu. Eût-on toutes les raisons du monde et les « meilleures intentions, la volonté propre ne plaît « point à Dieu ; non, elle ne plaît point à Dieu. »

On ne saurait exprimer son ardeur à se dépouiller de sa volonté propre pour se laisser conduire par celle de ses supérieurs, qui était pour lui la volonté même de Dieu.

Il suffisait au Serviteur de Dieu d'entendre son

---

(1) Déposition du R. P. Bernard, ancien Supérieur Général et ancien condisciple du Serviteur de Dieu.

supérieur commander une chose pour se mettre immédiatement en devoir de l'accomplir jusque dans ses plus petites particularités, sans jamais vouloir interpréter les commandements reçus.

Son obéissance ne se bornait pas à l'exécution des ordres formels : les moindres désirs de ses supérieurs étaient pour lui des préceptes, que dis-je, sa délicatesse allait au-devant de leurs moindres désirs, et son Directeur devait se surveiller attentivement dans ses paroles, pour ne point s'exposer à voir le Serviteur de Dieu excéder dans l'obéissance en entreprenant des choses au-dessus de ses forces.

Grâce à cette docilité, poussée jusqu'au scrupule, il n'a jamais rien fait qui fût de nature à compromettre sa santé au détriment de ses devoirs journaliers.

Son obéissance n'était point indiscrète ; aussi, pour ne pas importuner à contre-temps son Directeur, il avait coutume d'écrire les moindres permissions à demander, les difficultés dont il désirait l'éclaircissement ou la solution.

« En temps convenable il venait me trouver, dit son directeur, et après s'être mis à genoux, selon l'usage, il m'exposait avec sa candeur et sa clarté habituelles ce qu'il avait à me dire. Il écoutait respectueusement mes réponses et acceptait avec joie la ligne de conduite que je lui traçais.

« Parfois, surtout dans les dernières années, je voulais lui faire connaître les raisons qui dictaient mes réponses, mais il refusait de les entendre et détournait la conversation : « Non, non, je ne veux « point prêter l'oreille à toutes ces raisons ; il me

« suffit de savoir comment je dois me conduire ; je
« n'ai besoin que de l'obéissance. »

Voici une des maximes qu'il avait écrites à ce sujet et qui montre bien le mobile élevé de son obéissance. « Je regarderai la voix du Supérieur
« comme la voix de Dieu lui-même, et en obéis-
« sant je ne chercherai point à connaître le pour-
« quoi. Je soumettrai le jugement de mon esprit à
« celui du Supérieur, songeant que c'est l'ordre de
« Dieu même, et je dirai : j'exécute cet ordre, ô
« Seigneur, parce que vous le voulez ainsi. »

Le religieux vraiment obéissant ne cherche point à faire prévaloir sa volonté à l'encontre de celle du Supérieur.

« Quand le Confrère Gabriel, nous dit son Directeur, avait une permission à demander, il s'efforçait tout d'abord de placer sa volonté dans une sainte indifférence, prêt à recevoir aussi volontiers le oui et le non. Il venait ensuite me trouver et exposait l'objet de sa demande, mais en se servant d'expressions qui montraient clairement son indifférence de cœur et de volonté.

« Craignait-il parfois d'avoir montré plus d'inclination pour une chose que pour l'autre, et d'avoir cédé ainsi à sa volonté propre, il allait trouver son supérieur et lui faisait part de ses appréhensions :
« Je ne veux absolument suivre en rien mes pro-
« pres inclinations ; je veux faire uniquement ce
« qui vous paraîtra bon à vous-même. » Il ne se tranquillisait qu'après m'avoir tout exposé et avoir vu mes intentions, ma volonté. »

Quelques traits nous montreront encore la délicatesse de son obéissance et sa ferme résolution de ne rien faire par volonté propre.

Le Directeur ayant constaté que la santé du Serviteur de Dieu commençait à décliner, lui recommanda, entre autres choses, de bien mâcher les aliments afin de faciliter le travail de la digestion. Gabriel exécutait avec la plus scrupuleuse exactitude cette recommandation et mâchait même certains aliments sans qu'il en fût aucunement besoin.

Il en était arrivé à ce point de renoncement à lui-même que, par principe d'obéissance et par affection pour cette vertu, il obéissait même dans des choses qu'il pouvait facilement et clairement comprendre n'avoir été dites que par simple plaisanterie.

« Parfois, nous dit le R. P. Norbert, il m'arrivait de lui faire des observations ou de lui adresser des reproches sur son travail manuel ou intellectuel, et cela afin d'éprouver sa vertu : « Vous le voyez bien, lui disais-je en plaisantant, vous n'êtes bon tout au plus qu'à garder les moutons ; allez donc les garder sur la montagne. Dans les commencements il se contentait de prendre mes paroles pour ce qu'elles valaient. Plus tard cependant, c'est-à-dire quand il fut plus avancé dans la perfection de la vertu d'obéissance, il me demandait la permission de ne point les mettre à exécution (ainsi que cela se pratique parmi nous dans de semblables occurrences ;) mais dans les derniers temps il ne demandait plus de dispense, il allait prendre son chapeau et, si je ne l'avais rappelé à temps, il aurait certainement exécuté ce que j'avais dit simplement pour rire. »

Un de ses confrères lui demandait un jour si

réellement il serait allé à la garde des troupeaux sur la montagne du grand Rocher, — « J'y serais allé, sans nul doute, répondit-il. »

« Le Serviteur de Dieu ne limitait pas son obéissance aux seuls ordres ou conseils de son Directeur ; il regardait les scolastiques, ses confrères, comme ses supérieurs, et volontiers il se rendait à leurs désirs, toutes les fois qu'il n'y voyait aucune imperfection. « Ils possédaient tous, pour ainsi dire, la clef de son cœur ; son plus grand plaisir était de pouvoir leur rendre quelque service. »

Les confrères du Serviteur de Dieu ne se rappellent pas avoir jamais essuyé de sa part le moindre refus. Il mettait donc toute son application à se dépouiller de sa volonté propre, et, grâce à son courage persévérant, il était parvenu à acquérir la vertu d'obéissance dans un tel degré de perfection qu'il en accomplissait tous les actes avec promptitude, de bon cœur et avec la docilité et la simplicité d'un petit enfant.

Cette abnégation absolue de sa volonté ne provenait pas chez lui d'une étroitesse d'esprit ou d'une absence de sentiment ; il savait très bien par expérience combien il en coûte pour accomplir ce sacrifice, car il était d'une nature vive et sensible, d'une intelligence ouverte et perspicace ; cette simplicité dans l'obéissance était uniquement le fruit d'une vertu vraiment extraordinaire.

Gabriel portait l'obéissance, comme on va le voir, jusque dans les moindres détails de sa vie.

Lors de sa dernière maladie, un religieux avait demandé avec de vives instances au R. P. Directeur la permission de soigner le pieux malade, surtout pendant la nuit ; il savait devoir en retirer un grand sujet d'édification et un avantage spirituel des plus précieux.

Le R. P. Norbert fit droit à cette demande, d'autant plus volontiers que ce religieux était doué d'une forte constitution et aurait, par conséquent, beaucoup moins à souffrir que d'autres.

Or, voici ce qu'écrivit ensuite ce religieux, mort il y a quelques années seulement au couvent de Spolète dont il était supérieur :

« Le Confrère Gabriel voulait se conduire en tout par le principe de la plus parfaite obéissance. Lorsque son état de faiblesse ne lui permettait plus de se tourner tout seul dans son lit et qu'il désirait changer de position afin de trouver quelque soulagement, il me demandait auparavant mon avis à ce sujet et n'insistait nullement quand je le priais d'attendre. Si je l'interrogeais pour savoir de quelle manière il voulait se mettre : « Je me mettrai comme vous le voudrez », me répondait-il ; et il ne me faisait connaître sa préférence que lorsque je le lui imposais en quelque sorte. Ne pouvant plus appliquer son esprit à la méditation, il aimait à y suppléer par des prières vocales ; mais quand je lui faisais observer qu'il en disait trop, il s'arrêtait immédiatement, laissant même inachevée celle qu'il avait commencée. »

De tels actes qui paraissent insignifiants en eux-mêmes nous montrent mieux peut-être que ne le feraient des actions importantes, la haute perfection de l'obéissance dans notre jeune religieux.

Nous l'avons dit, le mobile de cette obéissance était tout surnaturel. C'est à Dieu lui-même qu'il se soumettait en la personne des supérieurs. Il savait d'ailleurs que cette vertu est la voie la plus directe pour parvenir à la sainteté, puisque c'est faire la volonté de Dieu que d'obéir, et que la perfection consiste essentiellement dans la conformité de la volonté à celle de Dieu.

En agissant ainsi, le fils de saint Paul de la Croix se conduisait d'après les enseignements de son glorieux père, qui écrivait un jour aux religieux, ses fils : « Abandonnez-vous tellement entre les mains de vos supérieurs qu'ils puissent faire de vous tout ce qu'ils veulent, dès qu'ils ne commandent rien de contraire à la loi de Dieu, ni aux Règles et Constitutions auxquelles vous devez avoir soin de rester toujours fidèles. Jésus-Christ, vous le savez, s'est rendu obéissant jusqu'à la mort, et la mort de la Croix ; il faut donc mourir aussi à vous-mêmes et enterrer l'esprit et le jugement propres. Renoncez, mes bien-aimés, à tout jugement, à toute inclination, à toute volonté propre ; abandonnez-vous, comme morts, à vos supérieurs. Aussi longtemps que vous ne serez pas comme morts entre les mains de l'obéissance, vous ne pourrez jamais goûter les douceurs du service de Dieu. »

Le Confrère Gabriel, grâce à la perfection de son obéissance, était parvenu à goûter ces douceurs, dont les joies matérielles et sensibles ne sauraient donner une idée : la plus profonde tranquillité régnait dans son âme. Que pouvait-il craindre en obéissant à ses supérieurs ? Ne savait-il pas que le Souverain Juge ne demandera aucun compte des actions que le religieux aura faites en conformité avec la sainte obéissance, puisque faire la volonté

« travaux, que l'on peut gagner plus de mérites
« devant Dieu. »

Il était tout heureux lorsque les frères servants oubliaient de lui porter quelqu'un des objets distribués à la communauté. Il manifestait également une joie extraordinaire quand on lui permettait de parler aux pauvres les plus abjects. Ainsi que nous l'avons dit, c'est pour les pauvres qu'il se privait du meilleur de sa nourriture ; on eût dit qu'il sortait lui-même de la classe la plus infime, tant il leur manifestait d'affection.

Bien loin de se complaire dans les louanges qu'on pouvait lui adresser parfois, il les repoussait avec dédain « comme étant attribuées, disait-il, à quelqu'un qui ne les méritait en aucune façon ; » marque non équivoque d'une profonde humilité.

Il éprouvait une peine très sensible quand on lui témoignait de la reconnaissance pour ses services, ou qu'on lui donnait des marques particulières de respect et d'estime ; et cette peine se traduisait sur son visage.

La perfection de l'humilité, dit saint Alphonse de Liguori, consiste à aimer les mépris et les injures, à les accepter de bon cœur et surtout à les rechercher, autant que le permet la prudence. L'humiliation, d'après saint Bernard cité par Bossuet, « est le moyen le plus court et le plus sûr pour parvenir à la vraie humilité, si difficile d'ailleurs à acquérir. »

Gabriel profitait avec soin de toutes les occasions qui se présentaient d'être humilié. Il ressentait une véritable joie quand on lui faisait quelque réprimande pour le corriger d'un défaut ou simplement pour l'éprouver.

« Si je lui adressais un avis ou un reproche, déclare son directeur, Gabriel se mettait aussitôt à genoux, conformément à ce qui se pratique parmi nous ; il écoutait attentivement les observations que je lui faisais et ne se levait point avant d'en avoir reçu la permission. Il m'est arrivé de sortir du lieu où je lui avais donné quelque réprimande, sans songer à le faire lever ; le Serviteur de Dieu restait parfois à genoux jusqu'à mon retour ou jusqu'à ce qu'étant moi-même averti par d'autres, je lui transmettais l'ordre de se lever. »

Comme il était doué de dispositions heureuses pour la prédication, on le chargeait quelquefois d'adresser la parole aux fidèles afin de l'exercer en même temps au ministère sacré.

L'humble scolastique s'exécutait de bonne grâce en mettant toute sa confiance et tout son appui dans le secours du Seigneur et la protection de la très sainte Vierge. Il se résignait volontiers à tout événement, faisait remonter d'avance à Dieu seul la gloire du succès, ou acceptait l'humiliation qui pourrait en résulter s'il venait à échouer ; mais il s'acquittait toujours de sa tâche à la grande satisfaction de tous ses auditeurs.

Parfois ses supérieurs, soit erreur soit désir d'éprouver sa vertu, lui attribuaient certains manquements et l'en réprimandaient. Gabriel ne faisait jamais entendre la moindre excuse, voulant en cela imiter son divin modèle, qui, au jour de sa douloureuse Passion, ne répondait que par le silence à toutes les accusations portées contre lui. Il accomplissait ainsi des résolutions prises dans l'oraison et que nous trouvons écrites de sa main : « Je ne m'excuserai jamais. Je me garderai bien plus encore de rejeter la faute sur les autres. Jamais je ne garderai le moindre ressentiment dans mon cœur. »

Sa seule réponse à ces reproches était un aimable sourire ; la réprimande terminée, il se relevait avec la même sérénité et la même gaîté qu'auparavant. « Il faut que je me corrige, disait-il quelquefois en plaisantant ; ces reproches ne sont que trop mérités. »

Les réprimandes, bien loin de diminuer sa confiance envers son directeur, ne faisaient que l'accroître ; et tel était son désir d'acquérir la perfection de l'humilité qu'il le priait souvent de le réprimander et de le couvrir de confusion ; et quand, par oubli ou pour d'autres motifs, on laissait passer quelque temps sans le reprendre et l'humilier, Gabriel allait s'en plaindre, en versant même parfois d'abondantes larmes.

S'il croyait avoir manqué en quelque chose, il en profitait pour essayer de diminuer l'estime que ses confrères avaient pour lui. Certes, ce n'est pas que la nature n'excitât dans son cœur des murmures et de fortes oppositions, mais l'amour qu'il avait pour l'humilité et son ardent désir de croître dans cette vertu le faisaient triompher de tous les obstacles.

Il profitait de ces circonstances pour se recommander aux prières des religieux, et avec un tel sentiment d'humilité qu'on aurait pu le croire coupable de graves transgressions. Le même sentiment se dégageait des actes ordinaires d'humilité que pratiquent les religieux, comme de dire la coulpe, de se prosterner au passage de la communauté.

Le démon, qui est l'esprit d'orgueil, ne pouvant souffrir l'humilité de Gabriel, mettait tout en œuvre pour lui inspirer des sentiments de vaine estime de lui-même ; jamais cependant il ne parvint à remporter sur lui le moindre avantage.

La tentation avait pour unique résultat de le rendre plus humble, en lui inspirant un plus profond mépris de lui-même. Au reste il ne manquait pas de donner à son Directeur spirituel un compte exact de tout ce qui se passait dans son intérieur, et plus il éprouvait en cela de difficulté ou de répugnance, plus il s'armait de courage pour se vaincre.

Il en est qui croient que l'humilité tend à anéantir l'homme et à le rendre incapable de rien entreprendre ; c'est une erreur profonde. « L'humilité chrétienne n'est pas un abattement de courage ; au contraire, les difficultés l'encouragent, les impossibilités l'animent et la déterminent : elle nous rend plus fervents et plus appliqués au travail ; elle a cela d'admirable que plus elle est faible, plus elle est hardie et entreprenante. » (1) Mille exemples tirés de la vie des saints viennent à l'appui de cette doctrine. Les saints qui ont accompli les œuvres les plus éclatantes se fondaient tous sur la toute-puissance de Dieu qui donne son secours et sa grâce avec d'autant plus d'abondance que l'on a plus de défiance de soi-même et de ses propres forces : voilà pourquoi le Confrère Gabriel n'était ni indolent, ni irrésolu, mais plein de courage et toujours prêt à

---

(1) Bossuet. 3e Serm. pour le jour de Pâques.

entreprendre et à exécuter ce qu'il savait être agréable à Dieu, persuadé que le secours divin ne lui ferait pas défaut.

Lui semblait-il parfois avoir manqué en quelque chose, bien loin de se laisser abattre ou de s'irriter contre lui-même, il prenait de là occasion de pénétrer plus profondément dans la connaissance de son propre néant.

Dès lors ne nous étonnons pas que Dieu qui aime les humbles ait répandu ses grâces avec tant de profusion sur son fidèle serviteur. Ne nous étonnons pas qu'il se soit plu à l'exalter, car il n'est rien de plus véritable que cette parole de l'Evangile : *celui qui s'abaisse sera exalté.*

CHAPITRE XVIII

Affection de Gabriel pour ses frères ; il manifeste des préférences. — Comment il s'oublie lui-même pour rendre service à ses frères ; il se fait leur avocat, leur caution. — Sa conduite par rapport à la charité dans les conversations. — Il est plein de compassion pour les plus grands pécheurs. — Amour du Serviteur de Dieu pour les malades. — Son dévouement pour le salut des âmes. — Il se fait *l'apôtre* du Purgatoire.

« Le véritable amour du prochain a son principe nécessaire dans l'amour de Dieu, il marche avec lui d'un pas égal ; et quoiqu'on trouve quelquefois des naturels nobles qui semblent s'élever beaucoup au-dessus de toutes les faiblesses communes, il n'y a que l'amour de Dieu qui puisse changer dans nos cœurs cette pente de la nature de ne s'attacher qu'à soi-même. » (1)

On trouve la démonstration vivante de cette affirmation dans la vie des saints, qui réalisent seuls dans la perfection le précepte divin de la charité fraternelle.

Nous allons voir comment le Bienheureux Gabriel a été leur digne émule.

---

(1) Bossuet.

Les membres dont se composent les maisons religieuses s'appellent du nom de *Frères,* à cause de la fraternité réciproque, c'est-à-dire de cette union des esprits et des cœurs qui transforme les maisons religieuses en véritables paradis de la terre.

Aux yeux de Gabriel les religieux n'étaient pas seulement pour lui des *frères,* mais d'autres lui-même, et il s'identifiait en quelque sorte à leurs joies et à leurs tristesses.

Point d'inégalités dans la charité de ce saint jeune homme ; point d'acception de personnes, point de ces amitiés particulières qui sont ordinairement la cause de mille désordres dans une communauté. « Son cœur était tout entier à tous et tout entier à chacun. » (1) Parmi ses amis, il n'y avait ni premier, ni second, chacun d'eux occupait la première place ; ou plutôt Gabriel avait en réalité des préférences, mais à la louange de sa vertu.

Ses préférences étaient pour ceux qui lui inspiraient moins de sympathie naturelle, ou qui étaient moins bien doués au point de vue des qualités physiques ou intellectuelles.

Laissons sur ce point la parole au R. P. Norbert, son Directeur : « Moi qui connaissais bien ses sentiments, j'étais grandement édifié de voir avec quel soin et quelle bonne grâce il cherchait à leur être agréable et utile. Il se conduisait en cela avec tant de délicatesse et d'amabilité que ceux qui ne connaissaient pas le mobile élevé d'une telle conduite pouvaient croire qu'il avait pour ces derniers une inclination toute naturelle et plus prononcée. Ce-

---

(1) Procès de Canonisation.

pendant malgré le soin qu'il mettait à cacher ses sentiments intimes, il se produisait parfois certaines circonstances qui manifestaient clairement sa vertu.

« Le respect et l'affection surnaturelle qu'il avait pour tout le monde le portaient à saluer le premier, et ce salut était donné avec une cordialité charmante.

« Dans ses rapports extérieurs, dans ses conversations, continue le même témoin, il était toujours affable, aimable, condescendant partout où il ne découvrait ni faute ni imperfection; il était gai en temps et lieux, modérément enjoué, toujours disposé à renoncer à ses manières de voir quand elles étaient contraires à celles des autres. Aussi ne se lassait-on jamais de sa société.

« Tout en lui était marqué au coin de la charité, et, au témoignage de ceux qui vivaient à ses côtés, personne n'a jamais eu à se plaindre de lui, comme je n'ai moi-même reçu aucune plainte à son sujet. »

Le Confrère Gabriel, avons-nous dit, se conduisait envers son prochain par des principes surnaturels. Il voyait dans la personne de ses frères l'image vivante de Dieu, le temple où il habite, Notre-Seigneur Jésus-Christ lui-même; il avait constamment présentes à l'esprit les paroles par lesquelles ce divin Sauveur déclare regarder comme fait à lui-même ce que nous faisons par amour pour lui en faveur du prochain; de là son oubli total de lui-même pour ne songer qu'à la pratique de la charité.

« Ses compagnons d'études, dit encore son directeur spirituel, m'ont déclaré, de vive voix et par écrit, ne lui avoir jamais demandé un service qu'il ne se soit montré tout disposé à le rendre.

« Quelqu'un venait-il le prier de l'aider, il laissait aussitôt son travail pour donner la main à son confrère ; s'il était absolument retenu par sa propre occupation, il priait d'attendre qu'il eût terminé ; ensuite, tout joyeux, il accourait pour rendre le service demandé. S'il était besoin pour cela d'une permission, il venait me la demander et insistait au besoin jusqu'à l'importunité. Afin de l'éprouver et de modérer en même temps son désir excessif d'aider les autres, il m'arrivait de lui donner un refus en l'accompagnant de quelques paroles mortifiantes. On voyait alors quelle peine il éprouvait de ne pouvoir rendre service. »

Son esprit de charité lui faisait tenir les yeux constamment ouverts sur les besoins des autres ; il le poussait aussi à solliciter du supérieur ce qu'eux-mêmes n'osaient demander ; il priait alors et suppliait avec les plus vives instances ; s'il était exaucé, on le voyait s'en aller tout joyeux annoncer la bonne nouvelle ou présenter l'objet reçu.

Parfois il se rendait caution pour les autres.

Lorsqu'un de ses confrères s'était attiré une pénitence pour quelque faute ou quelque transgression contre la Règle, il en souffrait tellement dans son cœur qu'il eût préféré subir lui-même la peine justement infligée ; il allait trouver le supérieur et le conjurait en faveur du délinquant, surtout quand il voyait ce dernier abattu.

Dans l'accomplissement de ce pieux office, la charité fraternelle le rendait ingénieux à atténuer la malice de l'acte, à excuser la faute et exprimer les regrets du coupable.

Cette insistance pouvait quelquefois paraître excessive, mais elle était une preuve de l'ardente charité dont son cœur était animé à l'égard de ses frères, d'autant plus qu'en agissant ainsi il courait le risque de recevoir des paroles de blâme et de passer pour un importun et un intrigant.

Si le Serviteur de Dieu pratiquait avec tant de perfection la vertu de charité, s'il déployait tant d'ardeur pour être agréable à ses frères, quel soin ne devait-il pas apporter à éviter tout ce qui pouvait être de nature à blesser cette reine des vertus, ou à causer à qui que ce fût la moindre peine, le moindre déplaisir ! »

« Personne, lisons-nous aux Procès de Canonisation, n'a jamais entendu sortir de sa bouche une parole tant soit peu piquante, une expression sentant la moquerie, ou susceptible de causer une humiliation quelconque, ni la moindre atteinte à la charité ; on n'a jamais rien vu de répréhensible à ce sujet dans toute sa conduite : il était au contraire pour tout le monde un sujet d'admiration. »

Cependant la charité n'est pas faiblesse, et c'est une perfection de la charité, sinon un devoir, d'arrêter les discours où l'on se permet de blesser la réputation du prochain.

C'est ce que faisait Gabriel quand il s'apercevait de quelque oubli sur ce point. Il était d'une habileté extraordinaire pour changer le sujet de la conversation, tout en observant d'ailleurs les égards dûs aux personnes. Parfois aussi il rappelait à mi-voix le souvenir de la présence de Dieu, selon l'usage établi parmi nous en pareille occurrence ; d'autres fois il arrêtait directement le discours, mais de manière à ne blesser personne. Il se sentait comme naturellement porté à défendre la réputation du prochain, et quand cela devenait nécessaire, il s'armait d'un zèle ardent et d'une vigueur surprenante.

Il ne voulait pas même entendre parler d'une manière défavorable des personnes dont la conduite publique était hautement répréhensible.

Le Serviteur de Dieu se trouvait à Isola, lors des troubles politiques dont le royaume de Naples fut le théâtre, et qui aboutirent au renversement de la dynastie régnante et à l'annexion des provinces napolitaines au nouveau royaume d'Italie.

Or il arrivait souvent dans les conversations de blâmer la conduite des révoltés et surtout des chefs, et il n'y avait certes en cela aucun mal, mais telle était la délicatesse du Confrère Gabriel à l'égard de la charité, qu'il s'abstenait de prendre part à ces discours et ne voulait pas même y prêter l'oreille. Il avait pour principe d'excuser tout le monde, et si l'excuse n'était pas possible il se bornait à témoigner des sentiments de compassion à l'égard des coupables et à prier pour eux.

Pour rien au monde, on le voit, il n'eût voulu porter atteinte à la charité.

Cependant son extrême délicatesse de conscience lui faisait craindre d'avoir manqué dans ses rapports avec ses confrères, principalement en classe, durant les discussions scolastiques. Quand il lui semblait avoir laissé échapper quelque parole un peu vive, il en demandait pardon en présence de tout le monde, parfois même il se jetait à genoux, avec un profond sentiment d'humilité, devant celui qu'il craignait d'avoir offensé : « Veuillez me pardonner, » lui disait-il, et il ne se relevait point qu'il n'eût entendu : « Oui, je vous pardonne. »

Ordinairement le soi-disant offensé lui répondait : je n'ai point de pardon à vous accorder ; vous n'avez rien dit ni rien fait qui ait pu me froisser. Le Serviteur de Dieu se tournant alors vers ses autres confrères : « N'imitez point mes défauts, leur di« sait-il, je vous demande pardon à vous aussi de « mes mauvais exemples. Je ne puis rien faire de « bon, mais la très sainte Vierge m'aidera à me cor« riger. »

Il se relevait ensuite et veillait encore avec plus de soin à éviter tout ce qu'il croyait devoir se reprocher de contraire à la charité fraternelle.

Lui-même pardonnait de tout cœur les manquements de charité dont il pouvait être l'objet, et bien loin de s'en tenir pour offensé il ne se montrait que plus aimable envers le délinquant et lui donnait une plus large part à ses prières.

Pour conserver et accroître sans cesse dans son âme ce feu sacré, notre pieux scolastique se remettait souvent devant les yeux, surtout pendant la sainte oraison, les motifs les plus capables de l'exciter à la pratique de cette vertu, les résolutions prises à ce sujet et qu'il avait écrites pour ne les point perdre de vue.

En voici quelques-unes :

« Je fermerai mon cœur à tout ressentiment ; « combien plus le tiendrai-je fermé à tout mouve« ment de rancune ou de vengeance. Je ne parlerai

« point des défauts des autres, fussent-ils appa-
« rents ; je ne donnerai non plus à personne au-
« cune marque de mésestime, soit en leur présence
« soit en leur absence. Je parlerai de tous en bonne
« part. Je m'étudierai à ne faire fâcher personne,
« et m'abstiendrai pour cela de toute parole dure ou
« piquante. J'éviterai d'humilier qui que ce soit,
« par des propos désobligeants. Je ne contredirai
« ni ne reprendrai personne. Je viendrai en aide à
« mes frères, cherchant à leur faire plaisir en tout
« et ne leur adressant jamais que des paroles dou-
« ces et affables. Je n'userai à leur égard que de
« bons procédés, et fuirai absolument les amitiés
« particulières, pour n'offenser personne. Je ne ju-
« gerai défavorablement de qui que ce soit ; je té-
« moignerai au contraire de l'estime pour tout le
« monde afin de couvrir leurs défauts. Je me réjoui-
« rai des avantages d'autrui, et regarderai comme
« une faute tout sentiment d'envie. »

La charité de Gabriel se manifestait surtout envers les pauvres et les malades.

On se souvient de sa tendre compassion pour les nécessiteux, et des lettres si touchantes dans lesquelles il plaidait leur cause auprès de son père. Son cœur brûlait du doux feu de la charité pour les malades dans lesquels il voyait Jésus sur le lit de la douleur, et les paroles font défaut pour exprimer le dévouement et la sollicitude qu'il leur témoignait.

Ce n'était pas assez pour lui de les visiter, conformément à la Règle de sa Congrégation ; il les encourageait à souffrir avec patience et avec mérite, et leur rendait tous les services en son pouvoir, si bien qu'on l'eût pris pour *une sœur de charité*, et qu'on allait jusqu'à l'appeler *la mère des miséricordes*. (1)

Il réalisait ainsi l'idéal que saint Paul de la Croix se faisait de celui qui se consacre au service des malades : « Pour les soigner, disait-il, il faut *une mère* ou *un saint*, » et, comme son illustre Fondateur Gabriel avait pour les pauvres infirmes la tendresse et le dévouement d'une *mère*, parce qu'il avait le cœur d'un *saint*.

Si telle était la sollicitude du Serviteur de Dieu pour le bien temporel et en quelque sorte purement matériel de son prochain, quel ne devait pas être son zèle pour le bien spirituel de ses frères : car n'est-ce pas l'âme qui est la partie principale de l'homme ? et n'est-ce pas sur elle que la charité doit porter sa principale attention, en vue des biens futurs et éternels ?

Mais nous ne reviendrons pas sur un sujet déjà touché en divers endroits de cet ouvrage ; nous nous bornerons à rappeler que le Confrère Gabriel faisait converger tous ses actes de vertu, tous ses travaux, toutes ses mortifications, toutes ses prières, en un mot tous les efforts de sa charité vers cet unique but : le bien des âmes pour le salut desquelles le Fils de Dieu s'est immolé sur la croix.

La charité pour les âmes ne se borne pas à la vie présente ; elle s'étend au-delà du tombeau et les suit jusque dans les prisons du Purgatoire.

En digne fils de saint Paul de la Croix, dont il est dit *qu'il avait pour ces âmes bénies une tendres-*

---

(1) Procès de Canonisation.

se et une compassion extrêmes, (1) Gabriel leur portait le plus touchant intérêt.

Il ne faut pas s'en étonner, car c'est encore Jésus-Christ qu'il voyait en elles. C'est à Jésus-Christ qu'il *donnait à manger et à boire,* dans la personne de ces âmes qui ont faim et soif de la vision et de la possession de Dieu ? C'est Jésus-Christ qu'il *visitait,* qu'il *soulageait* dans ces âmes torturées par la souffrance et incapables de mériter pour elles-mêmes le moindre soulagement.

Dans sa tendre compassion pour ces amis de Dieu, il puisait à pleines mains dans les trésors des Indulgences de la sainte Eglise, et il fit en leur faveur ce qu'on appelle le *Vœu héroïque* si fortement approuvé par le Souverain Pontife Pie IX de sainte mémoire, et qui consiste à renoncer pour elles à la partie satisfactoire de nos bonnes œuvres, comme aussi à tous les suffrages que l'on pourra jamais faire pour nous pendant notre vie et après notre mort. Par ce même vœu on dépose tous ses trésors spirituels entre les mains de la très sainte Vierge, afin qu'elle-même dispose de tout selon son bon plaisir.

Le Confrère Gabriel s'était donc entièrement dépouillé de tout avantage spirituel par ce *vœu* vraiment magnanime, et quand on lui objectait qu'il s'était trop oublié lui-même : « La très sainte Vierge pourvoira à mes propres intérêts, répondait-il ; au reste, la charité qui s'impose des limites n'est point véritablement charité. »

Non content de se dévouer lui-même en faveur

---

(1) Vie de saint Paul de la Croix, par le Vén. Strambi.

des-âmes souffrantes, il engageait ses confrères à suivre son exemple, et il le faisait avec tant de zèle qu'on l'appelait *l'apôtre du Purgatoire*.

Sa charité lui inspirait à cet effet des accents de véritable éloquence. Il décrivait comme au naturel et d'une manière tout-à-fait saisissante l'état infortuné des trépassés. « Les vivants, disait-il, s'ils sont pauvres ou malades, attirent les regards et l'attention des hommes, du moins par leur présence ; mais les âmes du Purgatoire n'ont de recours que dans la vertu de charité. Les vivants peuvent écrire ou parler pour se faire comprendre et intéresser le prochain à leur misère ; ils peuvent encore amasser des trésors spirituels pour la vie future ; les âmes souffrantes, séparées qu'elles sont du monde présent, ne peuvent faire parvenir jusqu'à nous leurs gémissements plaintifs, et, renfermées dans un profond abîme, elles sont impuissantes à se soulager elles-mêmes. »

Cette dévotion extraordinaire du Serviteur de Dieu pour les âmes du Purgatoire était sans doute antérieure à son entrée en religion ; toujours est-il qu'elle nous est manifestée d'une manière bien touchante dans une lettre écrite par lui à son père vers la fin de son noviciat, et qui est comme le dernier acte de sa volonté avant sa profession religieuse.

Voici donc en quels termes il s'exprimait :

« Père bien-aimé, je viens vous demander un
« service que vous ne me refuserez pas, j'en suis
« persuadé.

« J'avais pris l'engagement envers la Très Sainte
« Vierge Marie, ma chère Avocate, de venir en aide

« aux âmes du Purgatoire si elles me faisaient par-
« venir au jour si beau, si désiré et si précieux de
« la sainte profession. Je désire donc que vous don-
« niez la somme de dix écus au Père Gardien de
« Monte-Lugo, (1) à qui j'écris en même temps
« qu'à vous, pour l'informer de l'emploi de cette
« somme.
« J'ai l'entière assurance que vous voudrez me
« faire plaisir en accomplissant ce dernier acte de
« ma volonté. J'ai si souvent constaté combien vous
« étiez porté à nous être agréable dans les moindres
« choses, à mes frères et à moi, que vous voudrez,
« à bien plus forte raison, je n'en doute pas, me
« l'être encore en ceci ; et je vous offre d'avance
« mes remercîments les plus sincères. »

Ce vif désir du Bienheureux fut réalisé, et il écrivit plus tard à son père pour lui en exprimer sa
profonde gratitude.

Il se reconnaissait, on le voit, grandement rede-
vable envers ces chères âmes, auxquelles il semblait
attribuer en partie sa vocation à la vie religieuse et
l'heureuse issue des épreuves du noviciat.

Cette dévotion n'avait donc fait que s'accroître
dans son âme compatissante, mais à un tel point
que son Directeur pouvait déclarer sous la foi du
serment « n'avoir jamais vu personne aussi dévoué
que le Confrère Gabriel pour les âmes souffrantes,
ni aussi zélé à gagner des indulgences en leur faveur. » (2)

---

(1) Les religieux de Monte-Lugo étaient des Ermites de saint Augustin. Le Serviteur de Dieu priait leur Supérieur de faire célébrer
des messes pour les âmes du Purgatoire.
(2) Procès de Canonisation.

Le Serviteur de Dieu a donc réalisé avec perfection le grand précepte de la charité ; il a porté ce caractère distinctif des vrais disciples de Jésus-Christ. Que dis-je ? sa charité s'est élevée jusqu'à l'héroïsme ; il a aimé son prochain plus que lui-même, et le comble de son bonheur eût été de lui donner sa propre vie, à l'exemple du Sauveur des âmes, le Dieu d'éternelle et infinie charité.

CHAPITRE XIX.

La mortification chrétienne. — Avec quelle ardeur le serviteur de Dieu s'adonne à la pratique de cette vertu. — Il ne se contente pas des mortifications communes. — Sa docilité envers son Directeur dans la pratique de la pénitence. — Comment il supplée aux mortifications extraordinaires. — Triomphe qu'il remporte sur lui-même par la vertu de mortification.

Le précepte de la Croix est peu compris de nos jours, même dans la société chrétienne. La croix ou l'esprit de pénitence et de mortification fait horreur, et l'on cherche par tous les moyens à l'éluder ou du moins à l'atténuer à tel point qu'il en reste à peine quelque ombre. Cependant y a-t-il rien que le Fils de Dieu ait inculqué avec plus de force que l'obligation de *porter sa croix tous les jours* ? Combien de fois n'y revient-il pas dans son saint Evangile !

Les apôtres, interprètes fidèles de la doctrine du divin Maître, reviennent sans cesse sur ce précepte de la croix, et saint Paul va jusqu'à déclarer qu'il manque quelque chose à la Passion du Sauveur, et que c'est à nous de la *compléter dans notre chair, en portant, pour ainsi dire, partout la mortification de Jésus.*

Pénétré de ces grandes leçons que le monde ne saurait comprendre, le Confrère Gabriel s'était déclaré à lui-même, à toutes ses convoitises, une guerre implacable et sans trêve ni merci.

A la vive lumière surnaturelle qui avait éclairé son âme et lui avait montré la nécessité de renoncer au monde et de se donner tout à Dieu, il avait compris toute l'importance et tout le prix de la mortification et s'y était livré dès lors avec la plus grande générosité, ainsi que nous l'avons raconté au troisième chapitre de cet ouvrage.

C'est cet amour de la mortification qui l'a porté à choisir un Institut voué aux austérités de la pénitence, comme il le déclarait à ceux qui s'étonnaient de le voir entrer dans la Congrégation des Passionistes.

Cet esprit de mortification et de pénitence ne fit que se développer en lui ; aussi, depuis son entrée au noviciat jusqu'à la fin de sa vie, ses supérieurs ou directeurs se sont vus contraints d'avoir en quelque sorte continuellement les yeux sur lui afin de modérer cette ardeur qui aurait pu dépasser les limites de la prudence, et le rendre impuissant à remplir ses obligations, en compromettant gravement sa santé.

Le Serviteur de Dieu ne voulait pas porter en vain le nom de *Passioniste*, et ayant la Passion du Sauveur profondément gravée dans son âme par une méditation continuelle, ainsi que nous le dirons dans la suite, il voulait qu'elle fût aussi gravée dans sa chair par l'exercice continuel de la mortification, à l'exemple de son bienheureux père, Paul de la Croix, qui s'est toujours montré une copie si fidèle du divin Crucifié.

La Règle des Passionistes, sans rien prescrire au-dessus des forces ordinaires, offre cependant de sérieuses difficultés, car l'esprit de pénitence et de mortification est l'un de ses traits les plus caractéristiques.

Parmi les principales austérités de la Règle, il faut compter les jeûnes et abstinences assez fréquents, l'usage de la discipline, le lever de la nuit pour la psalmodie de l'office divin ; mais toutes ces observances, d'ailleurs pénibles à la nature, ne suffisaient pas à contenter la faim dévorante que le Serviteur de Dieu éprouvait pour la mortification et la pénitence.

« Lorsque je le pris sous ma direction, a déclaré le R. P. Norbert aux Procès de Canonisation, le Confrère Gabriel avait une telle propension pour les pénitences et les mortifications corporelles, que si je ne l'avais surveillé de près, il se serait livré à des austérités et à des macérations excessives qui auraient eu vite raison de sa santé ; mais la Règle, dans sa sagesse, défend aux religieux de s'adonner à aucune pénitence corporelle particulière, sans l'approbation des supérieurs ou directeurs spirituels, et le Confrère Gabriel n'avait garde d'enfreindre cette prescription. Il venait me trouver, continue le même témoin, afin d'obtenir la permission de pratiquer telle ou telle mortification. Refusais-je de faire droit à sa demande, il mettait en avant maintes raisons et usait même de pieux stratagèmes pour arriver à ses fins, de telle sorte que j'étais contraint de peser toutes mes paroles. Si j'objectais la délicatesse de sa constitution ou son état de santé : « Ah ! si nous voulions regarder les choses de si près, répondait-il, nous ne ferions jamais rien. D'ailleurs un pécheur, tel que moi, ne saurait s'infliger de trop dures pénitences. Et puis ajoutait-il, ne voyons-nous pas quelles pénitences se sont infligées un grand nombre de saints dont la santé était pourtant frêle et délicate ? On disait bien à saint Louis de Gonzague que ses dures mortifications seraient pour lui une cause de regrets et de remords à ses derniers moments ; mais loin d'en avoir éprouvé il affirmait que les saints se sont toujours distingués par leur amour de la pénitence. »

Plus le Confrère Gabriel progressait dans la vertu et plus il se corrigeait de l'attache excessive qu'il avait pour les pénitences corporelles, et il en était arrivé à recevoir sans rien dire les refus opposés à ses demandes, ce qui d'ailleurs ne diminuait en rien son mérite : « De cette manière, disait-il, le religieux recueille un double profit, tant à cause de son désir de pratiquer la mortification que du sacrifice qu'il offre à Dieu en se soumettant pour son amour à l'obéissance. Cette mortification de l'esprit, ajoutait-il, est même plus noble aux yeux de Dieu et lui est plus agréable qu'une mortification corporelle accomplie de son propre mouvement et de sa propre volonté. »

A plusieurs reprises, le Serviteur de Dieu avait demandé à son directeur la permission de porter un cilice ou d'autres instruments de pénitence, mais n'en ayant point obtenu l'autorisation, il y suppléait par maintes petites mortifications permises ; sachant bien d'ailleurs que les moindres actions faites pour Dieu sont grandes à ses yeux.

Toutes ces petites mortifications, le fervent religieux les pratiquait avec tant de discrétion et de sainte habileté que son directeur spirituel était seul à s'en apercevoir.

Les yeux, la langue, les oreilles, le goût, le toucher, chaque sens avait son genre particulier de pénitence ; il augmentait encore le nombre de ses actes de mortification aux approches de certaines solennités, et lorsqu'il devait recevoir la sainte communion.

Voici les résolutions qu'il avait lui-même écrites pour mieux s'en souvenir et s'en rendre la pratique plus facile.

« Je mortifierai mes yeux et ma langue ; je me mortifierai aussi en évitant de sortir de ma cellule sans nécessité. Je modèrerai ma démangeaison de parler et augmenterai peu à peu le nombre de ces actes.

« Je me mortifierai dans les actions ordinaires : dans le boire, le manger, la lecture, l'étude, les promenades, les récréations, et généralement dans toutes les choses qui peuvent me procurer une certaine satisfaction. Je mortifierai surtout mes mauvaises inclinations et ma volonté propre, disant de cœur : Seigneur, je veux faire cette chose, non pour mon plaisir, mais parce que vous le voulez.

« Je mettrai à profit les occasions de mortification qui s'offriront d'elles-mêmes. J'accomplirai avec exactitude les actions ordinaires, me mortifiant en tout ce qui m'empêcherait de pratiquer l'observance avec perfection. »

Le Serviteur de Dieu était toujours content des aliments qui lui étaient servis. S'il éprouvait parfois quelque répugnance pour certains mets, il la surmontait aussitôt en rappelant à sa pensée le fiel et le vinaigre dont avait été abreuvé le divin Rédempteur ; trouvait-il au contraire ces aliments à son goût, il se mortifiait en retardant le moment de les prendre ou en les mangeant avec lenteur.

La Règle des passionistes défend de parler au réfectoire, et les religieux doivent écouter la lecture qui se fait pendant le repas. Le Confrère Gabriel y prêtait la même attention qu'à la lecture spirituelle.

Le soir des jours de jeûne prescrits par l'Eglise ou par la Règle, les religieux prennent leur réfection en silence et doivent suppléer à la lecture en s'attachant à méditer quelque bonne pensée ; le fervent scolastique demeura toujours fidèle à cette pratique enseignée au noviciat. En un mot, grâce à ces pieuses industries, il se dépouillait de tout sentiment de sensualité et sanctifiait cette action toute animale en la purifiant par de saintes réflexions.

Cet esprit de mortification tant intérieure qu'extérieure ne s'est jamais démenti dans toute la vie du Serviteur de Dieu ; jamais on n'a remarqué en lui, nous ne disons pas un arrêt, mais un simple ralentissement ; jamais de ces intermittences de ferveur qui se produisent quelquefois, même dans des âmes d'ailleurs très saintes ; preuve évidente d'un courage, d'une énergie indomptable et d'une vertu vraiment héroïque.

Il s'est plaint, sans doute, dans ses indispositions et durant sa dernière maladie, mais c'était uniquement de ne pouvoir accomplir les actes de la sainte observance, ou de ne pouvoir s'adonner à ses mortifications ordinaires ; c'était en effet, pour lui, une grande peine, mais il en faisait le sacrifice au Seigneur et le lui offrait avec les douleurs que lui causait la maladie. C'est ainsi qu'il s'efforçait d'acquérir chaque jour quelque nouveau trait de ressemblance avec son divin modèle dont la vie tout entière n'a été que croix et que souffrance.

Grâce à cet esprit de mortification et de pénitence, Gabriel en était arrivé à régner en maître sur toutes les passions même les plus indomptables. La chair était complètement assujettie à l'esprit, si bien qu'on aurait pu le croire délivré de la loi de la concupiscence.

Il était d'un naturel vif, bouillant, irascible, mais ceux qui ne l'avaient point connu dans le monde ne pouvaient qu'attribuer à un tempérament doux et comme porté de lui-même au bien cette facilité et, pour ainsi dire, cette spontanéité qui était uniquement le fruit de son héroïque vertu.

Le Confrère Gabriel a renchéri sur les austérités de la Règle, et l'on peut dire qu'il s'est entièrement consumé en holocauste au Seigneur par la vertu de mortification.

Quel sujet de confusion pour les âmes qui servent le Seigneur avec tiédeur et lâcheté ; surtout quel sujet de condamnation pour ces chrétiens qui ne songent qu'à fuir la croix, qu'à se couronner de roses, eux dont le chef est couronné d'épines !

L'exemple de notre jeune saint nous encouragera à accepter du moins les mortifications et les pénitences inhérentes à la pratique des obligations de la vie chrétienne ou de la vie religieuse ; son amour du sacrifice nous fera embrasser aussi toutes les épreuves et toutes les souffrances que pourra nous ménager la divine Providence.

CHAPITRE XX.

La joie n'est point incompatible avec la sainteté — Aimable gaîté du Confrère Gabriel. — Le Serviteur de Dieu conserve son âme dans un calme imperturbable. — Motifs sur lesquels était fondée l'assurance dont il jouissait par rapport à son salut éternel. — La gaîté, la joie de son âme provenait aussi de ses continuelles victoires sur l'ennemi de tout bien. — Douceur du joug du Seigneur.

Ceux qui sont peu familiarisés avec la vie des saints, et ne les connaissent que par leurs macérations et leurs pénitences, peuvent être portés à les croire tristes, moroses, à charge à eux-mêmes et insupportables aux autres.

Telle est, en effet, l'idée que le monde se forme trop souvent de la sainteté.

Pour lui, la sainteté et la gaîté sont incompatibles comme les ténèbres et la lumière ; mais le monde est dans une erreur profonde. « La joie dans son origine, a dit Bossuet, devait être la sainteté. Dieu est une nature bienheureuse parce qu'il est saint. » (1) Aussi plus une âme s'approche de Dieu, plus elle s'approche de la source du vrai bonheur, et plus elle goûte la joie véritable, bien différente des joies

---

(1) Bossuet : Abrégé d'un sermon pour le jour de Pâques.

trompeuses du monde, lesquelles ne peuvent laisser après elles que le vide ou le dégoût, et trop souvent, que la honte et le désespoir.

D'ailleurs la Sainte Ecriture ne nous déclare-t-elle pas, à maintes reprises, que la vie du juste s'écoule dans une joie continuelle et comme dans un festin ininterrompu ? Les saints trouvent dans leurs macérations et leurs pénitences mêmes, une des sources les plus abondantes de douceur et d'allégresse. Il est dit des apôtres qu'ils s'en allaient joyeux parce qu'il leur avait été donné de souffrir pour le nom adorable de Jésus-Christ, et saint Paul s'écriait, comme dans un saint délire : « Je surabonde de bonheur dans toutes mes tribulations. »

Ainsi donc, la joie et la sainteté, bien loin d'être incompatibles, forment au contraire l'alliance la plus étroite.

Cette joie de l'âme se reflète jusque sur le visage et se manifeste dans les rapports ordinaires de la vie ; aussi peut-on affirmer en toute vérité que les saints sont les plus sociables et les plus aimables des hommes. Sans parler de saint François de Sales, nous n'en voudrions pour garant que l'exemple du Confrère Gabriel, lequel d'ailleurs s'était proposé le doux évêque de Genève comme l'un de ses modèles préférés.

Etant encore dans le monde, ainsi que nous l'avons rapporté en son lieu, Gabriel portait sur son visage les marques de la sérénité de son âme ; le sourire ne quittait pas ses lèvres et ses manières aimables charmaient tout le monde ; or la grâce, bien loin de détruire la nature dans ce qu'elle a de bon, ne fait au contraire, que la perfectionner.

Nous ne reviendrons pas sur ce que nous avons dit précédemment du bonheur que le Confrère Gabriel goûtait avec tant d'abondance dans la vie religieuse, et dans ce que ce genre de vie a de plus pénible et de plus crucifiant pour la nature.

Cette joie surnaturelle dont son âme était inondée se manifestait extérieurement dans une aimable gaîté qui faisait les délices des scolastiques ses confrères et de toute la communauté, ainsi que des personnes étrangères qui le voyaient dans le couvent ou au dehors.

« A voir la sérénité inaltérable de son visage, l'aménité de ses manières, lisons-nous aux Procès Apostoliques, on eût dit qu'il était en rapport intime avec les bienheureux, et qu'un rayon de la splendeur du ciel illuminait continuellement son front. »

Cette joie cependant n'a jamais dégénéré en légèreté ou dissipation, ni en paroles inconsidérées ou bouffonnes ; toujours elle s'est maintenue dans les limites d'une sage réserve et d'une parfaite urbanité, comme nous avons déjà eu l'occasion de le dire.

La suave tranquillité dont jouissait l'âme de notre saint jeune homme et qui faisait de lui comme un ange de la terre, procédait de son union intime avec le Souverain Bien, conformément à cette parole de nos Saints Livres : *Goûtez et voyez combien le Seigneur est doux ! Heureux est l'homme qui met en lui son espérance !* (1) C'était en ce Dieu tout aimable que Gabriel avait mis son appui, son espé-

---

(1) Ps. XXXIII. 9.

rance ; comment, dès lors, la crainte, l'angoisse, le trouble auraient-ils eu accès dans son cœur !

Les résolutions suivantes, écrites de sa main, nous offrent une preuve touchante de sa confiance en la bonté divine : « Je recevrai toutes choses des « mains de Dieu, et comme étant pour mon bien. « Je me soumettrai à tout évènement grand ou pe- « tit, important ou non, m'imaginant entendre Jésus « me dire : Je veux que cela se fasse ainsi. — Je « répondrai : que votre volonté soit faite. — *Fiat* « *voluntas tuas.* »

Dès son entrée en religion, il s'était attaché à régler sa conduite sur ces maximes de haute perfection. Un jour l'un de ses compagnons de noviciat lui ayant dit : « Confrère Gabriel, que feriez-vous si le Père Directeur vous renvoyait chez vous ? — Je me soumettrais, répondit-il, à la volonté de Dieu. Au reste, il ne faut point se mettre en peine, ni se préoccuper de l'avenir : abandonnons-nous en toute confiance entre les bras du Seigneur. »

Il avait fini par acquérir l'excellente habitude de voir toutes choses en Dieu, comme voulues de Lui ou permises par Lui pour de très saints motifs : aussi recevait-il tout, avec foi, des mains de sa Providence, et s'y soumettait-il avec amour.

« Jamais, nous déclare son Directeur spirituel, jamais je n'ai pu remarquer en lui ces alternatives de joie et de tristesse que l'on voit chez presque tout le monde : chose vraiment étonnante dans un jeune homme dont la nature était si vive, si sensible, si impressionnable ; c'est qu'il avait placé son âme au-dessus de toutes les vicissitudes de ce monde. »

Les événements les plus troublants, comme ceux

que nous allons rapporter, laissaient Gabriel dans le calme le plus profond.

C'était en 1860. Les bandes garibaldiennes appuyées par les troupes du Piémont avaient envahi le royaume de Naples, et, grâce à la duplicité et à la violence jointes à la trahison, elles réussirent à renverser la dynastie séculaire des Bourbons.

La révolution n'était pas purement politique ; elle s'attaquait en même temps à l'Eglise et aux Congrégations religieuses, dont elle convoitait les biens : elle imitait en cela les anciens persécuteurs qui s'acharnaient à la destruction de la religion chrétienne, mais cherchaient en même temps à mettre une main rapace sur les biens de leurs victimes, comme en fait foi le récit du martyre de saint Laurent.

Durant ces troubles politiques, les communautés religieuses, celles surtout qui se trouvaient sur le théâtre des opérations militaires, avaient beaucoup à souffrir et encore plus à craindre. C'est ce qui avait lieu pour le couvent d'Isola où était en résidence le Confrère Gabriel. On entendait à une faible distance tonner l'artillerie de la forteresse de Civitella, et chaque jour on voyait aller et venir des bandes de brigands. Une fois, pendant une nuit très obscure, une troupe de ces bandits armés jusqu'aux dents cerne le couvent et réclame des vivres en proférant les plus terribles menaces, en cas de refus ; or le gouvernement avait défendu, sous peine de mort, de rien leur donner. Aux brigands succédaient les gardes nationaux et les troupes régulières. Dans de telles conditions, il est facile de se faire une idée des craintes, des angoisses continuelles de la communauté. Le Confrère Gabriel sut conserver son calme et sa gaîté ordinaire, comme s'il n'y avait rien eu de nouveau. « Nous sommes entre les mains de Dieu, disait-il, Dieu pense à nous : tout arrive selon les dispositions adorables de sa Providence. » L'esprit de foi qui l'animait lui faisait regarder les auteurs de cette révolution comme des instruments dont Dieu se servait pour éprouver et purifier les bons, en même temps que pour châtier les coupables et les convertir. Il ne nourrissait contre ces ennemis de l'ordre et de l'Eglise aucun sentiment d'aigreur, ni aucun désir de châtiment ; il se bornait à demander à Dieu de les humilier pour les faire rentrer en eux-mêmes.

Aucun évènement n'était donc capable de troubler l'esprit de Gabriel parce qu'il avait mis toute sa confiance en Dieu. Cette confiance en la bonté divine était incomparablement plus grande en lui que celle qu'un enfant peut avoir envers son père. « Si le souvenir des fautes qu'il disait avoir commises dans le monde, si la vue de ses démérites, si la pensée des profonds jugements de Dieu, si les tentations du démon, si sa propre insensibilité au temps des aridités spirituelles, où d'autres motifs encore soulevaient dans son esprit quelque léger nuage, quelque impression de crainte, il s'abandonnait aussitôt avec une pleine confiance en la bonté, en la miséricorde du Seigneur, et le calme renaissait dans son âme. » (1)

Il aimait à rappeler certains passages de la Sainte Ecriture qui nous pressent plus fortement de mettre en Dieu toute notre espérance.

Procès de Canonisation.

« Quelle joie, disait-il, quelle douce consolation nous donnons au Seigneur, quand nous mettons en lui notre confiance ; lui dont le cœur est si tendre, lui dont la bonté est infinie ! Si Dieu, ajoutait-il, en est venu jusqu'à se faire homme pour moi, si son amour pour moi l'a poussé jusqu'à mourir d'une mort si douloureuse, puis-je craindre qu'il n'achève pas le peu qu'il lui reste pour compléter son œuvre ? »

Cette filiale confiance en Dieu dont son âme était si profondément pénétrée, et d'où découlait la joie qui débordait dans toute sa conduite extérieure, le Confrère Gabriel s'efforçait de la communiquer à ceux de ses compagnons d'études qui se laissaient aller à une crainte excessive touchant leurs intérêts éternels, et telle était sa confiance en Dieu, telle sa charité pour ses frères qu'il ne tardait pas à dissiper leurs angoisses, et à leur inspirer un courage tout nouveau.

Quant à lui, il en était arrivé à ne plus avoir aucune inquiétude au sujet de son salut.

« En l'entendant parler avec tant d'assurance, a déposé le R. P. Norbert, j'ai craint parfois que le Serviteur de Dieu ne se laissât aller à une certaine illusion, mais je ne tardais pas à me convaincre, après ses explications, que cette assurance en un sujet qui a fait trembler même les grands saints, était fondée, bien moins sur ses bonnes œuvres que sur les promesses divines, sur l'amour que Dieu a pour nous, sur les mérites infinis de Notre-Seigneur Jésus-Christ et la toute-puissante intercession de la Très Sainte Vierge. « Si notre salut ne devait dépendre que de nous, disait-il, nous aurions tout sujet de craindre ; mais il est entre les mains de Dieu, en bonnes mains par conséquent ; ayons donc confiance en lui, mettons en lui toute notre espérance. »

Le Confrère Gabriel éprouvait cependant un sentiment de crainte, mais qui ne troublait nullement la paix de son cœur : c'était la crainte d'offenser Dieu ou de lui causer quelque déplaisir. Il craignait de ne pas lui plaire en tout, de ne pas chercher en tout son honneur et sa gloire, aussi priait-il souvent son directeur spirituel de se servir, même pour sa conduite extérieure, de la connaissance qu'il avait de lui par la direction ou la confession.

Le bon père omettait-il de l'éprouver, ou par oubli ou parce que les occasions ne s'en présentaient pas, le saint jeune homme venait s'en plaindre et quelquefois avec larmes.

« Oh ! que son sort était digne d'envie, s'écrie ici son biographe, car dans cette crainte de Dieu il avait trouvé la vraie sagesse et le vrai bonheur, puisqu'il est écrit que la crainte du Seigneur est le commencement de la sagesse et que *celui-là est heureux qui possède la crainte du Seigneur.*

Cette joie spirituelle et cette douce gaîté parfaitement compatibles avec la crainte filiale ne se sont jamais démenties dans le Serviteur de Dieu, même au plus fort des souffrances de sa longue et cruelle maladie ; ce qui était pour tout le monde un sujet d'admiration et d'attendrissement. » Les religieux venaient le voir et demeuraient aussi longtemps que possible auprès de lui, sans doute par le motif de la charité chrétienne qui fait voir la personne du divin Maître dans les malades, mais aussi pour le doux contentement que leur procurait sa sérénité toute céleste. Bien que son corps fût complètement exténué par la souffrance, on voyait se refléter sur son visage entièrement amaigri la joie dont son âme était inondée. » (1)

La paix suave dont jouissait le Confrère Gabriel n'était pas un pur don du ciel, c'était aussi la récompense de ses continuelles victoires dans les rudes combats qu'il soutenait avec tant de générosité contre l'esprit du mal.

C'est le propre de la victoire d'apporter dans le cœur la tranquillité et la joie, comme le propre de la défaite est d'y causer le trouble et l'abattement.

Gabriel avait acquis un parfait empire de l'esprit sur la chair, preuve manifeste d'une éminente et héroïque vertu ; car demeurer toujours calme et serein, malgré les attaques les plus multipliées et les plus rudes assauts, n'est-ce point participer, dès ici-bas, à l'immutabilité des saints et jouir de l'union divine la plus intime !

Dieu récompense largement, même ici-bas, ses fidèles serviteurs ; il leur donne dans son saint amour un avant-goût des délices ineffables dont il les enivrera éternellement dans la gloire. Le chemin de la vertu n'a pas que des épines, et on y trouve des douceurs dont n'approcheront jamais les folles joies du péché.

---

(1) Procès de Canonisation.

CHAPITRE XXI

Moyens dont le Confrère Gabriel s'est servi pour se sanctifier — Son attrait puissant pour la Passion de Notre-Seigneur Jésus-Christ dont il fait l'objet ordinaire de ses pensées. — Son amour pour l'Eucharistie. — Comment il assiste à la sainte Messe et se prépare à la sainte Communion. — Sa dévotion au Sacré-Cœur de Jésus.

Nous avons admiré quelques-unes des vertus pratiquées avec tant de perfection par le Bienheureux Gabriel ; mais quel était donc leur secret ? A quelle source puisait-il sa force et son héroïsme ?

Le secret de sa sainteté, nous le trouvons dans son ardent amour pour la Passion du Sauveur, pour la divine Eucharistie, pour le Sacré-Cœur ; comme aussi dans sa tendre dévotion envers Marie, surtout envers ses Douleurs.

Ces nobles dévotions furent pour lui comme de puissantes ailes qui l'aidèrent à s'élever à une grande union divine.

Sa dévotion pour la Passion de Notre-Seigneur Jésus-Christ *fut vraiment remarquable* : telle est la voix unanime de ceux qui ont vécu avec le Serviteur de Dieu. (1)

---

(1) Procès Apostoliques.

D'ailleurs toutes les belles âmes chrétiennes ne sont-elles pas éprises d'amour pour ce divin mystère qui est notre salut ? de leur cœur s'échappent chaque jour des sentiments d'admiration, de reconnaissance et de tendre compassion pour l'innocente et généreuse victime du Calvaire.

Le saint Fondateur de la Congrégation des Passionistes regardait l'ignorance ou l'oubli du mystère de la Croix comme l'une des causes principales, sinon comme la cause première des désordres du monde. Le souvenir et la prédication de ce mystère devait être, dans sa pensée, le grand moyen de conversion et de sanctification des âmes.

Comme son bienheureux Père Paul de la Croix, le Confrère Gabriel avait choisi Jésus-Christ crucifié pour son unique trésor, pour ses plus chères délices ; il l'avait toujours présent à sa pensée.

Encore dans le monde, le futur Passioniste manifestait une particulière dévotion pour la Passion du Sauveur ; mais du jour où il eut revêtu ses saintes livrées, et surtout du jour où il se fut consacré à Dieu par la profession religieuse, Jésus-Christ crucifié devint son objet de prédilection.

Toujours il avait devant lui sa sainte image.

C'est sous son regard qu'il se livrait avec tant d'ardeur aux études par lesquelles il se préparait aux fonctions de l'apostolat ; et qui pourrait dire combien de fois chaque jour il appliquait ses lèvres sur le signe sacré de notre rédemption !

C'est la croix entre les mains qu'il prenait son repos ; en s'étendant sur sa pauvre couche, il rappelait à sa pensée l'Agneau divin s'étendant sur le bois du sacrifice.

Lorsqu'il psalmodiait ou récitait son bréviaire, il avait sous les yeux une gravure représentant Jésus-Christ crucifié. Elle est désormais un bien riche souvenir ; elle a reçu tant de baisers du Serviteur de Dieu, elle a été tant de fois baignée de ses pieuses larmes qu'elle en est devenue presque noire.

C'est les lèvres collées sur cette image et sur le crucifix de sa profession qu'il rendit le dernier soupir. Aussi le supérieur de la maison, en annonçant au père du Serviteur de Dieu la nouvelle de son bienheureux trépas, ne crut pas pouvoir lui envoyer un plus précieux souvenir de ce bien-aimé fils que cette image désormais en quelque sorte consacrée.

Notre-Dame des Douleurs, que l'on y voit figurer au pied de la croix, y avait été ajoutée par le Confrère Gabriel lui-même, qui ne séparait pas la divine Mère de son Fils dans ses pensées et dans ses affections.

Si le Serviteur de Dieu pensait continuellement à la Passion du divin Maître, c'était surtout pendant l'exercice consacré à la sainte oraison qu'il se plongeait plus librement dans cet abîme infini de l'amour de Dieu pour les hommes. A l'exemple de saint Bernard, il avait fait des souffrances de l'Homme-Dieu comme un faisceau de myrrhe qu'il portait constamment dans son cœur. Rien d'étonnant, dès lors, que la Passion de Jésus-Christ fût le sujet favori de ses entretiens avec les religieux ses frères.

« Je me souviens, a déclaré l'un d'eux aux Procès de Canonisation, que le Serviteur de Dieu parlait souvent du divin Crucifié, et telle était l'ardeur de sa parole, et l'embrasement de son cœur, que tous suspendaient leurs conversations particulières pour

travers les siècles, bien que d'une manière non sanglante, le Confrère Gabriel ne pouvait qu'être tout amour pour cet ineffable mystère.

« Je puis affirmer, déclare un de ses compagnons d'études, que le Serviteur de Dieu était tout flamme pour Jésus au très saint Sacrement. » — « Sa dévotion pour l'Eucharistie, ajoute un autre, était pour tout le monde un sujet d'admiration ; et ce qu'on en peut dire est bien au-dessous de la réalité. »

Quel bonheur pour lui d'assister au saint sacrifice de la Messe et de servir à l'autel !

Sa modestie et son recueillement disaient combien il était pénétré de la grandeur de ce mystère. Il semblait rivaliser de respect et d'amour avec les anges qui environnent l'autel à ce moment ; son visage respirait l'extase ; on l'eût dit au Calvaire, au pied même de la Croix.

« Le Confrère Gabriel, dit à son tour le R. P. Norbert, avait une dévotion véritablement passionnée pour la sainte messe ; ce n'était pas assez pour sa piété d'assister seulement à la messe de communauté, il cherchait à assister aux autres, autant que possible, et s'unissait d'esprit et de cœur à toutes celles qui se célébraient dans le couvent et même dans l'univers entier, et les offrait à la divine Majesté. »

L'Homme-Dieu ne se contente pas de se faire notre victime au saint sacrifice de la messe ; il complète le mystère de la Croix en se donnant en nourriture à nos âmes dans la sainte communion.

Nous ne saurions dépeindre les saints transports

du pieux scolastique lorsqu'il devait s'approcher du banquet eucharistique.

« Il ressentait pour la sainte communion une faim dévorante qui devenait chaque année plus intense. On voyait sur son visage la joie qu'il avait de la recevoir. Ces jours heureux, on remarquait en lui un recueillement plus profond et je ne sais quoi d'angélique. »

Pour rien au monde il n'eût voulu omettre une seule des communions permises par la Règle ; et il demandait avec instance à suppléer celles qu'il n'avait pu faire les jours assignés.

Quel soin il apportait à la préparation de ce grand acte ! Exactitude plus sévère dans l'accomplissement de tous ses devoirs, tant généraux que particuliers ; délicatesse de conscience plus parfaite ; amour plus intense ; actes de vertu plus multipliés. Comme saint Louis de Gonzague, avec lequel il a de si nombreux traits de ressemblance, notre saint jeune homme partageait entre la préparation et l'action de grâces tout le temps qui séparait ses communions.

Il avait un extérieur séraphique lorsqu'il s'approchait de la sainte table. Après la communion il restait absolument immobile, si profond était son recueillement.

Les simples fidèles eux-mêmes le distinguaient parmi ses condisciples, d'ailleurs tous fervents ; et telle était l'admiration que leur inspirait la vue de cet ange terrestre qu'après de longues années ce souvenir restait encore vivant dans toutes les mémoires.

Jésus-Eucharistie était donc le trésor par excellence du Confrère Gabriel. Son cœur demeurait constamment au pied du tabernacle, même en dehors de la sainte messe et de la sainte communion.

Plusieurs fois chaque jour, il allait s'y prosterner pour s'entretenir avec son Dieu, pour lui dire ses épreuves, ses difficultés, pour lui demander force et courage ; et quelles consolations Jésus ne répandait-il pas dans l'âme de son Serviteur ! Nous l'avons entendu dire dans une de ses lettres : « Oh ! « les délices que l'on goûte dans une heure d'orai-« son, en présence de Jésus au très saint Sacre-« ment, sont incomparablement plus grandes que « celles que l'on peut éprouver dans des soirées pas-« sées tout entières au théâtre, dans les plus bril-« lants salons, dans les amusements les plus variés : « toutes choses qui ne sauraient assouvir notre « cœur ! »

Maintes fois, chaque jour, son cœur prenait l'essor et allait visiter le Dieu du tabernacle jusque dans les endroits les plus reculés et les plus déserts où se trouve une hostie consacrée. Et comme la bouche parle de l'abondance du cœur, il aimait à s'entretenir de ce mystère d'amour avec ses condisciples.

« On ne saurait dire, — c'est leur unanime déclaration, — avec quel sentiment de foi et de piété il discourait de la bonté du Seigneur qui veut bien demeurer au milieu de tant d'âmes froides et indifférentes qui ne pensent pas à lui et le tiennent pour rien ; il était navré de douleur à la pensée des sacrilèges et des profanations dont se rendent coupables envers Jésus-Eucharistie tant de mauvais chrétiens ; souvent même l'émotion le gagnait et se traduisait par d'abondantes larmes ; il est arrivé plus d'une fois que ses auditeurs ne pouvaient s'empêcher de pleurer avec lui. »

Une des pratiques les plus utiles et les plus recommandées, par rapport à la divine Eucharistie, c'est la communion spirituelle.

Notre Bienheureux avait contracté cette excellente habitude et la conseillait fortement à ses confrères.

« Si nous recevons ainsi fréquemment Jésus dans notre cœur, disait-il, ce sera pour Lui comme une obligation de nous recevoir un jour dans son saint paradis. »

Rien de ce qui touche à l'Eucharistie ne le laissait indifférent.

Parfois son Directeur lui confiait le soin de l'autel du Très Saint Sacrement. Nous n'étonnerons personne en disant qu'il le tenait dans une propreté irréprochable. Toujours il y entretenait des bouquets de fleurs naturelles bien fraîches, et quand il en manquait au monastère il profitait des promenades pour en cueillir dans la campagne et exhortait ses Confrères à faire de même.

Ces petits détails, ces minuties, s'il est permis d'appeler de ce nom ce qui tend à honorer l'hôte divin de nos tabernacles, prouve d'une manière bien touchante que Jésus-Eucharistie était tout son trésor.

Dès lors pouvait-il ne pas nourrir une tendre dévotion envers le Cœur sacré de son divin Maître : envers ce Cœur adorable, fournaise ardente de l'amour infini qui l'a poussé à endurer les tourments de sa Passion, à mourir sur la Croix et à perpétuer sur nos saints autels son immolation du Calvaire !

Le Serviteur de Dieu aimait cette dévotion au Sacré-Cœur ; il en célébrait la fête avec une extraordinaire ferveur et après s'y être préparé par une neuvaine. Il consacrait par des actes de piété chaque jour du mois que l'Eglise a choisi pour honorer ce Cœur divin. Il lui offrait des actes fréquents de réparation pour les outrages et les ingratitudes dont il est l'objet de la part des pécheurs, et se faisait parmi les religieux ses frères le zélé propagateur, l'ardent apôtre de cette dévotion qui a pris, de nos jours, une si consolante extension. Il écrivait à son père, du couvent de Morovalle : « L'efficacité de « la dévotion au Cœur très sacré de Jésus, dévotion « qui ne cesse de s'accroître, me pousse à vous de-« mander, à titre d'aumône, le nombre qu'il vous « plaira de petites brochures touchant cette dévo-« tion, pour pouvoir la propager. »

La Passion du Sauveur, la divine Eucharistie, le Sacré-Cœur ; telles étaient donc les sources inépuisables où notre jeune Saint venait chaque jour s'abreuver avec une ardeur toujours croissante. C'est là qu'il trouvait cette force, cet héroïsme que nous avons admiré dès son entrée au noviciat, et qui, loin de se démentir, n'a pas cessé un seul instant de grandir.

Et comment n'aurait-il pas été prêt à toutes les immolations et à tous les sacrifices, pénétré comme il l'était de ces ineffables mystères du Sauveur, et entraîné par la toute-puissance de ses divins exemples ! Son brûlant désir de se rendre encore plus conforme au divin Modèle l'eût même poussé à de pieux excès, si la voix de l'obéissance, qui est aussi la voix de Dieu, ne lui avait imposé une sage modération.

Mais il est un autre secret de sa force surhumaine, de sa prodigieuse transformation et de sa marche de géant dans le chemin de la perfection : c'est sa dévotion à la Très Sainte Vierge.

On pourrait même affirmer que son amour tout à fait extraordinaire pour Marie a été le principe et le couronnement de sa sainteté.

CHAPITRE XXII.

Dévotion extraordinaire du Confrère Gabriel pour la Très Sainte Vierge. — Cette dévotion forme le trait le plus caractéristique de sa vie. — Sources auxquelles il l'a puisée. — Extraits de ses lettres et d'un petit écrit composé par lui et intitulé : *Symbole de Marie*.

Gabriel avait pour Marie un amour si tendre, si brûlant, que tout ce que je pourrais dire serait encore bien au-dessous de la réalité. » (1)

Ce témoignage du R. P. Norbert est pleinement confirmé par les anciens compagnons d'études du Serviteur de Dieu, qui, tous, déclarent à l'envie n'avoir jamais vu personne animé de sentiments aussi pieux envers Marie ; ils n'hésitent pas même à le comparer aux saints les plus remarquables sur ce point, et ils ajoutent : « Son cœur était comme une fournaise d'où s'échappait sans cesse la flamme de son affection pour sa céleste Mère, et son esprit s'était comme identifié à Elle. »

Telle était la force de cet amour qu'il avait conçu la pensée d'imprimer avec un fer rouge, sur sa poitrine, ou d'y graver avec un poinçon, le saint nom de Marie. Longtemps il sollicita de son direc-

---

(1) Procès de Canonisation.

teur avec les plus vives instances la permission de réaliser son ardent désir ; il n'y renonça que le jour où il comprit que sa demande était définitivement rejetée.

Nul doute, observe le R. P. Norbert qui nous a révélé ce secret, nul doute qu'il n'eût donné volontiers à Marie cet héroïque témoignage d'amour ; pour Elle il aurait consenti avec joie à demeurer au milieu des flammes. »

Longtemps encore il demanda avec une pieuse importunité l'autorisation de s'engager par un vœu spécial à travailler de tout son pouvoir à l'extension du règne de Marie. Cette grâce lui fut enfin accordée, — et avec quelle allégresse de son âme ! — la dernière année de sa vie.

La dévotion de Gabriel envers l'auguste Mère de Dieu ne datait point de son entrée dans la vie religieuse ; il l'avait pour ainsi dire sucée avec le lait de sa vertueuse mère ; elle s'était développée sous l'influence de l'excellente éducation reçue chez les Frères des Ecoles chrétiennes et au collège des Révérends Pères Jésuites.

Même durant la courte période de sa vie quelque peu légère et mondaine, il conserva pour Marie une filiale dévotion, et il disait plus tard dans une de ses lettres les plus touchantes : « De combien de périls la Très Sainte Vierge ne m'a-t-elle pas préservé ! »

Cette tendre dévotion lui a mérité sans doute la grâce insigne de la vocation religieuse, qui lui fut manifestée dans les circonstances miraculeuses que le lecteur n'aura pas oubliées. « Je ne cesse de bénir la main miséricordieuse de la Très Sainte

Vierge qui m'a retiré du monde, » écrivait-il deux ou trois mois seulement avant son bienheureux trépas.

Cependant quelque ardente que fût cette dévotion durant sa vie dans le monde, elle n'était qu'une ombre de celle qu'il ne cessa de montrer depuis son entrée dans la vie religieuse.

C'est par amour pour Marie qu'il prit le nom de *Gabriel de Notre-Dame des Sept-Douleurs.* Et vraiment il a rivalisé de respect et de dévotion pour Elle avec le céleste Messager des divins mystères de notre Rédemption. Comme il a aimé à redire sans cesse et toujours la salutation du glorieux Archange ! Comme il a porté noblement son précieux titre de Notre-Dame des Sept-Douleurs !

Toutes ses pensées, toutes ses paroles, toutes ses actions étaient unies à celles de Marie, et offertes par Elle à son divin Fils.

Même durant son sommeil son cœur veillait, peut-on dire, et presque tous ses rêves avaient la divine Vierge pour objet ; tant cette douce image était gravée profondément dans son esprit, tant son cœur était vivement épris de ce pieux et chaste amour !

Il fallut que l'obéissance vînt modérer l'ardeur de sa dévotion, et lui interdire de s'arrêter trop longtemps dans ces pensées, de peur de compromettre sa santé ; il pouvait dire alors comme saint Louis de Gonzague : *Recede a me, Domina, recede a me.* « Éloignez-vous de moi, ô ma Souveraine, éloignez-vous de moi. »

Le plus ordinairement la Très Sainte Vierge était le sujet de ses conversations, et la fécondité de son éloquence faisait l'étonnement et l'admiration de tous ceux qui avaient le bonheur de l'entendre. Il réalisait merveilleusement la devise de saint Bernard, ce serviteur de Marie illustre entre tous : *Non recedat a corde, non recedat a mente.* Marie était toujours sur ses lèvres parce qu'elle était toujours dans son cœur.

C'est bien à regret que nous renonçons à rapporter les nombreux témoignages déposés à ce sujet, lors des Procédures apostoliques ; nous ne pouvons toutefois priver entièrement le lecteur de ce que le Serviteur de Dieu nous a laissé lui-même dans ses lettres toujours si pieuses, et souvent si pleines de tendresse et de charme.

Durant son année de probation, il écrivait à son père : « Qu'Henri et Cencio, (c'était ses deux frères,) n'oublient pas ce qu'ils ont promis à la très sainte Vierge Marie et au R. P. Bompiani, c'est-à-dire de réciter l'*Angelus*, le matin, à midi et le soir. S'ils se trouvent dans une rue, qu'ils n'aient pas honte d'ôter leur chapeau ; ils triompheront ainsi du respect humain, et obtiendront sûrement la protection de cette puissante Mère, pendant la vie et à l'heure de la mort. De plus, s'ils veulent bien connaître Marie et obtenir son amour, gage précieux du salut de leur âme, qu'ils lisent le livre de saint Alphonse de Liguori, intitulé : *Gloires de Marie* ; ils y verront ce qu'est cette bonne Mère. Quand vous me répondrez, ils auront déjà fait, je l'espère, ce que je leur conseille. Ils trouveront du plaisir à la lecture de ce livre, qui contient au moins une centaine d'exemples très intéressants. » etc.

L'année suivante, il écrivait encore à son père :

« Je souhaiterais qu'Henri se procurât, aujourd'hui même, le livre du R. P. Roberti, ermite Camaldule, qui a pour titre : l'*Amour de Marie*. C'est un recueil de miracles et d'exemples très intéressants à lire ; et je voudrais qu'un de mes frères vous en lût chaque jour quelque chose dans votre chambre, devant tous ceux de la maison, qui pourraient venir l'écouter afin d'apprendre par là à mieux connaître Marie et la puissance dont elle peut disposer en notre faveur. De plus, qu'Henri emploie ses soins pour le faire lire bientôt dans la Congrégation. (1) L'ardent désir que j'ai de votre salut fait que tout cela m'est grandement à cœur. »

Les conseils de l'apôtre de Marie furent suivis, de tout point, à sa grande satisfaction.

L'un de ses frères était entré dans les Ordres sacrés, et avait contracté par conséquent l'obligation de dire le bréviaire ; Gabriel, n'étant encore que novice, écrivait à son père pour le prier de transmettre au nouveau sous-diacre le conseil suivant : « Qu'Henri ne se laisse point aller à l'ennui de devoir réciter chaque jour l'office divin. Il y est étroitement obligé ; mais s'il le fait de bon cœur et qu'il ait chaque jour l'intention de célébrer par cet office les louanges de la très sainte Vierge, ce sera parfait. Rappelez-lui, à ce sujet, ces paroles d'un saint : « C'est un gage presque certain du salut éternel que d'honorer chaque jour la bienheureuse Vierge dans la récitation des psaumes. »

---

(1) La Congrégation de Marie, dont lui-même avait fait partie au Collège.

Deux ans plus tard il disait à son frère Michel qui suivait les cours de médecine :

« Je ne t'oublie pas dans mes pauvres prières, mais de quoi sont-elles capables à elles seules ! Ah ! de grâce, par l'amour que tu dois porter à ton âme, ne laisse jamais, non jamais, coûte que coûte, de pratiquer les actes de dévotion envers la très sainte Vierge, que tu t'es fixés toi-même. C'est le cœur sur les lèvres, et non sans une particulière inspiration, si je ne me trompe, que je t'exhorte à offrir ce bouquet à Marie. Si tu le fais, n'en doute pas, tu en seras grandement récompensé.

« A cette époque de l'année, où le monde aveugle s'adonne aux divertissements et aux futilités, sache te priver de quelque chose et de quelque amusement par amour pour Jésus et Marie. Quand tu voudras pratiquer ces actes pieux, tu te diras à toi-même : Je pourrais prendre ce divertissement, cette chose est permise, mais je veux m'en priver pour l'amour de Jésus et de Marie. Va faire ensuite une courte visite à une image de Notre-Dame des Sept-Douleurs.

« Cher frère, me refuseras-tu l'objet de ma demande ? Voudras-tu me dire : non. Cette marque d'affection que je réclame de toi est celle que j'ai le plus à cœur, et je la désire de toute l'ardeur de mon âme. Fais-le, frère chéri, Jésus et Marie l'auront pour agréable. »

La dévotion du Confrère Gabriel envers l'auguste Mère de Dieu ne consistait pas seulement en pensées et en paroles ; elle était l'âme de ses actions, de ses vertus, de ses immolations, de toute sa sainteté en un mot. Nombreuses et variées étaient les pratiques pieuses par lesquelles il entretenait sur l'autel de son cœur le feu sacré de son amour envers Marie ; jamais cependant ce ne fut au détriment des observances communes ou des autres obligations de la sainte Règle, ce dont son directeur lui-même était émerveillé. Il récitait chaque jour le *chapelet de l'Immaculée-Conception* et celui des *Sept-Douleurs*, auxquels il ajoutait l'hymne du *Stabat* qu'il redisait souvent en versant des larmes de filial attendrissement et de pieuse compassion. Chaque jour aussi, il déposait aux pieds de Marie, comme un bouquet de fleurs odoriférantes, ses actes de mortification qu'il savait multiplier d'une manière étonnante : mortification dans la manière de s'asseoir ou de se tenir debout, dans le boire ou le manger, dans le repos et le travail ; mortification de tous les sens et particulièrement des yeux, qu'il maintenait toujours dans une parfaite modestie et auxquels il savait refuser mille petites satisfactions permises.

Aucune difficulté dont il ne triomphât par amour pour Marie. « Eh quoi ! se disait-il à lui-même pour s'animer aux actes les plus difficiles de la vertu, eh quoi ! tu ne voudrais pas te vaincre par amour pour la très sainte Vierge ! » C'était là en quelque sorte son cri de ralliement et de victoire, dans les combats que lui livrait le démon pour affaiblir et détruire sa dévotion envers la Mère de Dieu.

Il célébrait avec amour toutes les fêtes de son aimable Souveraine et il s'y préparait ordinairement par des neuvaines, par un accroissement d'actes de vertus et par des prières plus nombreuses et plus ferventes.

Extraordinaire, admirable était sa confiance envers Marie : *Mamma mia !* « O ma tendre Mère ! » s'écriait-il souvent avec un accent vraiment touchant. C'est à Elle qu'il s'en remettait, c'est sur son secours qu'il s'appuyait en toute circonstance. « O Marie, ô ma bonne mère, c'est vous que cela regarde, c'est à vous d'y penser ! »

Sa confiance en Marie était si grande qu'il n'éprouvait pas la moindre crainte au sujet de son salut éternel ; il en était comme assuré. « Puis-je craindre, disait-il, que la Sainte Vierge ne me porte pas avec elle en paradis ! Elle qui m'a comblé de tant de grâces, comment ne m'accorderait-elle pas celle-ci qui est de toutes la plus importante ! Non, je n'ai pas la moindre crainte à ce sujet ; avec son secours je serai fidèle à Dieu, fidèle à sa grâce, j'accomplirai tous mes devoirs, et elle me portera au ciel, je n'en puis douter. »

Le père du Serviteur de Dieu trouvait que son fils ne lui écrivait pas assez souvent et le pressait de ne pas attendre ainsi ; car, disait-il, cela lui causait de l'inquiétude.

Écoutons comment ce tendre fils calme les anxiétés de l'amour paternel et manifeste en même temps sa confiance toute filiale envers Marie.

Père bien-aimé,

« Mon excellent directeur, désireux de vous satisfaire, m'a dit bien souvent de vous écrire, afin de vous tranquilliser. Oh ! mon cher père, ne vous mettez point tant en peine d'avoir de mes nouvelles, puisque j'ai une mère qui m'aime et qui malgré mon indignité a grand soin de moi. Oh ! mon cher papa, ayons un peu plus de confiance en cette tendre mère, qui proteste de son amour envers ceux qui l'aiment, *Ego diligentes me diligo ;* et qui nous dit avec Isaïe : « Est-ce qu'une mère peut oublier son enfant, au point de ne pas avoir pitié du fruit de ses entrailles ? Eh bien ! quand une mère oublierait son fils, moi, jamais je ne t'oublierai ! » Oh ! nous lui avons coûté si cher ! Elle sait bien, en effet, au milieu de quelles souffrances, au milieu de quels tourments elle nous a enfantés sur le Calvaire. Plutôt que de voir nos âmes perdues pour l'éternité, Elle en est venue au point de consentir à ce que son Fils bien-aimé versât tout son sang et mourût attaché à la Croix ! Si nous nous arrêtions quelquefois à cette pensée, oh ! sans doute, nous aimerions davantage cette Mère qui est si tendre pour nous ; nous aurions une plus grande confiance en Elle et nous ne craindrions pas autant l'enfer. De plus, quand le démon s'efforcera de nous abattre par ses menaces et ses terreurs, notre confiance en la très sainte Vierge nous fera dire : *Si Maria pro me, quis contra me ?* Si Marie est pour moi, qui sera contre moi ? Ce ne sera point Dieu le Père, car en sa qualité de Fille bien-aimée, Marie l'apaise ; ce ne sera point le Christ Juge, car en sa qualité de Mère, Elle l'incline à nous pardonner ; ce ne seront point nos péchés, car ils s'effacent en sa présence, au contact de sa miséricorde. Tout l'enfer conjuré resterait impuissant, car *Satan s'enfuit et l'enfer tremble de terreur lorsque je dis* : *Je vous salue, Marie.*

« Enfin nous ne craindrons point les hommes, car selon la parole de l'Esprit-Saint : la très sainte

Vierge est *forte comme une armée rangée en bataille*. Oh ! si nous nous abandonnions tout-à-fait à Elle, si nous lui disions souvent : O ma Souveraine, je dépose entre vos mains la défense de ma cause, je me mets sous votre protection : *In manus tuas, Domina, commendo causam meam*, notre sommeil serait certainement plus tranquille, nos jours plus heureux ; notre vie serait, en un mot, un véritable paradis.

« Il est dit de Marie, que tous les biens sont venus avec Elle : *Venerunt omnia bona pariter cum illa*. Si donc nous avons Marie avec nous, nous avons toutes choses ; tout nous manque si elle vient à nous manquer. Si Marie nous protège, nous serons sauvés ; si Elle nous abandonne, nous serons damnés.

« Ce n'est pas moi qui le dis, ce sont les saints. Pénétrez-vous bien de ces pensées. »

Voici enfin quelques extraits d'un petit écrit composé par le Confrère Gabriel en l'honneur de la très sainte Vierge. Il est intitulé : *Symbole de Marie*, et résume ce que les saints Pères et les Docteurs ont dit à la gloire de l'auguste Mère de Dieu.

Gabriel le portait sur la poitrine en témoignage de sa dévotion à Marie.

Volontiers il eût donné sa vie pour Elle et plusieurs fois il avait demandé à son Directeur la permission de copier cet écrit avec son sang.

« Je crois, ô Marie, que vous êtes la Mère de tous les hommes, et que vous les avez tous reçus en la personne de Jean, selon le désir de Jésus....

« Je crois que vous êtes notre vie, et je vous appellerai avec saint Augustin, l'unique espérance des pécheurs, après Dieu.

« Je crois que vous êtes le souffle vivifiant des chrétiens et leur secours, surtout à la mort. C'est par vous que nous recevons le don inestimable de la sainte persévérance. En marchant à votre suite, je ne sortirai point du droit chemin ; si vous priez pour moi, je ne serai point incorrigible ; si vous me protégez, je n'aurai rien à craindre ; je ne me fatiguerai point en vous suivant, et je parviendrai jusqu'à vous, si vous m'êtes propice.

« Je crois qu'après le nom de Jésus il n'y a point d'autre nom aussi rempli de grâce, d'espérance et de suavité....

« Je crois que votre intercession est moralement nécessaire pour notre salut ; que toutes les grâces que Dieu nous dispense passent par vos mains....

« Je crois que vous êtes la coopératrice de notre rédemption, et que ceux-là restent engloutis dans la mer orageuse de ce monde, qui ne sont point reçus dans votre navire....

« Je crois qu'un seul de vos soupirs a plus de valeur que les prières de tous les saints ensemble, et c'est en vain que l'on a recours aux saints, si vous n'intercédez vous-même....

« Je crois que ceux qui mettent en vous leur appui et vous honorent, obtiendront la vie éternelle.

« Vous êtes le céleste pilote, et vous conduisez au port éternel vos dévots serviteurs, que vous recevez dans la nacelle de votre protection.... Aussi je vous dirai, avec saint Bernard, que la dévotion envers vous est un signe très certain du salut éternel.

« Je crois que la dignité de Mère de Dieu est infinie en son genre et qu'il est impossible à une simple créature de monter plus haut que vous....

« Je crois que Dieu vous a enrichie, au suprême degré, de toutes les grâces et de tous les dons généraux et particuliers qu'il a conférés à toutes les créatures ensemble.

« Je crois que dès le premier instant de votre existence, vous avez surpassé l'amour de tous les hommes et de tous les anges envers Dieu, et que les bienheureux Séraphins pouvaient apprendre, dans votre cœur, la manière d'aimer Dieu.

« Je crois que votre amour pour le prochain a été si grand qu'il n'y a jamais eu et qu'il n'y aura jamais personne qui puisse l'aimer autant. Je crois que si l'on réunissait l'amour de toutes les mères pour leurs enfants, de tous les saints et de tous les anges pour ceux qui sont dévots envers eux, cet amour n'égalerait point celui que vous portez à une seule âme.

« Je crois, avec saint Hilaire, que vos dévots serviteurs, quelque grands pécheurs qu'ils aient été, ne seront point perdus pour l'éternité.

« Enfin je crois, avec saint Ephrem, que la dévotion envers vous est le passeport du salut. »

CHAPITRE XXIII.

Prédilection du Confrère Gabriel pour les Douleurs de Marie. — — Comment le Serviteur de Marie accomplissait l'obligation où nous sommes d'en garder pieusement le souvenir. — Il se fait l'apôtre de la Reine des Martyrs. — Dernière lettre du Bienheureux renfermant comme le testament de sa dévotion envers Marie.

« Entre tous les titres de la très sainte Vierge, il en est un pour lequel le Confrère Gabriel avait une prédilection marquée, et dans lequel paraissait se concentrer sa dévotion elle-même : le titre de Notre-Dame des Sept-Douleurs. Il absorbait, peut-on dire, toutes les pensées de son esprit, toutes les affections de son cœur. » (1)

Cet attrait spécial du Serviteur de Dieu était antérieur à son entrée en religion. Jeune collégien, il s'était acheté une statue de Notre-Dame des Sept-Douleurs qu'il avait placée dans sa chambre sur un petit autel, et devant laquelle une lampe brûlait nuit et jour.

Il y était si attaché qu'en disant adieu à son père il le pria de l'accepter comme son meilleur souvenir, et que plusieurs fois dans la suite il engagea

---

(1) Procès de Canonisation.

les siens à l'honorer. « Je désire, écrivait-il, que vous ayez grand soin de l'image de Marie que je vous ai laissée. Ayez pour elle un religieux respect. C'est le meilleur souvenir que vous puissiez avoir de moi, et la très sainte Vierge y sera bien sensible. »

« Honorez, dira-t-il encore, la petite statue que j'ai laissée à la maison, et que j'ai recommandée à Pacifique (1) lorsqu'elle est venue me voir. »

Monsieur Possenti ayant fait part à Gabriel de son projet d'aller demeurer à Rome, celui-ci lui répond : « N'oubliez pas d'emporter avec vous la statue de Notre-Dame des Sept-Douleurs ; honorez-la le plus que vous pourrez. »

La dévotion du Serviteur de Dieu envers les Douleurs de Marie remontait donc à son adolescence ; et quand il eut obtenu de son père la permission de quitter le monde, c'est aux pieds de la statue de Notre-Dame des Sept-Douleurs, vénérée dans l'église des Servites, qu'il alla se jeter afin d'exprimer à Marie sa reconnaissance pour une telle grâce.

Cette dévotion prit en lui un rapide accroissement dès qu'il fut entré dans la Congrégation des Passionistes dont le but est de méditer et de propager les souffrances du Rédempteur et celles de sa divine Mère ; car ces deux objets, dans la pensée de saint Paul de la Croix, ne doivent pas être séparés dans l'esprit et le cœur de ses enfants. « Qu'ils aient soin, leur dit-il dans la Règle, de prendre pour leur principale patronne la Bienheureuse Mère de Dieu

---

(1) Son ancienne gouvernante.

toujours Vierge, et d'avoir envers Elle la dévotion qui lui est due ; qu'ils se rappellent souvent les amères douleurs qu'elle a endurées pendant la Passion et la mort de son Fils, et que par leurs exemples et leurs discours ils tâchent d'exciter les autres à être dévots envers Elle. »

En observant avec la dernière perfection ce point de sa Règle, Gabriel accomplissait un devoir de reconnaissance et de piété filiale envers la plus tendre et la plus affligée de toutes les mères.

Son cœur était comme transpercé à la considération des douleurs de Marie, car il comprenait combien il lui avait coûté.

« Si vous allez au Calvaire, disait saint Paul de la Croix, vous y trouverez la Mère, et d'autre part, là où est la Mère, là est aussi le Fils. »

« Le Confrère Gabriel sachant que les souffrances de Jésus se reflétaient dans le cœur de Marie comme dans un miroir, établit en quelque sorte sa demeure dans ce Cœur si affligé, afin de pleurer avec Elle sur les douleurs du divin Rédempteur. Mais s'il apprit à pleurer avec Marie, sa Mère, comme un tendre fils, pouvait-il ne pas se sentir pénétré de compassion pour Elle-même qu'il voyait au pied de la croix, abîmée dans un océan d'amertume ! » (1)

Voilà pourquoi à l'image du divin Crucifié, dont nous avons parlé plus haut, il avait ajouté l'image de la Mère des Douleurs.

Les heures où les autres religieux méditaient d'ordinaire sur les maximes ou les vérités éternelles

---

(1) Procès Apostoliques.

étaient employées par lui à méditer sur les douleurs de la très sainte Vierge ; il cédait en cela à une vive impulsion de son cœur. Un de ses confrères lui ayant demandé un jour s'il avait médité sur le ciel : « Mon paradis, pour moi, répondit-il, ce sont les douleurs de ma Mère. » Et en effet, après Dieu qui est notre fin suprême, rien n'était pour lui plus doux, plus délicieux que de mêler ses pleurs à ceux de la très sainte Vierge. Au reste, il trouvait dans cette méditation une plus forte impulsion pour la pratique de la vertu, pour le travail de sa propre sanctification.

La vivacité de sa dévotion pour les Douleurs de Marie était telle qu'au dire d'un témoin « elle semblait en quelque sorte plus marquée que celle dont son cœur était embrasé pour la Passion et l'Eucharistie elle-même. »

Il jouissait de la véritable paix dans le Cœur de la Mère des Douleurs et s'y reposait avec délices. Nous en trouvons une preuve touchante dans ces lignes qu'il écrivait à son père durant les troubles politiques dont nous avons parlé plus haut : « L'aimable Reine des martyrs, disait-il, ne peut voir nos misères sans y compatir, aussi elle nous tient assez tranquilles sous le manteau de sa protection, et emploie, pour nous défendre, ces mêmes glaives qui ont transpercé son Cœur béni.

« Compatissons aux Douleurs de Marie, ajoutait-il, et Elle-même compatira infailliblement aux nôtres. Oh ! quelle douceur et quelle tranquillité l'on goûte, quand on s'abandonne à sa maternelle protection ! *Si Maria pro nobis, quis contra nos ?* Si Marie est pour nous, qui sera contre nous ! »

Non content d'employer à la contemplation des douleurs de Marie le temps de la méditation, il y consacrait aussi ses instants libres. On l'entendait parfois dire à mi-voix : *O Mamma mia,* « ô ma tendre Mère ! » tandis que se reflétait sur son visage une joie surnaturelle.

Il conseillait à ses confrères de profiter comme lui des moindres instants qui leur restaient : « Si après avoir achevé ce que nous avons à faire, leur disait-il, nous pouvons encore disposer de quelques minutes, employons-les à compatir aux souffrances de notre aimable Mère. Souvenons-nous toujours des peines, des douleurs que Marie a endurées, et au moment de notre mort Elle nous aidera, elle nous consolera, peut-être même nous montrera-t-elle son visage maternel, si cela doit être utile au bien de notre âme ; peut-être aussi nous délivrera-t-elle des affres de la mort, si cela peut contribuer à la gloire de Dieu. »

Ces paroles semblent s'être entièrement réalisées pour le Confrère Gabriel, comme nous le verrons bientôt.

Sa tendre dévotion se manifestait surtout à l'approche des deux fêtes consacrées par l'Eglise à honorer les Douleurs de cette Reine des martyrs ; il s'y préparait avec plus de ferveur encore que pour les autres. Son zèle s'étendait même à ses condisciples, et jusqu'aux autres religieux de la communauté auxquels il cherchait à inspirer un amour plus intense pour la Mère des Douleurs. Mais c'était durant la Semaine Sainte qu'il se consacrait particulièrement à la pieuse méditation des Douleurs de la très sainte Vierge. Il l'accompagnait dans la voie du Calvaire, se tenait à ses côtés au pied de la Croix et la suivait jusqu'au tombeau de son bien-aimé Jésus ; pendant ces jours de deuil, on eût dit qu'il la voyait de ses propres yeux, tant il paraissait accablé de tristesse et tant ses paroles inspiraient une émotion profonde.

Afin d'entretenir dans son âme le feu de cette dévotion, il récitait chaque jour, nous l'avons dit, le *chapelet de Notre-Dame des Sept-Douleurs*, comme aussi le *Stabat*, l'hymne des Douleurs de Marie, dans lequel il puisait les sentiments de la plus tendre compassion. Il avait un attrait tout particulier pour ce chant sublime, et, peu d'instants avant de mourir, il priait un des confrères qui l'assistaient de lui en redire de temps en temps quelques strophes ; il les répétait ensuite lui-même et avec un tel sentiment de douleur compatissante et d'ardent amour qu'il paraissait devoir expirer avec Marie.

Une autre pratique de dévotion envers la Reine des martyrs consistait à réciter de plus, chaque jour, avant de commencer son travail, 7 *Je vous salue*, en l'honneur des Sept-Douleurs, et les bras en croix quand son Directeur lui en donnait la permission ; il engageait ses confrères à faire de même.

Ses lettres à sa famille nous offrent également une preuve bien touchante de sa dévotion envers les Douleurs de sa céleste Mère ; nous nous bornerons à quelques extraits.

Encore novice, il écrivait à son père : « Exhortez mes frères à faire chaque jour une visite à Jésus au très saint Sacrement et à Notre-Dame des Sept-Douleurs. »

Un peu plus tard il lui renouvelait la même recommandation : « Veuillez exhorter mes frères, de ma part, avec des paroles vraiment paternelles, (ainsi que vous l'avez toujours fait,) à une solide et constante dévotion envers les Douleurs de la très sainte Vierge Marie. Qu'ils préfèrent perdre quoi que ce soit, plutôt que de se mettre au lit sans avoir honoré par des actes de dévotion une Mère si bonne et si miséricordieuse. »

Une autre fois il demande à son père quelle conduite mènent ses frères, et avec quel soin ils poursuivent la seule affaire vraiment importante, leur salut éternel ; puis il ajoute : « Quelle dévotion ont-ils pour les Douleurs de la très sainte Vierge Marie ? gardent-ils le souvenir de ses souffrances ?... Ah ! comme la pensée que l'on a une sincère dévotion envers cette divine Mère, est puissante pour nous soutenir dans toutes nos faiblesses, nos tribulations !... Marie est l'unique échelle pour parvenir à l'éternité bienheureuse. »

Dans une autre lettre, il revient sur cette même pensée : « Le chemin qui conduit au salut ne s'ouvre que par Marie, *nemini nisi per eam patet aditus ad salutem*, et celui-là seul sera sauvé, qu'elle aura voulu sauver elle-même : *quem ipsa vult, salvus erit.* »

En conséquence il exhortait son vénérable père à honorer la très sainte Vierge par diverses pratiques de dévotion, parmi lesquelles figure la récitation du *Stabat*. « O mon cher papa, en lisant la vie des saints, je vois qu'un grand nombre d'entre eux, de tièdes et de pécheurs qu'ils étaient auparavant, sont devenus saints, après avoir gagné par quelque pratique de dévotion le cœur de cette aimable Reine toujours disposée à le donner à ceux qui le lui demandent. Combien qui ont été arrachés des mains mêmes du démon, grâce à la récitation fréquente d'un *Je vous salue,* d'un *Stabat,* d'un *Chapelet* ou de quelque autre prière ! Oh ! que n'ai-je le temps de vous raconter de ces traits !... »

Le père du Serviteur de Dieu ayant répondu qu'il était fidèle à ces pratiques de dévotion, Gabriel lui exprima la joie que lui causait cette heureuse nouvelle. Enfin, quelques mois seulement avant de mourir, il lui indiquait dans le souvenir des Douleurs de Marie l'un des secrets les plus puissants de sanctification : « Je réponds en peu de mots à votre bien chère lettre, pour vous exprimer la peine que j'éprouve de la maladie de Pacifique et de votre indisposition.

« Prenons patience, et souffrons tout par amour pour Jésus et Marie ; ils ont tant souffert pour nous ! En agissant ainsi, vos douleurs seront allégées et nous ne perdrons pas le mérite qu'elles renferment. »

Le Confrère Gabriel manifestait aussi par d'autres actes sa tendre dévotion envers les Douleurs de la très sainte Vierge.

« Au couvent d'Isola, raconte le R. P. Norbert, il y avait une statue de Notre-Dame de Pitié, à laquelle on n'avait point touché depuis longtemps et qui avait grand besoin d'être restaurée. Le Serviteur de Marie s'en étant aperçu demanda et obtint la permission de faire tout ce qui serait utile pour la remettre en bon état. Aussitôt il se met à l'œuvre, ôte la poussière, lave soigneusement la tête, les mains, confectionne lui-même d'autres manches, (1) répare le manteau, fait un nouveau glaive, et dispose si bien toutes choses, qu'un homme du métier n'aurait pu mieux réussir.

« D'ailleurs, ajoute le même père dont nous tenons ce détail, à voir l'ardeur et la joie avec lesquelles Gabriel s'adonnait à son pieux travail, il était facile de comprendre les vifs sentiments de dévotion qui l'animaient. »

Cette statue existe encore dans l'oratoire du couvent d'Isola ; elle est doublement chère aujourd'hui par le précieux souvenir qui s'y rattache.

Le dévot Serviteur de Marie entreprit également de mettre à neuf ou de réparer, à ses moments libres, les ornements servant à la décoration de l'autel de Notre-Dame des Sept-Douleurs. Il avait terminé ce travail lorsque la mort vint le frapper.

Nous trouvons une autre preuve de la dévotion de notre saint jeune homme, dans le soin avec lequel il entretenait de fleurs naturelles l'autel de sa céleste Mère. Sa manière de les lui offrir était touchante : arrivé au pied de l'autel, il fixait les regards sur l'image de Marie avec l'expression d'une extraordinaire piété, puis il déposait les fleurs et, s'agenouillant de nouveau, les yeux fixés sur la Vierge bénie, il lui donnait son cœur, renouvelait ses promesses de fidélité, et ne se retirait qu'après avoir demandé sa maternelle bénédiction. Quand les fleurs manquaient dans son parterre ou dans le jardin, il profitait des jours de promenade pour en

---

(1) C'était une de ces statues habillées, telles qu'on en voit même en France dans divers sanctuaires.

cueillir dans la campagne, ainsi qu'il le faisait du reste, avons-nous déjà dit, pour l'autel du Saint-Sacrement.

Gabriel en cultivait également dans des vases qu'en certaines circonstances il portait à l'autel de la Vierge. Lui, si jaloux des moindres instants, il ne laissait passer aucun jour sans visiter ses fleurs pour leur donner les soins utiles, les tenir à l'abri ou les mettre au grand air selon la température ou la saison. Cette occupation toute matérielle était, dans son intention, un hommage sans cesse renouvelé de tendresse filiale envers Marie.

Le Révérend Père Directeur conduisait parfois ses scolastiques dans les villages environnants, les jours de promenade, et leur faisait visiter les églises. La première pensée de Gabriel, en entrant dans le lieu saint, était de se rendre à l'autel du très Saint-Sacrement, pour offrir ses adorations au divin prisonnier de nos tabernacles ; il allait ensuite à l'autel de la sainte Vierge, où cherchait les tableaux qui représentaient quelques-uns de ses mystères. Découvrait-il de belles peintures, il tressaillait de joie, et, s'adressant à ses condisciples : « Voyez, disait-il, comme la sainte Vierge est belle !... » et après l'avoir admirée quelques instants il se mettait à genoux et offrait une fervente prière à son aimable Reine.

Il manifestait une prédilection marquée pour les statues ou les tableaux représentant les mystères douloureux de Marie ; il s'y arrêtait plus longuement, surtout quand ils étaient l'œuvre d'un artiste habile. Les tableaux mal faits excitaient dans son âme une sorte d'indignation ; en ayant trouvé un

de mauvais goût, il ne put s'empêcher de s'écrier :
« Oh ! ma bonne Mère, comme l'on vous a défigurée !... Un beau tableau, disait-il ensuite, vaut plus qu'un grand trésor il ranime et nourrit la dévotion ; un tableau mal fait, au contraire, dessèche ou tarit la source même des impressions pieuses. »

Voici enfin sa dernière lettre écrite deux mois à peine avant sa bienheureuse mort ; elle renferme comme le testament de sa piété filiale envers l'auguste Reine du ciel et est adressée à son frère Michel qui terminait alors ses études de médecine.

Plusieurs fois déjà il l'avait exhorté à fuir les plaisirs dangereux du monde en s'adonnant à une tendre dévotion envers Marie et plus particulièrement envers ses Douleurs. Dans cette dernière lettre, il lui rappelle l'obligation de servir Jésus-Christ et de marcher dans la voie étroite, puis il ajoute :

« Mon cher Michel, veux-tu aimer ? aime Marie. — Quelle créature est plus belle, plus aimable, plus puissante ? Et ne va pas croire qu'aimer Marie, que converser et demeurer avec Elle, ce soit chose ennuyeuse et privée de charmes, parce qu'on ne la voit pas des yeux du corps ; oh non ! il n'en est rien. Les consolations, les douceurs de cet amour sont d'autant plus pures et plus capables de satisfaire le cœur, que l'esprit l'emporte davantage sur la chair.

D'ailleurs, remarque-le bien, les personnes du monde ne peuvent rendre heureux, car leur amour est inconstant ou trompeur ; et quand on trouverait une personne qui n'eût point ces défauts, la seule pensée qu'il faudra s'en séparer un jour, répand de l'amertume dans le cœur et le fait cruellement souffrir. Il n'en est point ainsi de celui qui choisit Marie pour son partage, car elle est aimable, fidèle, constante et ne se laisse jamais vaincre en amour.

Si nous sommes dans quelque danger elle accourt pour nous délivrer ; si nous sommes affligés, elle nous console ; dans la maladie elle nous soulage ; dans le besoin, elle nous vient en aide, quelle qu'ait pu être notre conduite passée. Dès qu'elle voit un cœur qui désire l'aimer, elle vient à lui, et lui découvre le sein de ses miséricordes, elle l'embrasse, le protège, le console et va même jusqu'à le servir et l'accompagner durant le cours du voyage qui nous mène à l'éternité. Puis, quand vient le moment de la mort, oh ! frère chéri, ceux qui ont aimé les créatures voient tout finir et sont contraints de s'en séparer pour entrer dans la demeure éternelle qu'ils se sont construite ; ces infortunés s'écrient alors avec une indicible douleur et une sorte de désespoir : « O mort amère et cruelle, est-ce donc ainsi que tu me sépares de ce qui a été jusqu'à présent l'objet de mon amour ! » Au contraire, ceux qui ont véritablement aimé Marie, ceux-là se réjouissent ; ils appellent la mort, ils quittent, sans douleur, leurs parents et le monde, sachant qu'ils vont posséder l'objet de leur saint amour, et que cette possession les rendra éternellement heureux.

Essaie de faire ce que je te dis, et si tu n'éprouves pas la vérité de ce que j'avance, donne-moi sans crainte un démenti.

Chaque jour, et si tu le peux, matin et soir, va visiter quelque image de Marie ; mais, va, de préférence, dans une église où cette bonne Mère est moins visitée. Ta présence lui sera par cela même plus agréable. Fais-lui le sacrifice de quelque objet dangereux ou vain que tu pourrais avoir. Offre-le lui à ses pieds dans une de ces visites. Prive-toi, par amour pour Elle, des sociétés et des divertissements dangereux et capables de te porter au mal. Je t'en prie, récite chaque jour le chapelet en son honneur, et lorsque tu te sentiras inspiré par Elle à t'imposer quelque sacrifice, fais-le aussitôt de tout cœur, et, n'en doute pas, Marie ne se laissera pas vaincre en amabilité.

Si tu le trouves bon, communique cette lettre à Teta et à Pellegrini. Qu'ils se souviennent que la scène de ce monde passe vite. Qu'ils conservent toujours le souvenir de la présence de Dieu, et que jamais, pour tout l'or du monde, ils ne se laissent aller à rien qui puisse lui déplaire. Il vaut bien mieux peiner et souffrir les quelques années que nous passons sur la terre, et mériter ainsi le bonheur éternel, que jouir de ses aises et souffrir ensuite, non seulement pendant dix ans, mille ans, mais pendant l'éternité. Dis-leur de bien se pénétrer de cette vérité : que Dieu leur demandera compte, non seulement de leur âme, mais aussi de l'âme de leurs enfants. Qu'ils s'efforcent par conséquent de les élever dans la sainte crainte de Dieu et non point selon les maximes du monde. S'ils ne se conduisaient pas ainsi, que pourraient-ils répondre au jour du jugement ?... Ma lettre ne sera peut-être pas entendue sans provoquer, de la part de plusieurs, quelque sourire moqueur, mais il importe peu, celui qui l'a écrite ne méritant que dérision. Croyez-bien d'ailleurs que c'est mon cœur qui a dicté ces lignes, sans aucun égard pour le monde, et par le seul motif du véritable intérêt que je vous porte. Oui, mon seul désir, après la gloire de Dieu, est de nous voir tous réunis sous la protection de Marie, au terrible jour du jugement.

Adieu, frère bien-aimé. Fais ce que je t'ai dit. Il s'agit d'une éternelle félicité ou d'un malheur éternel. Tous les sacrifices et toutes les peines que nous nous imposerons en vue de ce bonheur sont peu de chose.... Recommande-moi à la très sainte Vierge afin qu'elle m'obtienne le salut. Je ne te demande pas autre chose. Que la paix soit avec toi !... »

Ainsi la très sainte Vierge qui avait posé les fondements de la sainteté de Gabriel en l'appelant à la vie religieuse, a couronné l'édifice spirituel de sa perfection.

C'est que le pieux jeune homme l'avait choisie pour son modèle et l'objet de son amour après Dieu.

Grand exemple pour la jeunesse, trop portée, surtout de nos jours, à laisser égarer son cœur parmi les plaisirs dangereux du monde, alors qu'il ne devrait brûler que pour Dieu, sous le regard de Marie !

D'ailleurs le récit de la dernière maladie et de la bienheureuse mort de notre jeune saint nous fournira de nouveau l'occasion de nous édifier et de concevoir une idée encore plus haute de sa tendresse pour Marie, la Reine des vertus, la Mère du saint amour.

CHAPITRE XXIV.

Le Serviteur de Dieu est atteint de phtisie pulmonaire. La maladie ne ralentit point son zèle pour la perfection. — Son vif désir de la mort. Comment il reçoit la nouvelle de l'approche imminente de sa fin. — Le saint Viatique. — Beaux exemples de vertu.

Le Serviteur de Dieu suivait l'observance religieuse depuis plusieurs années déjà, avec la plus scrupuleuse exactitude, sans que sa santé, assez frêle dans le commencement, en fût ébranlée; elle paraissait au contraire s'être raffermie. Rien ne faisait prévoir qu'il dût être sitôt ravi à l'estime et à l'affection de ses frères.

Tous fondaient sur lui les plus riches espérances. Il possédait les qualités d'un excellent missionnaire : une belle intelligence, une voix puissante et agréable et surtout un zèle dévorant pour la gloire de Dieu. Mais le Seigneur avait d'autres desseins sur cette âme d'élite, et le temps était proche où il allait transplanter dans les jardins du ciel cette fleur délicate, embaumée du parfum de toutes les vertus.

Notre pieux jeune homme aura encore ce trait de ressemblance avec saint Louis de Gonzague : il mourra à 24 ans, après en avoir passé six dans la vie religieuse.

Gabriel poursuivait le cours de ses études théologiques avec un plein succès. Déjà il avait reçu les Ordres mineurs, et nous avons vu par ses lettres, que, s'il n'est pas arrivé aux Ordres sacrés et jusqu'au Sacerdoce, c'est par suite de circonstances particulières et notamment des troubles politiques survenus à cette époque en Italie. Il était dans la vie religieuse depuis environ cinq ans, lorsque l'on commença à s'apercevoir d'un affaiblissement progressif de sa santé. Tous les soins de l'art médical furent impuissants à enrayer le mal qui ne tarda pas à dégénérer en phtisie pulmonaire. (1) Cette longue maladie, bien loin d'arrêter ou même de ralentir sa marche dans le chemin de la perfection ne fera au contraire que l'activer ; elle lui donnera des ailes pour s'élever plus rapidement aux sommets de la sainteté.

Durant la dernière année de sa vie, selon le témoignage de son directeur spirituel, son union avec Dieu était encore plus étroite ; ce n'était plus seulement des rayons mais des torrents de lumières surnaturelles qui inondaient son âme ; plus fréquentes et plus sublimes étaient devenues les élévations de son cœur, plus ardente la flamme de son amour pour Dieu ; sa charité et son amabilité envers ses confrères étaient plus exquises.

Dès le noviciat, Gabriel avait manifesté un vif désir de la mort, et depuis cette époque, il n'avait cessé d'adresser chaque jour, à ce sujet, une prière

---

(1) Plusieurs de ceux qui ont connu le Serviteur de Dieu attribuent l'origine de sa maladie à un refroidissement dont il ne s'était pas assez préoccupé.

au Seigneur. Se sentant dans l'intimité de Dieu, il craignait de se laisser aller à la négligence dans son service, au milieu des multiples dangers où nous sommes de l'offenser. Lui-même s'en déclarait à son directeur et à ses confrères, et il ajoutait qu'il serait heureux de mourir de phtisie pulmonaire, afin de pouvoir faire plus aisément des actes d'amour de Dieu jusqu'à son dernier soupir. (1)

Telle était l'ardeur qu'il apportait à cette prière que son Directeur, craignant de le voir exaucé prématurément, lui ordonna de ne plus la faire que sous une forme conditionnelle, c'est-à-dire si sa mort devait procurer plus de gloire à Dieu, plus d'utilité pour lui-même et pour son prochain.

Gabriel, dont nous connaissons la parfaite obéissance, modifia le sens de sa demande conformément à l'intention de son supérieur, et un jour que l'un de ses compagnons d'études lui disait après la sainte communion : « Priez donc le divin Maître de vous porter en paradis. — Je ne le puis, répondit-il, mon père spirituel me l'a défendu. »

Lorsqu'on le vit sérieusement atteint du mal qui devait le conduire au tombeau, tous les religieux de la communauté le pressaient de demander à Dieu sa guérison : « O mon Père, dit-il un jour à son Directeur qui lui renouvelait ces mêmes instances, laissez-moi demander plutôt une bonne et sainte mort ; les dangers de déplaire à Dieu sont si nombreux, tant de la part du démon que de la part de nos propres passions ! »

---

(1) Procès Apostoliques.

Le mal avait déjà fait des progrès très sensibles et le fervent religieux voulait néanmoins continuer à accomplir tous les actes de la sainte observance ; le Directeur lui imposa certaines exemptions réclamées par son état de santé. Sur ces entrefaites, le Supérieur provincial vint passer quelques jours au couvent d'Isola ; Gabriel le pria avec les plus vives instances, accompagnées de larmes abondantes, de vouloir bien retirer les dispenses qui, disait-il, lui avaient été imposées par un excès de charité. Le Supérieur ayant pleinement approuvé la conduite du Directeur, le fervent Confrère se soumit entièrement et ne revint jamais plus sur cette question.

Le mal s'aggravait de jour en jour, et loin d'en manifester aucun trouble, le Serviteur de Dieu paraissait en éprouver une grande joie ; il apercevait déjà le rivage de l'éternelle félicité et *désirait, comme l'Apôtre, d'être avec Jésus-Christ.* Il parlait de sa mort prochaine comme d'une chose assurée, et toujours avec le plus grand calme, la plus grande sérénité, et il aimait à entendre les religieux qui venaient le visiter, l'entretenir sur ce sujet : « A vous parler franchement, leur disait-il, bien loin d'éprouver de la peine à la pensée que je vais bientôt mourir, j'en ai tant de plaisir que je crains de rechercher en cela ma propre satisfaction. »

On lui disait parfois : « Confrère Gabriel, quand vous serez au ciel, songez à nous y préparer une place ; nous voulons être vos concitoyens dans la bienheureuse patrie, comme nous sommes vos compagnons dans la vie religieuse. Ceux qui partent les premiers doivent s'intéresser aux autres. — Je vous le promets, répondait-il, et grâce à la divine miséricorde, comme aussi à l'intercession de ma bonne Mère, j'espère accomplir la promesse que je vous fais dès maintenant. » Il accompagnait ces mots d'un grâcieux sourire et les prononçait avec l'accent de celui qui promet une chose dont il est assuré.

La maladie gardait depuis quelque temps une marche assez lente, lorsque vers la fin du mois de décembre 1861 un vomissement de sang vint mettre la vie de Gabriel en péril ; on ne lui permit pas de descendre à l'église pour la solennité de la nuit de Noël ; il put cependant assister dans l'oratoire à la messe du jour, et faire la sainte communion.

Son état se maintint ensuite à peu près tel quel, jusqu'au dimanche 16 Février. Ce jour-là, il entendit encore la sainte messe et reçut l'eucharistie, mais son Directeur le voyant plus fatigué que de coutume, lui enjoignit de se mettre au lit, par mesure de prudence.

Dans la journée du mardi, le pieux malade fut saisi tout à coup d'horribles douleurs suivies d'un nouveau vomissement de sang. Le médecin appelé en toute hâte déclara qu'il y avait danger prochain de mort, et voulut rester pour prodiguer lui-même ses soins à ce cher malade dont les vertus faisaient son admiration. Que de fois il s'était écrié en versant des larmes d'attendrissement : « Oh quel bon religieux ! On dirait un ange ! Avec quelle patience il supporte ses souffrances ! »

Lorsque l'hémorragie fut complètement arrêtée, on disposa tout pour donner au mourant le saint viatique ; mais laissons ici la parole au R. P. Norbert. « Comme je connaissais parfaitement les sentiments du Confrère et son désir de mourir pour s'unir à Dieu, je n'employai pas de périphrases, ni de ces moyens détournés dont on est trop souvent obligé de se servir en pareille circonstance. Je lui annonçai donc clairement qu'il devait se préparer à recevoir le saint viatique. Vous êtes en danger de mort, lui dis-je, et pour guérir il faudrait un miracle.

« A cette déclaration, je remarquai dans le Serviteur de Dieu un instant de surprise et comme un léger trouble ; il est vrai que ce changement ne dura pas même une minute, et il y succéda nonseulement le calme habituel du malade, mais une joie extraordinaire qu'il me fallut modérer à plusieurs reprises. » (1)

Cet *instant de surprise et de léger trouble*, dont a parlé le R. P. Norbert, dans sa déposition, lors des Procès de Canonisation, ne doit nullement étonner, il révèle, au contraire, toute la grandeur d'âme de cet angélique jeune homme ; c'est une preuve qu'il n'était pas d'une nature insensible, et que, s'il désirait la mort dans la haute partie de lui-même, il ne laissait pas d'être homme et d'éprouver cette horreur naturelle que son approche inspire à tous.

Notre-Seigneur Jésus-Christ lui-même n'a pas voulu se soustraire au sentiment de répulsion que soulève en nous la vue de notre dissolution imminente. *Nunc anima mea turbata est.* (2) *Maintenant mon âme est troublée.*

Les justes, en offrant à Dieu le sacrifice de leur

---
(1) Procès Apostoliques.
(1) St. Jean XII. 27.

vie, accomplissent donc un acte de très grand mérite. Il faut remarquer, du reste, qu'à cet *instant de surprise et de léger trouble*, succéda chez le Confrère Gabriel la joie et une joie telle, que son Directeur spirituel crut devoir la tempérer, tant est forte et douce à la fois la grâce de Dieu dans l'âme des saints.

Il était une heure de la nuit. Toute la communauté s'étant réunie, on porta au pieux moribond le saint viatique.

En voyant le Dieu du tabernacle entrer dans sa cellule, le Confrère Gabriel parut frappé d'admiration et comme anéanti devant une telle condescendance de la grandeur suprême ; ses sentiments de foi et d'amour se rallumèrent plus ardemment que jamais.

Avant de recevoir la sainte eucharistie, il voulut, par esprit d'humilité, demander publiquement pardon aux religieux des scandales ou mauvais exemples qu'il avait pu leur donner. Les assistants pleuraient d'émotion et d'attendrissement en l'entendant implorer pardon, lui dont la conduite irréprochable était un modèle pour tous.

C'est avec ces sentiments de piété et de dévotion qu'il reçut le viatique sacré, et dans son action de grâces il fondait en larmes de reconnaissance et d'amour.

On était persuadé qu'il ne passerait pas la nuit ; lui, au contraire, comprenait que sa dernière heure n'était point encore venue : « Si le Seigneur veut
« me prendre cette nuit, dit-il, que sa volonté soit
« faite ; cependant je prévois que ma maladie va
« se prolonger ; je le crains, et cela me cause de

« la peine. Toutefois que la volonté de Dieu s'ac-
« complisse ! Oui, que la très sainte, très aimable
« et très adorable volonté de Dieu s'accomplisse
« toujours ! »

La peine qu'il éprouvait à la pensée de la prolongation de sa maladie, ne provenait nullement d'un sentiment d'horreur pour la souffrance, mais uniquement de son ardent désir de s'unir à Dieu, de se soustraire au danger de lui déplaire ; il ne voulait pas non plus être encore une charge pour ses frères qu'il aimait si tendrement, et auxquels il témoignait une si vive reconnaissance : « Vraiment, « leur disait-il avec une grâce charmante, un prince « ne pourrait recevoir plus de soins, plus de pré- « venances, de dévouement que vous ne m'en avez « prodigué pendant ma maladie. »

« Le Serviteur de Dieu avait terminé depuis quelque temps son action de grâces, quand il me fit appeler, raconte le R. P. Norbert : Là, dans le tiroir de cette table, me dit-il, à tel endroit, il y a un petit carnet dans lequel j'ai noté les faveurs que m'a faites la très sainte Vierge. Je crains que le démon ne s'en serve pour me suggérer des tentations d'orgueil. Voulez-vous le prendre et me promettre que vous ne le montrerez à personne ? — Je le veux bien, répondis-je, et, de plus, je ne le lirai pas moi-même. — Eh bien ! reprit-il avec énergie et en même temps avec une bonne grâce parfaite, souvenez-vous que toute promesse oblige. — Comptez sur moi, répliquai-je, et il cessa de parler.

« Je sortis avec le carnet, continue le Révérend Père, je le mis en morceaux et revins dire au malade que son petit cahier était complètement détruit. A cette nouvelle, le Serviteur de Dieu manifesta un vif sentiment de joie : « Vous avez très bien fait, me dit-il avec un délicieux sourire. »

« J'ai toujours regretté et je regrette encore, ajoute le même père, d'avoir promis plus que le Serviteur de Dieu ne m'avait demandé, et surtout d'avoir été au-delà de ma promesse en détruisant ce petit journal intime ».

Nous ne saurions trop déplorer la perte de ce précieux manuscrit qui nous eût révélé bien des secrets édifiants, à jamais perdus pour nous ; mais le sage directeur qui connaissait les trésors dont cette âme était enrichie et la haine dont le démon la poursuivait, pouvait craindre qu'un dernier assaut ne vînt à renverser cet édifice de sainteté, élevé avec tant de peine durant ces six années de vie religieuse. Telle est la pensée qui l'avait déterminé, trop facilement peut-être, à cet acte que lui-même a toujours regretté ; c'est aussi la raison pour laquelle il avait tenu à en informer le Serviteur de Dieu.

La vie religieuse, avons-nous dit en empruntant le langage du Confrère Gabriel, ne détruit nullement les nobles sentiments de la nature, et le pieux moribond nous en fournit une preuve nouvelle. Le matin du même jour, il fait appeler son directeur : « J'ai promis à mon bien-aimé père, dit-il, de lui écrire s'il survenait quelque chose de nouveau ; il me semble que c'est le moment de l'informer de mon état. — Soyez tranquille, lui répond ce dernier, je me charge de tout. » — Depuis ce moment, le Serviteur de Dieu ne songea plus qu'à se préparer avec une ferveur toujours croissante à son dernier passage.

La crise s'était calmée, le mal toutefois continuait son œuvre de consomption, qui bientôt sera complètement achevée. Durant cet intervalle, le pieux malade eût voulu recevoir chaque jour la sainte communion. Ses ardents désirs furent en partie exaucés ; on lui donna la sainte eucharistie le dimanche suivant. Sur son lit de douleur, le saint religieux ne se lassait pas de baiser le crucifix, de le presser contre son cœur. Fréquemment aussi il appliquait ses lèvres sur l'image de Notre-Dame des Sept-Douleurs, et lui adressait des oraisons jaculatoires et de brûlantes aspirations.

Son amour envers saint Joseph était admirable ; il priait le saint Patriarche de lui obtenir la grâce d'une bonne mort.

La cellule du Confrère Gabriel était devenue une véritable école de vertus. Il ne cessait d'en produire des actes. On admirait surtout sa patience inaltérable et son aimable gaîté. Ses souffrances, parfois très vives, ne lui arrachèrent jamais la moindre plainte volontaire. Pour les adoucir et les sanctifier, il jetait de fréquents regards sur le divin Crucifié ou la Mère des Douleurs. Bien plus, il cherchait dans la maladie elle-même de nouvelles manières de se mortifier : ainsi, il montrait une préférence marquée pour les remèdes les plus désagréables et les plus rebutants.

Cependant il lui semblait ne rien souffrir par amour pour Jésus-Christ, et s'en plaignait à son père spirituel ; il s'accusait de ne pas savoir supporter les incommodités de la maladie et de se trop rechercher lui-même, de se trop attacher à la vie. La joie ne le quittait pas un moment, et, à le voir, on n'eût jamais soupçonné qu'il était en proie à la souffrance. Souvent même il adressait d'aimables plaisanteries à ses visiteurs.

Exquis étaient les sentiments de sa reconnaissance pour tous ceux qui lui rendaient les moindres services. La nuit qui précéda sa mort, il dit au religieux qui le veillait : « Que puis-je faire pour vous payer de retour ? — Recommandez-moi à la très sainte Vierge, répondit celui-ci. » Le Serviteur de Dieu se tournant alors vers une image de Marie, lui adressa une prière si affectueuse et si émouvante que ce religieux en versait des larmes d'attendrissement.

Il ajouta une invocation en faveur d'un berger du voisinage qui lui avait envoyé un peu de lait. « O Marie, récompensez-le vous-même de sa charité pour moi, accordez-lui toutes les grâces dont il a besoin tant au spirituel qu'au temporel. »

Cet homme étant venu le voir, Gabriel ne savait comment le remercier de sa bienveillance.

Cependant on approchait du moment suprême où allaient se briser les derniers liens qui retenaient encore ici-bas cet ange de la terre ; il ne lui restait plus qu'à soutenir les derniers assauts de l'ennemi, avant de prendre son essor vers les demeures éternelles.

CHAPITRE XXV.

L'Extrême-Onction. — Le Serviteur de Dieu remporte une victoire décisive sur l'ennemi de tout bien. — L'approche de la mort : scène attendrissante. — La vision extatique. — Bienheureux trépas du Serviteur de Dieu.

Nous sommes au dernier jour du pieux malade, ses forces achevaient de s'épuiser sous l'action d'une fièvre rebelle à tous les remèdes; il fallait armer l'athlète du Christ pour le suprême combat, par le sacrement de l'Extrême-Onction.

Le saint moribond demanda qu'on voulût bien lui rappeler d'abord les précieux effets de ce sacrement, et comme il n'entendait plus que difficilement, il pria le ministre sacré de prononcer assez haut les paroles sacramentelles, pour qu'il lui fût possible de les suivre.

La cérémonie achevée, il rendit grâces au Seigneur de l'insigne faveur qu'il venait de recevoir.

Le 26 Février au soir, tandis que les religieux se retiraient dans leurs cellules, à l'heure réglementaire, pour se livrer au repos de la nuit, quelques frères servants restaient dans la chambre du malade avec le Père spirituel. Celui-ci, accablé de fatigue et ne croyant pas d'ailleurs sa présence encore nécessaire, va se reposer dans la chambre voisine, prêt à revenir au premier appel. Mais en vain essaie-t-il de dormir, il ne peut détacher sa pensée du malade. Bientôt il entend la respiration du Confrère Gabriel se ralentir et devenir plus oppressée ; il se lève et retourne auprès de lui. Une voix mystérieuse semble lui dire de ne point l'abandonner à cette heure suprême où le démon livre ses plus terribles assauts, même aux âmes les plus saintes. Lui-même raconte, en ces termes, les derniers moments de celui qu'il regardait comme un saint, et qu'il aimait comme son enfant.

« Quand je rentrai dans sa cellule, Gabriel en manifesta de la satisfaction ; il paraissait heureux de me revoir près de lui. J'avais d'ailleurs remarqué qu'en le quittant, même sur son invitation, il semblait me dire de ne pas m'éloigner, comme s'il eût pressenti l'approche des suprêmes combats.

« J'étais assis depuis peu de temps en face du malade, quand je le vois soudain s'agiter, se troubler, puis prononcer à haute voix et avec une certaine animation ces paroles de saint Bernard : *Vulnera tua, merita mea. Mes mérites, ce sont vos plaies, ô Seigneur !*

« Tout d'abord, j'attachai peu d'importance à ce fait, parce que le Serviteur de Dieu avait coutume de redire cette invocation et d'autres semblables ; mais quand il l'eut répétée une seconde fois et une troisième fois avec un redoublement de force et d'émotion, je ne doutai plus qu'il ne fût en proie à une tentation. M'approchant donc : Confrère Gabriel, lui dis-je tout bas, êtes-vous tenté ? — Oui, mon Père, me répond-il d'une voix entrecoupée. —

Est-ce de défiance ou de présomption ? — De présomption. — Je lui adresse alors quelques paroles opportunes, j'asperge la chambre d'eau bénite pour mettre en fuite les puissances infernales, et le malade rentre dans le calme.

« Eh bien ! reprené-je, la tentation a-t-elle cessé ? — Oui, grâces à Dieu ! répond-il avec une vive expression de joie. Un moment après, je lui dis de nouveau, mais de manière à n'être entendu de personne : Confrère Gabriel, votre conscience est-elle tranquille ? — Oui, grâces à Dieu, je jouis maintenant d'une paix profonde. »

L'esprit d'orgueil, voyant cette âme riche de vertus et de bonnes œuvres, avait essayé de lui faire appuyer sur ses seuls mérites l'espérance du salut ; mais l'habile athlète n'avait pas tardé à reconnaître et à déjouer le piège du tentateur ; l'attaque fut repoussée avec une telle vigueur et un si vif sentiment d'humilité que les témoins de cette scène en étaient profondément émus et émerveillés.

« Cependant son extrême faiblesse et la force du mal lui occasionnaient parfois une sorte de délire, ou plutôt des assoupissements passagers dont lui-même se rendait compte, car en recouvrant ses sens, il disait avec un aimable sourire : « Je rêve, n'est-ce pas ? » C'étaient en effet plutôt des rêves d'où la raison n'était pas entièrement absente.

« Durant ces assoupissements il n'avait que des choses pieuses et saintes à la pensée. Tantôt il croyait entendre sonner l'*Angelus*, et il le récitait et priait les personnes présentes de le réciter avec lui. D'autres fois il s'imaginait se trouver à l'oratoire ou à l'église, et assister à la psalmodie ou à la bénédiction du très saint sacrement ; on le voyait alors porter la main à la tête pour se découvrir.

« Je lui dis à plusieurs reprises : Confrère Gabriel, à quoi songez-vous ? — Je songe à de bonnes choses, grâces à Dieu.

« Si je rapporte ces détails, continue le R. P. Norbert, c'est pour montrer combien l'esprit et le cœur du pieux moribond étaient remplis de Dieu et de la très sainte Vierge.

« Il paraissait être dans cet état de demi-sommeil, quand, s'assombrissant soudain et fermant les yeux, il tourne son visage d'un autre côté comme pour fuir un objet qui lui inspire de l'horreur. Je m'approche : Qu'éprouvez-vous ? lui dis-je ; il me répond aussitôt à haute voix et avec vivacité : mais comment ces femmes se trouvent-elles ici ? Qui donc les a fait entrer ? Elles n'ont pas le droit de venir ici. O Marie, ô ma bonne Mère, faites-les partir, chassez-les vous-même. »

« Je suggère alors au malade quelques pieuses invocations, j'asperge sa chambre d'eau bénite et il recouvre sa tranquillité ordinaire. »

Qui n'admirerait ce recours si spontané et si fervent à la très sainte Vierge ! Ne dirait-on pas un petit enfant qui, se voyant attaqué, court se réfugier dans le sein de sa mère ?

Le calme dont jouit ensuite le Serviteur de Dieu ne fut pas de longue durée. Quelques instants après, il éprouve une troisième attaque du tentateur, ou plutôt c'est le même combat qui recommence. Honteusement repoussé une première fois sur le terrain de la belle vertu, l'esprit impur revient à la charge en présentant au malade des imaginations et des pensées déshonnêtes. « Comment cette dame est-elle donc entrée ? s'écrie de nouveau Gabriel saintement courroucé ; elle n'a pas le droit de venir ici ; chassez-la donc ! O Marie, ô ma bonne Mère, faites-la sortir, faites-la sortir ! » et ces paroles, il les prononçait avec tant d'énergie et un tel sentiment d'horreur que ceux qui l'entendaient en étaient profondément impressionnés.

Découvert cette fois encore, et n'espérant plus ébranler cette âme toute à Dieu, l'esprit du mal s'enfuit pour ne plus reparaître ; depuis ce moment jusqu'à son dernier soupir, Gabriel jouira d'une paix sans mélange.

Le R. P. Norbert fait une réflexion bien digne de fixer notre esprit, relativement aux tentations qui assaillirent le Serviteur de Dieu : « Si des âmes justes et parfaites, dit-il, doivent s'armer d'un si grand courage, se faire tant de violence, et recourir avec tant de confiance au secours de Dieu, pour ne pas succomber dans les terribles assauts que l'enfer dirige contre elles à ce moment décisif, comment pourront-elles résister aux attaques des puissances infernales déchaînées, ces âmes qui, non seulement ne se seront point adonnées à la pratique de la vertu, mais se seront livrées, au contraire, à tous les désordres du vice et de l'impiété ! »

Les derniers instants du Confrère Gabriel vont être plus que jamais consacrés à de ferventes prières, à de brûlantes aspirations vers le divin Crucifié, vers la très sainte Vierge, saint Joseph, saint Paul de la Croix.

Le jour commençait à poindre, lorsque se sentant mourir, il dit au R. P. Norbert qui ne le quittait plus : « Mon père, ne pourriez-vous pas me donner l'absolution ? » Le bon Père ne remarquait aucune aggravation notable, ni rien qui indiquât l'imminence du moment suprême ; il se contenta de répondre : « Soyez tranquille, mon enfant, quand il en sera temps, je vous la donnerai. » Le moribond ne répliqua point, mais quelques instants après, s'adressant de nouveau à son Directeur : « Mon Père, dit-il, en se découvrant et en joignant les mains, j'ai fait l'acte de contrition, donnez-moi, je vous prie, l'absolution. »

Le Père spirituel condescendit aux ardents désirs de son enfant, tout en se réservant de lui renouveler l'absolution quand le dernier moment serait venu.

Gabriel demanda ensuite l'image de Notre-Dame des Sept-Douleurs, qu'il avait toujours avec lui. « Comme elle s'était égarée dans le lit, raconte le R. P. Norbert, je me mets à la chercher. Ne la trouvant pas, je lui présente celle qu'il avait dans son bréviaire et qui représentait Jésus mourant et Marie au pied de la croix. A peine l'a-t-il reçue, qu'il couvre de tendres baisers et inonde de douces larmes ce symbole de sa dévotion et de son amour. Puis il se découvre la poitrine, y applique l'image bénie, la presse de ses deux mains si fortement, avec tant de ferveur et une si vive affection, qu'il semble vouloir la faire entrer dans son cœur. « Pour moi, dit le R. P. Norbert, je ne pouvais en croire mes yeux, tant ce spectacle me paraissait extraordinaire, et je me demandais comment cela allait finir. Emu jusqu'aux larmes et comme hors de moi, je dis au pieux moribond : Oh oui, pressez, pressez contre votre cœur ces chers objets, qui sont notre unique trésor et le gage précieux de notre espérance. »

Les religieux présents fondaient eux aussi en larmes d'attendrissement.

C'était en effet un spectacle capable d'émouvoir même des pierres, que de voir la piété, la confiance, l'ardent amour que manifestait alors Gabriel. On voyait la beauté, la candeur et les sentiments de son âme se refléter sur ses traits.

« Je crois, dit à ce sujet M. l'Abbé Bonaccia, le premier biographe du Serviteur de Dieu, je crois qu'en fixant les yeux sur la double image de Jésus Crucifié et de la Mère des Douleurs, il vit se dérouler les grâces insignes par lesquelles Dieu et la très sainte Vierge l'avaient arraché à la mer orageuse du monde et conduit dans le port tranquille de la vie religieuse ; à ce moment, aussi, il dut rappeler à son souvenir les heures délicieuses, les journées, les années passées dans la contemplation de ces tendres objets : Jésus Crucifié et la Mère des Douleurs. Peut-être voyait-il encore la riche moisson de ses mérites, fruit de plusieurs années d'un travail opiniâtre, ses résolutions magnanimes fidèlement accomplies, les victoires remportées sur lui-même, grâce à ses héroïques sacrifices ; et, considérant que le principe de toutes ces faveurs, de tous ces inestimables trésors, c'était le divin Crucifié et son auguste Mère, il voulut, dans un véhément transport de reconnaissance, s'élancer comme au-devant d'eux, les presser étroitement contre sa poitrine et les graver en quelque sorte pour toujours dans son cœur. »

Gabriel était depuis quelques instants dans cette attitude presque extatique lorsque levant les yeux vers le ciel, et pressant encore plus fortement de ses deux mains l'image sainte, il s'écria avec un sentiment de tendresse et de confiance impossible à exprimer et accompagné d'un élan de toute sa personne : « O ma tendre mère, faites vite. » Il récita ensuite, avec calme, avec lenteur et en séparant chaque syllabe, ces oraisons jaculatoires : « O Marie, Mère de grâce, Mère de miséricorde, protégez-nous contre l'ennemi et recevez-nous à l'heure de notre mort. » Il ajouta avec les mêmes sentiments de piété : « Jésus, Marie, Joseph, je vous donne mon cœur, mon esprit et ma vie. Jésus, Marie, Joseph, faites que je meure dans votre sainte compagnie. »

Les dernières paroles furent prononcées beaucoup plus lentement et avec un accent si pénétré, l'on voyait en même temps une si vive expression de joie sur son visage, une telle ferveur d'esprit, que tout en lui respirait la sainteté.

« Après avoir récité ces oraisons jaculatoires, le Serviteur de Dieu rentra dans son calme ordinaire et ferma les yeux à demi, ses deux mains restant entrecroisées sur l'image qu'il tenait sur la poitrine. A sa respiration plus lente et plus faible, à d'autres symptômes significatifs, je compris qu'il touchait à sa fin. Je fis alors appeler la communauté, au son de la clochette, pour qu'elle vînt assister de ses prières le Confrère mourant.

« Gabriel était dans l'attitude de quelqu'un qui va s'endormir ; pas de râle, ni de suffocation. Soudain un sourire céleste vient sur ses lèvres ; il ouvre vivement les yeux et les dirige du côté gauche de la chambre, où il semble contempler un ravissant spectacle. C'est dans cette attitude, le visage radieux, les mains toujours croisées sur sa poitrine, qu'il rend le dernier soupir, sans le moindre effort.

« Je ne puis douter, continue le R. P. Norbert, que le Serviteur de Dieu n'ait eu un ravissement extatique au moment de sa mort, car son visage paraissait merveilleusement transformé, bien qu'il ne fût illuminé d'aucune clarté surnaturelle proprement dite. Oui, pour moi, comme pour les autres religieux qui ont eu le bonheur d'assister à ses derniers moments, le Confrère Gabriel a vu se réaliser la promesse qu'il faisait lui-même aux vrais serviteurs de Marie, pour l'heure de leur mort, il a vu, dis-je, la très sainte Vierge venir au-devant de lui pour recevoir son âme. »

Cette bonne Mère le récompensait ainsi de la dévotion si tendre qu'il avait toujours eue envers Elle, pendant sa vie, et du zèle si ardent qu'il avait déployé dans sa sphère restreinte pour l'extension de son culte.

Ainsi mourut le Confrère Gabriel de Notre-Dame des Sept-Douleurs, le 27 Février 1862.

Tous les témoins de sa bienheureuse mort se sentaient profondément émus et étaient frappés d'admiration ; les uns versaient des larmes d'attendrissement, d'autres ne pouvaient se persuader qu'il eût rendu le dernier soupir. « Il y a bien longtemps que je suis au service de Dieu, disait un fervent religieux, en fondant en larmes, et je me trouve, hélas, encore bien peu avancé dans le chemin de la vertu, tandis que peu d'années lui ont suffi pour devenir un saint ! »

Au nombre de ceux qui entouraient le lit d'agonie du Serviteur de Dieu, rapporte le R. P. Norbert, se trouvaient des religieux qui firent, dans leurs missions, le récit de la scène édifiante que nous venons de reproduire, et à ce simple récit, on voyait parfois d'immenses auditoires fondre en larmes ; moi-même, ajoute-t-il, j'ai fait la même constatation dans les nombreuses missions que j'ai prêchées dans la suite. »

La mort du Confrère Gabriel a été, en effet, vraiment admirable : cette sérénité à envisager l'éternel avenir ; ce calme avec lequel il s'entretenait de la mort ; il en parlait comme on parle des choses les plus ordinaires de la vie, comme on parlerait d'une joyeuse fête ; cette pleine possession de toutes ses facultés qu'il tenait continuellement attachées à la contemplation des choses du ciel ; cette confiance toute filiale et ce complet abandon entre les mains de la très sainte Vierge ; l'accent pénétrant de ses oraisons jaculatoires ; la ferveur de ses pieuses aspirations ; les transports avec lesquels il a prononcé ses dernières paroles ; enfin l'attitude extatique dans laquelle il a rendu son dernier soupir ; toutes ces circonstances nous offrent le tableau achevé de la mort d'un saint ; et nous pouvons lui appliquer dans toute leur vérité ces belles paroles de l'Ecriture : *Bienheureux les morts qui meurent dans le Seigneur.* (1)

---

(1) Apocalypse XIV. 13

CHAPITRE XXVI

Renom de sainteté du Confrère Gabriel. — Témoignage du R. P. Norbert. — Le tableau du Serviteur de Dieu est placé au scolasticat de la Scala Santa. — Projet de transfert des restes du Serviteur de Dieu. — Reconnaissance et exhumation de son corps. — Manifestations de pieuse confiance envers le Confrère Gabriel.

Le Serviteur de Dieu était allé s'abreuver à la source de la félicité éternelle, mais il fallait rendre les derniers devoirs à ses restes vénérés. Conformément aux usages établis dans la Congrégation des Passionistes, son corps fut exposé par terre sur une planche nue, la tête poudrée de cendres, un crucifix dans ses mains jointes sur la poitrine.

Son visage d'abord quelque peu rembruni, avait bientôt repris son état normal ; on l'eût même cru simplement endormi.

Les religieux qui venaient visiter cette chère dépouille se sentaient bien moins portés à prier pour lui qu'à l'invoquer. Plusieurs recherchaient un objet qui eût été à son usage, quelques-uns, mus par leur vénération, allèrent jusqu'à lui couper des mèches de cheveux.

Le soir du même jour, le corps du Serviteur de Dieu fut porté dans la chapelle du couvent, et le lendemain eurent lieu les obsèques au milieu d'une affluence assez considérable de personnes venues de tous les environs.

La cérémonie terminée on le descendit dans le caveau de la communauté creusé dans la chapelle même.

A cette époque, en Italie comme en France d'ailleurs, on donnait souvent la sépulture dans les églises. Etait-ce au détriment de l'hygiène publique ? Toujours est-il que les vivants y trouvaient un avantage moral bien précieux.

Le Serviteur de Dieu dormait donc son dernier sommeil dans la paix du Seigneur, mais son souvenir restait vivant dans tous les cœurs.

Le tombeau où disparaissent toutes les fausses grandeurs de la terre, est pour beaucoup de saints le point de départ d'une gloire immortelle. Leur mémoire, dit l'Ecriture, ne descend point avec eux dans la tombe ; elle passe de génération en génération ; la renommée de leurs vertus s'étend de proche en proche et ils seront loués dans l'assemblée des justes. (1) C'est ce qui devait se réaliser pour le Confrère Gabriel.

A peine avait-il rendu le dernier soupir, que tous les assistants proclamaient sa sainteté d'une commune voix. Quelques jours plus tard, dans un discours adressé à la communauté, le supérieur le proposait à tous comme un modèle achevé de toutes les vertus religieuses.

Le R. P. Norbert, son directeur spirituel, et comme tel, confident intime de tous ses secrets, après avoir surmonté les premières émotions causées par

---

(1) Eccli. XXXIX. 14.

la perte de son bien-aimé Gabriel, écrivait au père du Serviteur de Dieu une lettre de condoléances, dont nous extrayons les passages suivants :

Cher Monsieur Possenti,

« Votre bien-aimé fils redisait souvent cette parole : « Que la très sainte, très adorable, très aimable volonté de Dieu soit toujours accomplie ! » C'est ce qu'il nous faut dire, nous aussi, avec une pleine résignation. Le Seigneur nous avait donné un fils, il nous l'a ôté : qu'il soit à jamais béni en tout ce qu'il fait ! Telle est la pensée qui me soutient ; c'est elle aussi qui doit vous fortifier dans notre commune épreuve. Malgré cette soumission de la volonté, on ne laisse pas de ressentir une peine bien profonde. Le croiriez-vous ? La tristesse, la douleur que cette perte m'a causée a tellement ébranlé ma santé que je ne puis me remettre complètement même après un mois. J'ai cru, pendant plusieurs jours, que je ne surmonterai pas ce coup pour moi si terrible. Oh ! c'est que j'aimais votre enfant, je crois le dire sans exagération, autant et peut-être plus que vous, bien qu'il vous fût si cher.

« Que la divine volonté soit faite en tout et pour tout ; » cette pensée est ma seule force dans cette dure épreuve, ainsi que je vous l'ai déjà dit. Cette divine volonté ne fait rien sans un but très saint en lui-même, utile et avantageux pour nous.

« La vie sainte de Gabriel, sa mort si belle, ont excité dans le cœur de tous les religieux, ses confrères, une sainte émulation et un vif désir de lui ressembler. Un de nos missionnaires, religieux depuis quarante ans, a recueilli les impressions que lui a laissées cette belle mort, afin d'en parler en chaire et d'encourager ainsi les fidèles à marcher vers la sainteté. Ici tout le monde célèbre ses vertus, tous se sentent confondus en se comparant à lui, un grand nombre l'invoquent avec confiance et plusieurs disent avoir obtenu des grâces par son intercession. Quand à moi, je dois déclarer que je l'ai prié très souvent et que j'en ai reçu des faveurs.

« Cher monsieur, je vous disais dans une de mes lettres, s'il vous en souvient, que Gabriel avançait à grands pas dans les voies de la sainteté ; en effet, telle a été la rapidité de sa course que peu de jours lui ont suffi pour remplir une longue carrière, selon les paroles de l'Ecriture. Bien loin de le pleurer désormais, prions-le de nous obtenir de Dieu la grâce de l'imiter.

« Que vous devez être heureux d'avoir reçu de Dieu ce fils bien-aimé, qui sera peut-être le plus bel ornement de toute votre famille !

Sa vie mérite à tous égards d'être proposée comme modèle à tout le monde et plus particulièrement aux religieux Passionistes. »

Quelques mois plus tard, le 19 Décembre 1862, le même Père envoyait à M. Possenti des *Notes biographiques* sur le Confrère Gabriel. Comme il s'en exprimait, ces *Notes*, recueillies par lui avec le concours des religieux de la communauté, n'étaient qu'un aperçu des admirables vertus du Serviteur de Dieu. « Nous continuons, disait-il, à recueillir des matériaux en vue de composer une biographie pour le donner en modèle à nos jeunes religieux... La vie du Confrère Gabriel, ajoutait-il, a vraiment été remarquable par sa sainteté. Pour nous, Passionistes, c'est un autre Jean Berchmans, un autre Louis de Gonzague. »

Le R. P. Norbert parlait en connaissance de cause puisqu'il avait pénétré tous les secrets de la sainteté du Serviteur de Dieu, tous les replis de son cœur.

En 1868, les *Notes biographiques* recueillies par le R. P. Norbert étaient publiées par les soins de monsieur l'abbé Bonaccia, ecclésiastique distingué, condisciple et ami du Confrère Gabriel au collège de Spolète.

Dix ans plus tard, le Supérieur Général Bernard-Marie de Jésus, voulant donner aux scolastiques passionistes de Rome un parfait modèle des vertus qui devaient briller en eux, leur proposa les exemples du Confrère Gabriel dont lui-même avait été autrefois le compagnon d'études, et dont il avait toujours conservé le souvenir comme d'un saint.

Il fit placer, au-dessus de la porte de la chapelle intérieure du scolasticat, un tableau représentant le Serviteur de Dieu, avec l'épigraphe suivante :

C. GABRIEL A VIRGINE DOLOROSA

RELIGIOSÆ PIETATIS EXEMPLAR
DEIPARÆ A DOLORIBUS STUDIOSISSIMUS CULTOR
Magis caritatis fervore quam vi morbi consumptus, Jesum
Joseph Mariam suaviter invocans, animam efflavit
die XXVII Feb. A. MDCCCLXII Ætatis suæ XXIV. (*)

(*) Le Confrère Gabriel de Notre-Dame des Sept-Douleurs, modèle des vertus religieuses, d'une dévotion vraiment remarquable envers les Douleurs de l'auguste Mère de Dieu, consumé bien plus par les ardeurs de sa charité que par la violence de la maladie, a rendu son âme à Dieu en invoquant avec la plus tendre piété les noms de Jésus, Marie, Joseph, le 27 Février 1862, à l'âge de 24 ans.

Comme la réputation de sainteté de Gabriel grandissait de jour en jour, non seulement en Italie, mais au-dehors, le Révérendissime Père Xavier, Supérieur Général des Passionistes, sollicitait auprès du Saint Siège, l'introduction de la cause du Serviteur de Dieu.

Lorsque l'Eglise veut instruire la cause de Béatification de ses enfants morts en odeur de sainteté, elle ordonne la recherche et l'exhumation de leurs restes mortels, afin de s'assurer de leur identité. Il fallut donc procéder à la reconnaissance du corps de Gabriel, ce qui semblait offrir certaines difficultés, car depuis de longues années déjà, les religieux passionistes n'étaient plus en possession de leur couvent d'Isola de Penne.

La révolution italienne avait marqué son triomphe par la confiscation des monastères et l'expulsion brutale de leurs légitimes possesseurs. Le couvent d'Isola vendu par le gouvernement, peu d'années après la mort du Serviteur de Dieu, avait été transformé par l'acquéreur en une sorte d'entrepôt.

A diverses reprises, les Supérieurs de la Congrégation avaient fait des démarches pour le recouvrer, mais leurs tentatives étant toujours restées sans résultat, ils décidèrent de transporter ailleurs le corps de Gabriel.

La mission en fut confiée au R. P. Germano, que ses qualités remarquables devaient bientôt faire choisir pour *Postulateur* de la Cause. L'excellent Père ne tarda pas à se mettre en relation avec les autorités civiles et ecclésiastiques, et en obtint facilement toutes les autorisations désirables. La cérémonie de l'exhumation fut fixée au 17 Octobre 1892.

Ce jour-là, le Révérend Père se rendit, d'assez bon matin, à la chapelle de l'ancien couvent d'Isola. Grande fut sa surprise de voir arriver de tous côtés, en habits de fête, des groupes nombreux chantant des cantiques ; on avait cherché en effet à garder le plus profond secret sur le jour de l'exhumation et l'exhumation elle-même ; et d'ailleurs on se trouvait au plus fort des travaux des vendanges.

Lorsque les délégués de Monseigneur l'évêque de Penne arrivèrent, l'église était entièrement envahie par la foule, dont une grande partie se voyait contrainte de rester dehors, faute de place. Avant de procéder à l'exhumation, il fallait faire évacuer l'église ; mais tous les efforts furent inutiles. Le peuple, soupçonnant le dessein de transporter ailleurs les restes du Confrère Gabriel, s'opposait énergiquement à l'exhumation, et se déclarait prêt à l'empêcher par tous les moyens : « Dieu nous a donné ce saint, criaient ces braves gens, personne ne nous l'ôtera ! »

Déjà mise en éveil, quelques jours auparavant, par la présence de plusieurs ecclésiastiques venus au nom de Monseigneur l'évêque pour connaître l'état des lieux, la population d'Isola avait fait entendre bien haut qu'elle s'opposerait à tout enlèvement, et chaque jour, depuis, une garde sévère était faite pour prévenir toute surprise.

En présence de pareilles manifestations d'attachement et de respect pour la mémoire et les restes vénérés du Confrère Gabriel, force fut de renoncer

---

(1) Procès de Canonisation.

au projet de transfert. Les délégués déclarèrent donc publiquement qu'ils se borneraient à exhumer le corps du Serviteur de Dieu, et le déposeraient ensuite dans l'église elle-même, près de l'autel de saint Paul de la Croix. Fort de cette promesse, le peuple consentit à sortir, à la condition toutefois que plusieurs notables de chaque commune des alentours assisteraient comme témoins à l'exhumation.

C'est bien ici le cas de reconnaître *la voix de Dieu dans la voix du peuple,* selon l'antique devise des canonisations : *Vox populi, vox Dei !* Le peuple chrétien peut se laisser égarer, sans doute, mais livré à sa droiture et à sa simplicité, il devine comme d'instinct et sait apprécier la véritable vertu.

Le R. P. Germano et les délégués ecclésiastiques, accompagnés de deux docteurs, descendirent dans le caveau et procédèrent à la reconnaissance du corps. Ils se trouvèrent tout d'abord en présence des restes de trois religieux, mais grâce au souvenir de quelques personnes qui avaient assisté aux funérailles du Serviteur de Dieu, il fut facile de reconnaître ce dernier.

Les chairs et les cartilages étaient entièrement consumés, la tête légèrement inclinée à gauche, et les bras en croix sur la poitrine. On ne trouva d'intact que la ceinture de cuir et le *signe* ou emblême des Passionistes.

Les médecins prenaient les ossements un à un et les plaçaient dans le même ordre sur un linge ; ils les déposèrent ensuite dans une châsse préparée à cet effet. Comme ces messieurs savaient concilier la science médicale avec les principes de la religion, ils ne crurent pas faire un acte indigne d'hommes instruits, en rendant hommage au Serviteur de Dieu, et ils baisèrent respectueusement sa tête, en présence des assistants.

Durant le pieux travail de l'exhumation, qui demanda plusieurs heures, la foule ne cessa de prier ou de chanter des cantiques. Retracer les scènes touchantes qui se produisirent lorsqu'il fut donné à tout ce peuple de voir la châsse renfermant les restes vénérés de *leur petit saint* comme ils aimaient à appeler le Confrère Gabriel, serait difficile.

Les uns la baisaient en l'arrosant de leurs larmes, tous voulaient la toucher par dévotion ; d'autres y jetaient des fleurs qu'on emportait ensuite comme souvenir. Grâce à l'intercession du Serviteur de Dieu, beaucoup de guérisons prodigieuses se sont opérées par l'application de ces fleurs, et même de la poussière recueillie dans le tombeau, et distribuée ce jour-là même à un grand nombre de personnes.

Chose remarquable et qui montre bien les sentiments de foi et de vénération dont cette foule était animée, il ne se produisit aucun désordre, pas une parole, pas un acte qui ne fût conforme à la sainteté du lieu. « En voyant tout le monde pleurer d'attendrissement, je ne pus retenir mes larmes, déclare le R. P. Germano, et je m'écriai tout hors de moi : *Dieu est vraiment admirable dans ses saints !* »

Un fait surprenant consigné aux Procès de Canonisation, avait contribué à augmenter ces sentiments d'admiration et de piété envers le Serviteur de Dieu. Pendant que l'on procédait à l'exhumation, la foule vit se détacher de la cime du Grand Rocher une petite nuée qui prit la direction d'Isola; arrivée au-dessus de l'église, elle s'arrêta et se fondit en une pluie abondante qui dépassa de très peu le pourtour du lieu saint. Ce phénomène parut d'autant plus extraordinaire que la journée était magnifique, et qu'il n'y avait pas un nuage dans le reste du ciel. Ne pouvait-on pas attribuer cet événement à une intervention surnaturelle, et y voir un précieux gage des nombreuses faveurs que Dieu devait accorder à l'intercession de son fidèle Serviteur ?

Pour accomplir leur promesse de déposer dans la chapelle même les restes bénis du Confrère Gabriel, les délégués avaient fait pratiquer une excavation près de l'autel de saint Paul de la Croix ; mais l'heure étant trop avancée, la cérémonie fut remise au lendemain.

Comme la veille, la foule fut considérable et l'on vit se renouveler les mêmes scènes de dévotion, de confiance et d'amour envers le Serviteur de Dieu.

Dieu ne tarda pas à montrer par d'éclatants miracles la puissance d'intercession de son fidèle Serviteur.

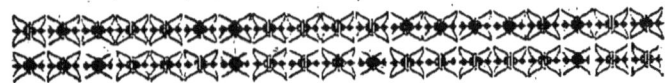

CHAPITRE XXVII.

La sainteté du Confrère Gabriel manifestée par de nombreux miracles. — Marie Mazzarella ; Dominique Tibéri, etc. — Le Confrère Gabriel réalise ce texte évangélique : « *Les aveugles voient, les boiteux marchent, les lépreux sont guéris, les sourds entendent, les morts ressuscitent....* »

« Dieu affirme, en ces temps-ci, la sainteté du Confrère Gabriel de l'Addolorata *par des miracles qui sont légion*, » était-il déclaré au Consistoire tenu au Vatican à la fin du mois de Juin 1899. Les Actes des Procès de Canonisation, que nous avons sous les yeux, en relatent un nombre considérable, tous revêtus des preuves les plus certaines d'authenticité ; nous nous contenterons d'en rapporter quelques-uns.

L'Eglise s'est prononcée sur la nature de deux d'entre eux qui ont été soumis à son examen en vue de la Béatification, et dont elle a formellement reconnu l'origine divine. Le premier consiste dans la guérison instantanée d'une poitrinaire appelée Marie Mazzarella.

C'était une jeune fille d'une vingtaine d'années, fort pieuse, et d'une famille très honorable du bourg même d'Isola. Une maladie dont elle fut atteinte vers l'âge de 17 ans avait dégénéré en une phtisie pulmonaire qui achevait son œuvre de consomption. De plus, par suite de la décomposition du sang, des plaies purulentes et très douloureuses s'étaient formées en diverses parties du corps. La pauvre infirme ne pouvait plus se mouvoir et passait ses tristes journées, étendue sur des coussins. Tous les médecins de la région avaient reconnu l'inutilité de leurs efforts, et n'accordaient plus à la malade que très peu de temps à vivre.

Le R. P. Germano, étant venu vers ce temps à Isola pour l'exhumation des restes du Confrère Gabriel, fut prié de se rendre auprès de la poitrinaire, pour la bénir. « Quand je la vis, a-t-il raconté lui-même, je fus touché d'un profond sentiment de pitié ; sa respiration faible et oppressée indiquait seule un reste de vie ; on eût presque dit un cadavre et je me souviens de m'être écrié : Vraiment si la Sainte Vierge la guérissait, elle opèrerait un miracle presque égal à celui de la résurrection de Lazare! »

Comme la jeune fille et ses parents manifestèrent le désir de recourir à l'intercession du Confrère Gabriel, le R. Père les engagea à faire un triduum à cette intention, et leur donnant la ceinture du Serviteur de Dieu : « Ceignez-en la malade, leur dit-il, et faites-lui absorber quelques grains de la poussière recueillie dans son tombeau. »

Déjà le triduum touchait à sa fin, et, loin de sentir la moindre amélioration, l'infirme était beaucoup plus fatiguée ; sa mère perdit confiance et voulut lui ôter la ceinture. « Mais, maman, dit la malade, le triduum n'est pas encore achevé ! »... La mère n'insista pas. Bientôt après, Marie s'endort d'un profond sommeil. Le lendemain matin, à son réveil, elle comprend qu'elle est guérie. « Je veux me lever, dit-elle à sa sœur qui dormait dans la même chambre. » — Celle-ci la prie d'attendre que leurs parents soient venus pour l'aider. — « Non, non, reprend Marie, je t'assure que je puis me lever toute seule, je suis guérie, c'est le Confrère Gabriel qui m'a obtenu cette grâce ! » Bientôt elle est debout, et toutes deux sortent de la chambre. A ce bruit, les parents s'éveillent pleins d'anxiété : « Ne craignez rien, leur dit Marie, toute transportée de joie, ne craignez rien, le Confrère Gabriel m'a guérie ! »

Elle ne portait plus en effet aucune trace de sa terrible maladie ; la fraîcheur était revenue à son visage, la veille encore pâle et défait ; elle avait recouvré ses forces, et toutes ses plaies auparavant purulentes étaient complètement cicatrisées. A cette vue, le père ne se possédant plus de bonheur sort dans la rue en pleurant ; parents et amis, persuadés de la mort de sa fille, se rendent à la maison : surprise inouïe, ils trouvent la moribonde de tout à l'heure pleine de vie, ils constatent une parfaite guérison. L'heureuse nouvelle se répand comme une traînée de poudre et une foule énorme composée des habitants d'Isola et d'un grand nombre de personnes des environs, venues pour la foire, se rassemblent devant la demeure de la miraculée.

« Si la malade est vraiment guérie, disait-on, qu'on nous la fasse voir ! »

Bientôt en effet, Marie, accompagnée de tous les siens se rendait à l'église pour remercier Dieu de cette merveilleuse guérison. Le surlendemain, escortée de ses parents et de la population, elle allait, pieds-nus, au tombeau du Confrère Gabriel, distant d'au moins trois kilomètres, offrir à son insigne bienfaiteur un témoignage public de sa vive reconnaissance.

La jeune fille n'a jamais plus rien ressenti de son terrible mal.

Ce prodige éclatant accrut considérablement la confiance, et excita dans toute la contrée l'enthousiasme pour le Serviteur de Dieu ; ajoutons que ce fut le premier anneau d'une chaîne ininterrompue de faits non moins merveilleux.

Ce n'était pas cependant la première grâce due à l'intercession du Confrère Gabriel ; un bon nombre de personnes avaient reçu de lui des faveurs signalées, bien avant cette époque, ainsi qu'on le peut constater dans les Procès de Canonisation.

Parmi les maux sur lesquels le Confrère Gabriel semble s'être surtout attaché à exercer sa puissance miséricordieuse, il faut compter la hernie, infirmité toujours fort gênante et parfois très dangereuse. Les Actes de Canonisation en relatent près d'une centaine ; nous rapporterons seulement la guérison de Dominique Tibéri, reconnue par l'Église comme un miracle authentique.

Dominique Tibéri, honnête cultivateur de Colliberti, commune assez importante d'Isola, était affligé d'une hernie considérable, qui lui valait un surnom significatif : on l'appelait Dominique la Besace. Il souffrait parfois des douleurs si atroces qu'il se roulait par terre.

Ayant eu occasion de se rendre un jour près du couvent d'Isola, il entra dans la chapelle, attiré par le chant d'un grand nombre de pélerins venus au tombeau du Confrère Gabriel. Après avoir prié avec ferveur et confiance, il descend dans le caveau qui avait contenu le corps du Serviteur de Dieu, prend un peu de poussière et la met sur la partie malade. Ses douleurs devinrent subitement intolérables, mais elles ne tardèrent pas à disparaître et il se trouva guéri ; il ne restait même plus trace de son infirmité, comme tout le monde put le constater.

La nouvelle de cette guérison extraordinaire s'étant répandue, le médecin qui avait soigné Dominique voulut se rendre compte de la vérité du fait. « J'ai tenu, dit-il, à voir par moi-même ce qui en était et après un minutieux examen j'ai constaté qu'en effet il ne restait absolument rien de son mal. Je l'atteste, c'est là, à mes yeux, un vrai miracle, cette guérison s'étant produite instantanément, sans aucun remède, sans aucune opération ; et les moyens de suggestion ou autres étant d'ailleurs incapables de faire disparaître radicalement toute trace d'une pareille infirmité. »

C'est dans des circonstances à peu près semblables que se sont produits les autres cas si nombreux de guérison de hernies ; parfois il a suffi d'invoquer Gabriel pour obtenir le prodige.

Notre-Seigneur avait accordé à ses disciples le pouvoir d'opérer des miracles, et leur avait donné l'assurance qu'ils en feraient de plus grands que les siens. (1)

Ce pouvoir surnaturel s'est perpétué dans l'Eglise ;

---

(1) St. Jean XIV. 12.

il s'est manifesté avec éclat à travers les siècles qui nous séparent des apôtres.

Le Seigneur a départi cette puissance divine avec tant d'abondance au Bienheureux Gabriel, que nous sommes autorisés à dire, en empruntant les paroles de la Sainte Ecriture, que par son intercession « Les aveugles voient, les boiteux marchent, les lé-« preux sont guéris, les sourds entendent, les morts « ressuscitent. » (1)

Un jeune homme de la commune d'Atri ébranchait un chêne fort élevé, quand, perdant l'équilibre, il tombe d'une hauteur d'au moins sept mètres. Sa mère, témoin du terrible accident, accourt tout en larmes ; que voit-elle ! Son fils n'est presque plus qu'une masse informe. Eperdue, la malheureuse femme pousse des cris déchirants. Tout le village est bientôt réuni autour de la pauvre victime qui reste sans aucun mouvement. « Implorons le secours du Confrère Gabriel, » dit l'une des personnes présentes ; et tous de l'invoquer d'une commune voix : « Serviteur de Dieu, consolez cette pauvre mère ! » Celle-ci s'était jetée à terre, continuant ses lamentations : « Confrère Gabriel, disait-elle avec l'accent de la foi la plus vive et de la plus entière confiance, je veux que vous me rendiez mon fils sain et sauf. » Soudain le jeune homme semble sortir d'un profond sommeil ; il se lève et peut se rendre chez lui, sans le secours de personne. Il était guéri, mais les très fortes contusions et les profondes blessures dont il portait encore les traces restèrent quelques jours, comme une preuve indé-

(1) Matth. XI. 5.

niable que la chute était mortelle et que cette guérison était une sorte de résurrection.

Un enfant était sur le point de rendre le dernier soupir. Le docteur, venu le matin, s'était retiré en disant que le petit moribond ne passerait pas la journée. Dans sa douleur, le père invoque le secours de Gabriel et fait absorber à son enfant quelques grains de la poussière du tombeau. Après avoir pris cette potion d'un nouveau genre, l'enfant s'endort d'un profond sommeil pour se réveiller complètement guéri ; sa première parole fut celle-ci : « Papa, ne voyez-vous pas que le Confrère Gabriel m'a guéri ? » Il a continué de jouir d'une parfaite santé.

Le fils d'un pharmacien de Téramo allait mourir, et déjà on songeait aux préparatifs des funérailles, quand les parents du malade se rappelèrent la guérison miraculeuse de la fille d'un colonel, obtenue dans cette même ville par l'invocation du Bienheureux Gabriel. Puisque le Serviteur de Dieu a obtenu cette grâce, se dirent-ils entre eux, il faut qu'il nous en accorde une semblable. Toute la famille se met en prières, et ces parents voient soudain leurs larmes de douleur se changer en larmes de joie. Leur fils se levait instantanément guéri.

Aux environs de Téramo, vivait une digne mère de famille, nommée Justine Corini. Depuis longtemps déjà elle avait complètement perdu la vue. Ses yeux étaient insensibles aux plus forts rayons du soleil. Ce n'était point la cataracte, mais une déformation intérieure produite par la paralysie des nerfs optiques, et appelée amaurose.

Les médecins qui la soignaient, ayant constaté

l'inutilité de leurs efforts, avaient conseillé à l'infirme de se rendre à la clinique de Bologne pour se soumettre à une opération chirurgicale. La pauvre femme ne pouvait s'y résoudre.

Une nuit, le Confrère Gabriel dont elle n'avait jamais entendu parler, lui apparaît en songe et l'invite à se rendre en pèlerinage dans la chapelle du couvent d'Isola, l'assurant qu'il lui obtiendrait du Seigneur la guérison depuis si longtemps désirée. A son réveil, elle prend la résolution d'aller au plus tôt à l'oratoire indiqué. Plusieurs médecins qui connaissaient les cures prodigieuses opérées au tombeau du Serviteur de Dieu, l'encouragèrent eux-mêmes à exécuter ce dessein. Beaucoup de personnes l'accompagnèrent une partie de la route, puis la quittèrent en l'exhortant à la confiance.

En approchant de la colline où est bâtie la chapelle des Passionistes, elle entend des voix nombreuses chanter des cantiques ; c'était des groupes de pèlerins, comme il en venait chaque jour. « Je suis aveugle, dit la malade en entendant ces chants, mais je retournerai chez moi guérie. »

On la conduit par la main jusqu'au tombeau du Serviteur de Dieu. Là, elle s'agenouille et prie avec une grande abondance de larmes ; prenant ensuite un linge, elle le fait toucher à la pierre qui couvrait les restes vénérés de Gabriel, et le place sur ses yeux, ne demandant la guérison que d'un seul œil.

L'église était remplie de pèlerins qui priaient avec ferveur à l'intention de la pauvre aveugle, quand tout à coup éclatent des cris de joie, la grâce était obtenue. Justine voyait très distinctement de l'œil gauche. Le premier objet qui frappa son regard fut le tableau de Gabriel, peint sur le petit monument. Elle se souvint que c'était bien cette même physionomie qu'elle avait vue en songe.

Une grâce obtenue étant un encouragement à en demander une autre, la miraculée sollicita la guérison de l'autre œil et elle l'obtint instantanément aussi, par l'application d'une relique du Serviteur de Dieu. Depuis ce temps, non seulement sa vue s'est conservée parfaite, mais elle n'a plus ressenti aucune des douleurs auparavant très vives et très fréquentes; et volontiers elle plaisanterait les prétendus incrédules qui n'affectent de croire à des forces cachées de la nature, que dans le but de pouvoir nier plus librement tout surnaturel.

D'autres personnes ont été l'objet d'une semblable faveur, de la part du Confrère Gabriel ; de ce nombre est un jeune garçon de 9 ans du nom d'Antoine Egidio.

Le pauvre petit avait complètement perdu la vue à la suite d'une grave maladie. Les remèdes employés pour la lui rendre avaient eu pour unique résultat d'occasionner d'atroces douleurs. Sa mère n'espérant plus rien des moyens humains, dont elle constatait l'impuissance, conçoit la pensée de recourir à l'intercession du Confrère Gabriel. Pleine de confiance, elle conduit l'enfant à son tombeau. Pendant qu'elle prie avec une grande abondance de larmes, le petit Antoine s'endort. De nombreux pèlerins demandent eux aussi la guérison du pauvre enfant. A son réveil, le voile qui couvrait la prunelle de l'œil tombe ; toute inflammation, toute douleur avait disparu et pour toujours.

Si, grâce au Bienheureux Gabriel, les aveugles voient ; grâce à lui aussi les muets parlent.

Elvira Cozzi avait été mise en pension, à l'âge de 9 ans, dans un couvent de religieuses bénédictines. Quoique de complexion délicate, elle supportait assez bien, depuis un certain temps déjà, le régime du pensionnat, quand des tremblements nerveux commencèrent à se manifester en elle. Peu à peu sa parole devint plus difficile, et, du mois de mai 1888 au 7 Août 1893, jour de sa guérison, elle demeura dans un état de mutisme complet, au point de ne pouvoir pas même faire entendre de ces sons inarticulés qu'émettent parfois les muets de naissance. Sa langue s'était épaissie, on eût dit un membre mort.

Aucun traitement n'avait été omis durant ces cinq années : reconstituants, hydrothérapie, chloroforme, électricité ; mais le tout sans aucun résultat. On avait également eu recours aux moyens spirituels : prières, neuvaines à la très sainte Vierge et aux saints, sans que l'on remarquât le moindre changement. Dieu voulait glorifier son Serviteur en lui réservant la guérison de cette pauvre infirme.

Elvira entendait parler des merveilles nombreuses qui s'opéraient au tombeau du Confrère Gabriel ; pleine de confiance, elle demande à être conduite à la chapelle où reposent les restes vénérés du Serviteur de Dieu. On fait droit à ses pieuses instances. Arrivée à l'église qui était remplie de pèlerins, Elvira se rend à genoux jusqu'à la pierre sépulcrale. Là, elle prie avec ferveur et avec une grande abondance de larmes. Touché de compassion, le peuple unit ses prières à celles de la jeune fille.

La grâce tant désirée ne se fit pas longtemps attendre. « Je compris que la faveur m'était accor-« dée, a-t-elle déclaré elle-même aux Procès Apos-« toliques ; je sentais ma langue se délier, devenir « flexible, et je m'écriais : Bien-aimé saint Gabriel ! « ... Vive saint Gabriel !... J'avais complètement « recouvré l'usage de la parole.»

Tous les assistants remercièrent avec transport la divine bonté de l'insigne faveur obtenue par l'intercession de son Serviteur.

Elvira revint au pensionnat quelques jours après pour y achever son éducation. Plus tard elle embrassait la vie religieuse au couvent des Sœurs de la Passion, fondé à Corneto par saint Paul de la Croix, et prenait le nom de Sœur Gabrielle de Notre-Dame des Sept-Douleurs, en souvenir du miracle dont elle avait été favorisée par le Confrère Gabriel.

Parmi la quantité considérable d'*ex-voto* que l'on voit suspendus dans la chapelle d'Isola et dans la sacristie, l'on remarque un grand nombre de béquilles, comme aussi toutes sortes d'appareils inventés pour venir en aide aux malheureux privés de l'usage de leurs membres ; témoignages authentiques de la réalisation de cette parole : *claudi ambulant, les boiteux marchent*.

Marie Andréoni de Campli, âgée de 30 ans, avait les hanches déboîtées depuis sa naissance, et marchait d'une manière si étrange et avec de telles contorsions, qu'on pouvait difficilement la regarder sans rire. Les médecins n'avaient jamais essayé de faire disparaître cette difformité, sachant toute tentative inutile.

Marie Andreoni, encouragée par le récit des nombreuses guérisons de tout genre, obtenues par l'intercession du Confrère Gabriel, se rendit à Isola en compagnie de plusieurs membres de sa famille. Arrivée au tombeau du Serviteur de Dieu, elle s'agenouille et s'endort bientôt d'un profond sommeil. « Soudain, a-t-elle raconté elle-même, je m'éveille
« tout effrayée ; j'avais senti comme une main qui
« me pressait très fortement le côté gauche, à l'endroit où la difformité était beaucoup plus prononcée. En m'éveillant, j'appelai Gabriel à mon
« secours. Quels ne furent pas mes transports de
« joie, en constatant que les os étaient revenus à
« leur place naturelle ! Les personnes de ma localité qui se trouvaient à côté de moi et tous ceux
« qui étaient présents déclarent hautement, comme
« je le fais moi-même, que cette guérison a été
« instantanée et doit être attribuée au Confrère Gabriel. »

Depuis, la marche de Maria Andreoni est aisée et n'a rien de disgracieux. Deux chirurgiens, priés de l'examiner avec soin, ont rendu témoignage à la véracité de ce fait prodigieux.

On voyait un jour arriver en voiture, à la chapelle d'Isola, un homme étendu sur un grabat ; c'était Antoine Mancini. Il avait perdu depuis longtemps l'usage de ses jambes, qui étaient contournées d'une manière effrayante. Les tentatives faites par les médecins pour les redresser et les guérir n'avaient réussi qu'à augmenter son mal, et à lui ôter toute espérance de pouvoir jamais faire un seul pas. Il en était même arrivé, par suite de certaines complications, à l'impossibilité absolue de se mouvoir, et se voyait forcé de demeurer étendu tout le long du jour sur une chaise longue, d'où on le portait dans son lit.

Antoine, entendant parler de plusieurs paralytiques guéris au tombeau du Confrère Gabriel, voulut s'y faire porter, dans l'espoir d'y recouvrer lui aussi le mouvement. Il arriva, après avoir beaucoup souffert de la longueur de la route et des cahots de la voiture. On le descendit à bras et on le porta ainsi sur la pierre tombale, au milieu des sentiments de compassion excités dans tous les cœurs par la vue de son triste état.

Les pèlerins, fort nombreux comme toujours, unissent leurs prières aux siennes. La grâce ne se fait pas longtemps attendre. Antoine se sentant guéri se lève tout seul, se met à marcher librement, revient chez lui, laissant près du tombeau de Gabriel, comme témoignage de cette grande faveur, le grabat sur lequel il avait passé des années entières, étendu sans mouvement.

Les habitants des localités qu'il avait traversées, le matin, faisaient arrêter la voiture pour se rendre compte, par eux-mêmes, du prodige opéré dans la personne de cet homme, tout perclus encore quelques heures auparavant, et maintenant alerte ; et ils rendaient grâces à Dieu.

Antoine a conservé parfaitement la vigueur de ses membres, miraculeusement recouvrée.

Madame Elisabeth de Bourbon, comtesse de Caserte, avait une fille âgée de douze ans, atteinte depuis six mois d'une paralysie très douloureuse, qui lui ôtait complètement l'usage de ses membres. Les médecins avaient jugé la maladie incurable. Animée d'une vive confiance dans le secours du thaumaturge d'Isola, dont elle avait beaucoup entendu parler, madame la comtesse conduisit sa fille au tombeau du Serviteur de Dieu. L'enfant était couchée sur la pierre du sépulcre, depuis un quart d'heure, quand elle sentit un mieux considérable qui lui permit de se lever elle-même et de marcher ; ce mieux acheva, ce jour-là même, de se transformer en parfaite guérison.

Cette nomenclature de paralytiques guéris, nous pourrions l'augmenter indéfiniment ; nous la terminerons par le récit d'une autre guérison instantanée et radicale survenue en la personne d'une religieuse de la Passion du couvent de Corneto.

Mère Marguerite fut atteinte de douleurs arthritiques très violentes. Malgré les soins qui ne tardèrent pas à lui être prodigués, le mal ne fit que s'accroître, au point de paralyser toute la colonne vertébrale. La pauvre sœur ne pouvait pas faire le moindre mouvement, et éprouvait de cruelles souffrances. Alors la bonne religieuse, encouragée par les nombreuses guérisons obtenues par l'intercession du Confrère Gabriel, se dit que le Serviteur de Dieu pouvait bien la guérir, qu'elle y avait plus de droit que d'autres, appartenant elle aussi à la Congrégation de la Passion. (1)

Mère Marguerite fait une première neuvaine, per-

---

(1) Saint Paul de la Croix est aussi le fondateur des religieuses de la Passion. Elles ont une maison en France, à Mamers, diocèse du Mans (Sarthe), et une autre en Belgique, à Thielt. Elles sont cloîtrées et ont l'office du chœur.

suadée que sa prière serait exaucée. N'ayant obtenu aucun résultat, elle en fait une seconde, puis une troisième, qu'elle commence avec le concours de la communauté. « Dans le courant de cette dernière neuvaine, le 7 Avril, dit la sœur elle-même, je me livrais plus que jamais à la tristesse, en songeant que, clouée dans ma cellule depuis longtemps déjà, j'étais privée de la sainte Messe et de la sainte Communion. Je m'en plaignais doucement au bon Dieu et à son Serviteur le Confrère Gabriel, quand, tout à coup, j'éprouvai comme un feu qui descendait le long de l'épine dorsale et se répandait dans toute la partie paralysée. Je ne compris pas, de prime abord, que la grâce s'annonçait ; je fus même saisie de frayeur ; je crus à une aggravation de mon mal et à un nouvel accident fort grave. Bientôt cependant, je me redressai, et, toute joyeuse, je revêtis le saint habit que les douleurs qu'il m'occasionnait m'avait forcé de quitter dès le début de ma maladie.

« En un clin d'œil ma paralysie avait disparu, avec divers autres dérangements dont je souffrais beaucoup.

« A mes cris de joie, toutes les sœurs accourent, et constatent, à leur grande satisfaction, que je pouvais me mouvoir en tous sens et marcher librement. Cette guérison était complète, et, dès ce jour-là même, j'ai pu reprendre, à ma grande consolation, tous les exercices de la communauté. »

Par la puissance d'intercession du Confrère Gabriel *les aveugles voient, les muets parlent, les boiteux marchent*, avons-nous raconté ; voici comment *les sourds entendent*.

Concettina de Benedetto, jeune fille de 17 ans, avait perdu le sens de l'ouïe, par suite d'un mal d'oreilles ; elle ne pouvait absolument rien entendre et ne comprenait que par signes. Le 17 Mai 1893, la mère conduisit sa chère infirme au tombeau du Serviteur de Dieu. Là, toutes les deux demandent avec ferveur et confiance la guérison que tous les remèdes imaginables ont été impuissants à opérer.

Il y avait beaucoup de pélerins.

Concettina priait depuis quelque temps, lorsque du sang coule de son nez, une pâleur de mort se répand sur son visage, un bourdonnement se produit dans ses oreilles ; elle avait recouvré l'usage de l'ouïe ; et, détail digne de remarque, cette jeune fille qui avait toujours articulé avec beaucoup de difficulté, à partir de ce jour parla librement.

Egidio Guagnozzi de Castiglione était resté sourd à la suite d'une fièvre thyphoïde ; il n'entendait pas même la sonnerie des cloches. Les médecins regardaient ce cas de surdité comme fort grave, d'autant plus que tous les efforts de leur art n'avaient pas abouti à la moindre amélioration.

Egidio n'ayant plus, du côté des hommes, aucun espoir de guérison, eut recours au Seigneur par l'intercession du Confrère Gabriel. Plein de confiance, il se rend à Isola, prie avec ferveur sur le tombeau du Serviteur de Dieu, se met dans les oreilles un peu de la poussière miraculeuse, et, quelques instants après, il entend à merveille, comme s'il n'avait jamais été atteint de surdité.

Leprosi mundantur. « Les lépreux sont guéris. »
A la guérison d'Elvira Cozzi, que nous avons dé-

jà racontée, se rattache étroitement celle d'un homme de Montréale, — Province d'Aquilla, — atteint depuis fort longtemps d'une sorte de lèpre.

L'état de cet infortuné inspirait une vive compassion, et un commencement de décomposition annonçait une mort prochaine. Ce n'est pas que les soins lui eussent manqué ; il avait consulté toutes les célébrités médicales de Naples et de Rome et avait suivi leurs prescriptions : stations balnéaires, remèdes de tous genre, si bien que son riche patrimoine était presque épuisé.

Le malheureux entendait parler des nombreux prodiges opérés au tombeau du Confrère Gabriel. Dans l'espoir d'y trouver lui aussi l'objet de ses ardents désirs, il s'y fit conduire. A son arrivée, il fut témoin du miracle dont fut favorisée l'heureuse Elvira Cozzi, et sentit s'enflammer encore son espérance. Tout le monde se mit pour lui en prières, et Elvira lui présenta un verre d'eau dans lequel on avait mis un peu de la poussière miraculeuse ; le malade ne l'eut pas plutôt avalé, qu'il sentit un changement dans tout son être ; l'appétit et les forces lui revinrent, et la décomposition s'arrêta pour faire place à une florissante santé.

Un autre homme du nom de Bernard, domicilié à Bisenti, gardait le lit depuis plus d'un an. Le mal cruel qui le rongeait achevait d'épuiser ses forces. On eût dit un lépreux. Ses flancs n'avaient presque plus de chair vive ; c'était un amas de pourriture. L'infortuné, abandonné des médecins, attendait la mort, lorsqu'on vint à lui parler du Confrère Gabriel et des grâces nombreuses obtenues par sa médiation. A ce récit, l'espérance renaît dans son cœur ; il veut avoir recours lui aussi au Serviteur de Dieu. Ne pouvant se rendre à Isola, il se fait apporter de la poussière miraculeuse et commence une neuvaine. A peine a-t-il appliqué la sainte relique sur ses horribles plaies, qu'il sent les forces revenir dans tous ses membres ; il descend de son lit et se met à marcher sans aucune difficulté. Le huitième jour de la neuvaine, toutes ses plaies étaient complètement fermées et guéries.

Marc Ciarelli de Tozzanella était affligé, depuis près de vingt ans, d'une maladie purulente qui répandait une odeur excessivement fétide. Le pauvre homme se voyait souvent, pour cela, en butte à des quolibets et à des plaisanteries qui lui causaient beaucoup de peine. Diverses opérations chirurgicales n'avaient rien changé à son état et on le regardait désormais comme incurable.

Le Confrère Gabriel, que Marc Ciarelli était allé invoquer à Isola, le guérit instantanément et complètement, comme en font foi les déclarations de plusieurs médecins.

A Mosciano un enfant était atteint de plusieurs maladies à la fois ; variole, dissenterie, catarrhe intestinal, fluxion de poitrine. Les docteurs n'espéraient plus l'arracher à la mort, et déjà les parents songeaient à commander le cercueil.

Une amie de la famille porte à la mère du petit moribond une image du Serviteur de Dieu; celle-ci l'accepte volontiers, et, pleine de confiance, la fait baiser à son cher enfant, qui ne tarde pas à s'endormir, l'image entre les mains. Bientôt il s'éveillait complètement guéri.

Les guérisons d'ulcères de toutes sortes, même

gangreneux, dus à l'intercession du Bienheureux, sont en nombre considérable et leur seule énumération remplirait des pages entières.

Aux prodiges déjà cités, nous en ajouterons un autre que la reconnaissance ne nous permet pas d'omettre.

Mademoiselle Marguerite Gabrielle Léonie de Chausenque, bien connue pour ses bonnes œuvres, dans toute la région de Tonneins (Lot-et-Garonne) fit construire en 1875, non loin de son château, un vaste couvent pour les Pères Passionistes. Elle voulait par cette fondation, toute personnelle, contribuer à la gloire de Dieu et au salut des âmes.

Cette éminente et généreuse bienfaitrice fut toujours d'une santé frêle et délicate. Au mois de Mars 1893, un mal dont elle souffrait depuis longtemps déjà l'avait réduite à toute extrémité. Le marasme, une toux spasmodique, une inflammation des intestins, une fièvre continue, divers autres symptômes graves ne laissaient plus d'espoir de la sauver. Le 17 Mars, le mal s'était considérablement aggravé, et la pieuse malade recevait le saint viatique à 9 heures du soir.

Le directeur de sa conscience, sous l'inspiration duquel nous écrivons ces lignes, avait reçu par la poste, ce jour-là même, une relique du Bienheureux Gabriel, envoyée par le R. P. Germano, qui ignorait d'ailleurs l'état de santé de notre bienfaitrice. Ce n'est que fort tard qu'il prit connaissance de l'envoi et alors qu'il avait déjà administré les derniers sacrements. Voyant dans la réception de cette relique comme une invitation du ciel, il en met quelques parcelles dans une potion, sans en rien dire à personne.

À peine le breuvage est-il absorbé que la malade s'endort d'un profond sommeil. En s'éveillant le lendemain matin, fête de l'archange saint Gabriel, elle se sent guérie, demande à manger et veut même se lever.

Le médecin l'avait quittée la veille au soir, disant qu'elle ne passerait pas la nuit. Mandé de bonne heure, il arrive et paraît stupéfait du changement survenu; mais bientôt, persuadé qu'il ne peut se trouver qu'en présence d'un mieux apparent, avant-coureur du dénouement fatal, il croit inutile de contrister le désir de manger manifesté par la malade et lui permet de satisfaire sa faim. Celle-ci le fait d'un appétit excellent qui ne se dément pas les jours suivants et lui rendit promptement ses premières forces.

Quinze jours après, une tumeur maligne se déclare soudain et menace d'occasionner une perforation. Le directeur spirituel, qui avait déjà expérimenté si heureusement le pouvoir du Courrège Gabriel, a de nouveau recours à son intercession, apporte la relique du Serviteur de Dieu et la pose à la malade de la placer au siège même du mal. Quelques heures plus tard, la tumeur se dissolvait et tout danger ultérieur disparaissait en même temps.

La même année, notre insigne bienfaitrice est frappée d'une fluxion de poitrine fort grave; elle en guérit instantanément à l'invocation de son céleste protecteur.

Aussi courait-elle faire rebas du rideau qu'elle fit placer dans la chapelle d'Isola, près du...

du Serviteur de Dieu, ces mots qui sont en même temps un témoignage de sa foi et de sa reconnaissance : *Il m'a sauvé la vie trois fois.*

On lit dans la vie si captivante de la séraphique vierge de Lucques, Gemma Galgani, (1) le récit de la guérison subite d'une maladie longue et cruelle qui avait réduit cette servante de Dieu à toute extrémité : « Ma famille, raconte la miraculée, faisait des triduums et des neuvaines pour ma guérison. Moi seule, réconfortée par les douces et tendres paroles que j'entendais de la bouche même de Jésus, je restais indifférente. Une de mes anciennes maîtresses vint me visiter une dernière fois, pour me dire adieu et au revoir au ciel, — j'étais si mal en effet ! — Elle me pressa toutefois de faire moi-même une neuvaine à la Bienheureuse Marguerite-Marie Alacoque, m'assurant que j'obtiendrais la grâce d'une guérison parfaite, ou d'une prompte mort qui m'ouvrirait le ciel. Pour lui faire plaisir je la commençai ; c'était le 23 février (1899). Quelques instants avant minuit, j'entendis un bruit de chapelet, puis une main se posa sur mon front, et une voix commença neuf fois de suite un *Pater, Ave, Gloria.* A peine répondais-je, tant j'étais faible. Cette voix me dit ensuite : *Veux-tu guérir ? Invoque avec ferveur chaque soir le Cœur sacré de*

---

(1) Cette vie merveilleuse, véritable drame de l'amour divin, a été publiée en italien en 1907 par le directeur spirituel de la servante de Dieu, le Père Germain, passioniste. Elle est traduite aujourd'hui en presque toutes les langues. Il existe deux éditions françaises : une de propagande, in-8° écu de 310 pages, impression compacte ; une de luxe et complète, in-8° raisin de 475 pages. En vente chez Prunet, libraire à Arras (Pas-de-Calais) et chez M. Mignard, libraire à Paris, 26, rue Saint-Sulpice.

Jésus. *Je viendrai près de toi tous les jours de la neuvaine et nous prierons ensemble.* C'était le Vénérable Gabriel, Passioniste, (1) qui revint en effet chaque soir. Il me posait toujours la main sur le front et nous récitions les prières au Sacré-Cœur de Jésus ; il m'y faisait ajouter trois *Gloria* en l'honneur de la Bienheureuse Marguerite-Marie. La neuvaine se termina le premier vendredi du mois. Je me confessai, et le matin de bonne heure je reçus, toujours clouée au lit, la sainte communion ; oh ! les moments délicieux que je passai avec Jésus !... Il me répétait : *Gemma, veux-tu guérir ?* Moi, d'émotion je ne pouvais répondre. Je dis alors du cœur : *Jésus, comme vous le voudrez vous-même.* Le bon Jésus ! la grâce était accordée, j'étais guérie. Deux heures ne s'étaient pas écoulées depuis la communion que j'étais debout. Ceux de ma famille pleuraient de bonheur. Moi aussi j'étais contente, non d'avoir recouvré la santé, mais parce que Jésus m'avait choisie pour sa fille. »

Nous ne poursuivrons pas davantage le récit des guérisons miraculeuses obtenues par la médiation du Confrère Gabriel. Un volume ne suffirait pas.

Il n'est pas non plus dans notre intention d'entreprendre ici l'apologie du miracle, ni de réfuter les objections plus ou moins spécieuses de l'incrédulité.

Le vrai miracle porte en lui-même sa propre justification, et ceux qui, avant tout examen, rejettent les faits miraculeux sans en excepter les miracles

---

(1) Le Bienheureux Gabriel n'était alors que Vénérable.

évangéliques, découvrent par là même les secrets de leur cœur.

Nous n'étonnerons personne en disant que les merveilles opérées au tombeau du Bienheureux Gabriel ont été l'objet de furieuses attaques, de la part de la presse impie d'au-delà des monts, comme l'ont été en France les éclatants miracles de Lourdes.

Les miracles du Sauveur n'ont-ils pas été, eux aussi, contredits, combattus ?

Bossuet va nous donner l'explication de ce mystère d'iniquité, sans cesse renouvelé à travers les siècles.

« Les incrédules s'écrient : Comment tout le monde n'a-t-il pas cru (en Jésus-Christ), s'il y a eu tant et de si grands miracles ? » Et le sublime écrivain de répondre : « Ils n'entendent pas le profond attachement du cœur humain à ses sens, et aux affaires qui les flattent : d'où suit une indifférence prodigieuse pour le salut. Ce qui fait qu'on ne daigne pas s'appliquer à ce qui se passe qui y a rapport, ni s'en enquérir ; et que ceux qui l'ont vu, s'étourdissent eux-mêmes pour n'y pas croire, de peur qu'en y croyant ils ne soient forcés de renoncer à tout ce qu'ils aiment, et d'embrasser une vie qui leur paraît si insupportable et si triste.

« Il faut donc entendre, qu'outre les miracles du dehors, il en fallait un au-dedans, pour y changer la mauvaise disposition des cœurs ; et c'est là l'effet de la grâce. De là vient que si peu de gens ont cru, encore qu'on ait vu tant de prodiges, et qu'ils eussent été écrits dès le commencement avec des circonstances si particulières, qu'il n'y avait rien de plus aisé que d'en découvrir la vérité ; comme il n'y eût rien eu de plus impudent, ni de plus capable de détromper les plus crédules, que de leur avancer tant de faits positifs, dont le contraire eût été si constant. Il n'y a eu que ceux qui ont assez aimé leur salut et la vérité, pour prendre soin ou de s'enquérir des choses qui se passaient en Judée à la vue de tout le monde, ou d'y faire, s'ils les voyaient, les réflexions nécessaires, afin de les voir d'un autre œil que le vulgaire attaché aux sens et aux préventions.

« Il ne faut plus s'étonner de l'aveuglement des Juifs, continue l'illustre évêque de Meaux, celui des impies et des hérétiques est à peu près de même genre ; les secrètes dispositions de tous ces gens-là devaient être découvertes.

« C'est que l'effort qu'il faut faire contre ses sens et contre soi-même, pour se donner tout entier à la vérité et à Dieu, est si grand que, plutôt que de le faire, ils aiment mieux étouffer la grâce et l'inspiration qui les y porte, et s'aveugler eux-mêmes. » (1)

Nous n'ajouterons rien aux réflexions profondes de Bossuet sur les causes de l'incrédulité en matière de miracle.

Les faits merveilleux rapportés par nous, si l'on en excepte un ou deux, sont tirés des Actes officiels présentés à la Sacrée-Congrégation des Rites. Ils ont été déclarés, avec pièces à l'appui et sous la foi du serment, devant les tribunaux ecclésiastiques

---

(1) *Méditations sur l'Evangile.* Préparation à la dernière semaine du Sauveur. 6ᵉ jour.

institués en vue de la Cause de Canonisation du Serviteur de Dieu, et revêtent par conséquent tous les caractères désirables d'authenticité.

Dieu s'est plu, on le voit, à manifester la sainteté de son fidèle Serviteur et à le glorifier d'autant plus que sa vie a été plus humble et plus cachée au monde. *Qui se humiliat exaltabitur.* (2)

---

(1) St. Luc XVIII, 14.

CHAPITRE XXVIII.

Les miracles d'ordre *moral* l'emportent sur les miracles d'ordre *physique*. — Prodigieuse transformation opérée par le Serviteur de Dieu chez les habitants d'Isola et des régions environnantes. — L'aimant des cœurs. — Glorification extraordinaire du Confrère Gabriel. — Pèlerinages incessants à son tombeau. — Pieuses manifestations ; le chant ; les offrandes ; argent miraculeux. — Les malades au tombeau de Gabriel.

Les miracles qu'il plaît à Dieu d'opérer dans l'ordre *physique* manifestent sans doute sa puissance et sa bonté ; mais ils ne sont ni les plus étonnants, ni les plus admirables ; ceux de l'ordre *moral*, qui ont pour effet la transformation des âmes, l'emportent d'autant plus sur les autres, que l'âme est supérieure à la matière ; aussi saint Augustin n'hésitait pas à déclarer que la conversion d'une âme est beaucoup plus admirable que la résurrection d'un mort. D'ailleurs les miracles matériels eux-mêmes ont pour but final le bien et la sanctification des âmes.

Le Confrère Gabriel a montré, par les multiples guérisons des corps, le crédit dont il jouit auprès de Dieu ; mais ce crédit nous apparaîtra beaucoup plus étendu, si nous considérons les merveilles spirituelles dont il a été l'instrument et qui achèvent en même temps de révéler son éminente sainteté.

Il nous reste à donner un aperçu des prodiges de ce dernier ordre, relatés par des témoins absolument dignes de foi. Le plus frappant est sans contredit la profonde transformation religieuse de la contrée qui s'étend tout autour d'Isola, et qui a par conséquent pour centre le tombeau du Serviteur de Dieu.

Par suite de la malice des temps actuels, et à cause du défaut d'instruction religieuse, la ferveur de la piété s'était refroidie depuis longtemps déjà, dans toute cette région des Abbruzzes, renommée auparavant pour la vivacité de sa foi. L'assistance aux offices était grandement négligée, la plupart n'approchaient plus des sacrements ; beaucoup n'avaient de chrétien que le nom ou ne conservaient de la religion que l'apparence. Que dire des mœurs ? Le blasphème, l'ivrognerie, le libertinage, et tous les autres vices, qui sont la funeste conséquence de l'affaiblissement de la foi s'étaient développés d'une manière déplorable.

Qu'on le remarque bien ; ce n'est pas d'une époque lointaine, mais d'un passé encore tout récent que nous traçons ce tableau. Des milliers de personnes pourraient rendre témoignage de son absolue vérité.

Or, c'est ici le lieu de redire cette parole célèbre : « Qu'avons-nous vu, et que voyons-nous ! quel état, et quel état ! » (1) Voici en effet ce qu'écrivait, peu de temps après l'exhumation, un zélé missionnaire qui était allé à Isola exercer le saint ministère comme confesseur. « Je bénis Dieu, disait-il, et je

---

(1) Bossuet. Discours pour la profession de Mme de la Vallière.

suis heureux des fatigues que le Serviteur de Dieu m'a occasionnées pour le bien des âmes. On se croyait vraiment au beau milieu d'une grande mission extraordinairement réussie. C'est le Confrère Gabriel qui prêche invisiblement, et c'est moi qui recueille les fruits de ses sermons.

« Ces populations, ajoute-t-il, avaient perdu l'usage des sacrements, mais elles se sont réveillées, elles ont secoué leur funeste indifférence grâce aux prédications secrètes du Serviteur de Dieu. Pauvres pécheurs! Ils viennent à pied, même de fort loin, demandant à se réconcilier avec le Seigneur. On assiège mon confessionnal, et, tel est le nombre des pénitents, que cinq ou six confesseurs ne suffiraient pas pour les entendre tous.

« O Dieu! quelles admirables conversions, et combien je suis peiné de ne pouvoir venir en aide qu'à un petit nombre! »

Le même missionnaire écrivait encore : « Je ne puis m'empêcher de verser des larmes en voyant le réveil de la foi dans ces populations. On n'entend plus de blasphèmes; l'ivrognerie a complètement disparu; les pécheurs les plus endurcis reviennent au Seigneur. « Nous avons un *saint* au milieu de nous, disent ces pauvres gens, nous ne pouvons pas demeurer plus longtemps dans l'inimitié de Dieu; et puis, comment se livrer au péché sous les propres yeux de notre *saint Gabriel !* »

« Remarquez-le bien, continue le même missionnaire, ce ne sont pas seulement les gens du peuple que l'on voit revenir aux pratiques de la religion, mais encore des personnes de qualité. Oh Dieu! quelle abondance de grâces! »

Un autre confesseur écrivait dans le même sens, et ajoutait que Monseigneur Hyppolite Agosto, évêque passioniste de Bulgarie, alors de passage à Isola, était tellement touché du spectacle qu'il avait sous les yeux que volontiers il y eût prolongé son séjour, pour venir en aide à tant d'âmes par le ministère de la confession.

« Ces sentiments du pieux évêque ne doivent pas nous étonner, ajoutait le confesseur, car il n'est pas rare de voir des pécheurs éloignés de Dieu depuis trente, quarante ans, demander avec larmes et avec les sentiments d'un vrai repentir à rentrer dans la bonne voie ! »

Chose remarquable ! Aucune mission ne s'était donnée dans la contrée depuis de longues années déjà, et, à l'occasion de ce concours de peuple au tombeau de Gabriel, il n'y avait pas non plus de prédications. C'est donc le Serviteur de Dieu qui avait allumé ce feu dans les âmes et qui l'y entretenait.

Un très honorable ecclésiastique de l'endroit écrivait : « Si vous voyiez tout le travail et tout le bien qu'il y a à faire ici ! » et après avoir parlé de diverses faveurs obtenues récemment par l'intercession du Serviteur de Dieu, il ajoutait : « Un prodige non moins grand, à mes yeux, c'est le réveil de la foi, l'amélioration des mœurs, le spectacle de tant de pécheurs qui reviennent à Dieu. »

Nous pourrions multiplier de semblables citations ; nous nous bornerons à mettre sous les yeux du lecteur les lignes suivantes d'un autre témoin oculaire.

« *Veni, vidi, obstupui !* (1) Ce qu'on m'avait écrit d'ici n'est pas la millième partie de ce que je constate maintenant par moi-même.

« C'est bien autre chose qu'un simple mouvement d'effervescence populaire ! Ce ne sont pas seulement des gens simples et ignorants que l'on voit arriver en foule. Cette pauvre chapelle du couvent d'Isola deviendra un des plus illustres sanctuaires d'Italie. Oui, s'il plaît au Seigneur de continuer comme il a commencé, nous verrons de grandes et belles choses. Je n'exagère point, croyez-le bien. »
Et après avoir parlé lui aussi « des grâces obtenues, des miracles nombreux, palpables, opérés sous les yeux de populations entières, » le même témoin ajoute : « En vous avouant que mes yeux sont devenus comme deux sources de larmes en présence de ces admirables manifestations de la divine miséricorde, je ne vous aurai point encore suffisamment exprimé les sentiments que j'éprouve au fond du cœur.

« Ce matin, je suis allé célébrer la messe à la chapelle ; je l'ai trouvée, comme à l'ordinaire, absolument remplie de fidèles qui versaient des larmes au tombeau du Confrère Gabriel, et chantaient des hymnes de louanges au Seigneur. C'est un spectacle qu'on pourrait presque comparer à Notre-Dame de Lourdes. »

Arrêtons-nous un instant à ces manifestations publiques de piété, dans lesquelles consistent les fruits de grâce les plus précieux recueillis avec tant d'abondance au tombeau du Serviteur de Dieu.

---

(1) Je suis venu, j'ai vu, et j'ai été frappé d'admiration.

Pendant sa vie, soit dans le monde, soit en religion, notre saint jeune homme paraissait être comme l'*aimant* des cœurs, — d'après les propres expressions de son directeur spirituel, — et tous ceux qui ont eu des rapports avec lui l'ont expérimenté. On se sentait attiré vers lui par une force en quelque sorte irrésistible, et excité, en même temps, à une grande ferveur, à des désirs plus vifs de perfection ; on recherchait volontiers son aimable et sainte conversation. Aujourd'hui, de son tombeau, il continue d'exercer cette attraction.

Il y a encore fort peu d'années que l'on a commencé à parler du Confrère Gabriel, et déjà cet angélique jeune homme s'est acquis l'affection et la vénération de tous. Dans la région d'Isola et même dans les provinces d'alentour, petits et grands, villageois et gens de qualité se sentent émus à son seul nom ; il n'est pas jusqu'aux mécréants eux-mêmes qui n'aient pour lui du respect. Chaque jour on voit accourir à son tombeau des personnes venues de très loin et auxquelles il a fallu, pour cela, surmonter parfois de nombreuses et grandes difficultés. Je ne sais, dit le R. P. Germano, à qui nous empruntons presque tout ce chapitre, je ne sais si dans les annales de l'Eglise il s'est trouvé un autre Serviteur de Dieu qui se soit acquis autant de gloire avant d'avoir reçu les honneurs de la Béatification. » C'est la pensée qu'expriment la plupart des prélats qui ont adressé au Saint Siège des *Lettres postulatoires* en vue de la Canonisation de ce saint jeune homme.

Si, durant sa vie le Confrère Gabriel s'était rendu célèbre par de grandes œuvres, des actions d'éclat ou par des miracles, l'on comprendrait que l'admiration et le culte dont il eût été l'objet, l'eussent suivi et se fussent même accrus après sa mort, comme il est arrivé pour un Vincent de Paul, un François Xavier, un Paul de la Croix ; mais, il importe de le redire, sa vie a été une vie entièrement cachée. Pendant les quelques années qu'il a passées dans le cloître, il n'a rien fait d'extraordinaire, rien qui fût capable d'attirer l'attention sur lui et de conserver sa mémoire ; et son souvenir ne vivait plus que dans la pensée de ceux qui avaient vécu avec lui.

Il faut donc reconnaître ici le doigt de ce Dieu qui est toujours *admirable dans ses saints*. (1)

Lorsque la dévotion dont sont l'objet, après leur mort, certains personnages pieux, est l'effet de sentiments purement humains, elle s'affaiblit graduellement et ne tarde pas à disparaître : on l'a vu maintes fois.

La dévotion inspirée par Gabriel n'a fait, au contraire, que se développer et grandir.

C'est à l'automne de 1892, comme nous l'avons dit, que commença le concours des pèlerins à son tombeau, et rien ne put le supprimer ou le ralentir : ni le froid intense, ni la neige qui tomba en grande abondance dans ces montagnes, pendant le rigoureux hiver qui suivit. Les gens, ne pouvant plus se servir de chevaux ni de voitures, venaient à pied. Quel touchant spectacle de voir des vieillards, des malades, de délicates jeunes filles s'ouvrir un sen-

---

(1) Ps. LXVII. 16.

tier dans la neige pour jouir de la consolation de baiser le tombeau de notre jeune saint !

En toute saison, un très grand nombre d'hommes s'arrachent à leurs travaux pressants ou à leurs occupations les plus chères, et viennent, même de très loin, satisfaire leur ardente dévotion envers le Serviteur de Dieu.

Comment dépeindre la ferveur de ces pèlerins, les manifestations de leur vive piété ! Durant le chemin, au lieu de causer, ils prient et chantent des cantiques. Arrivés à la porte de la chapelle, hommes et femmes se mettent ordinairement à genoux, et s'avancent ainsi jusqu'au tombeau de Gabriel. Là, tous se prosternent, baisent la pierre qui recouvre les ossements du juste et la baisent encore : on dirait qu'ils veulent y imprimer leur propre cœur. Ils ne retournent chez eux qu'après avoir donné, pendant plusieurs heures, libre carrière à leur pieuse vénération.

D'autres pèlerins, encore plus fervents, se prosternent dès qu'ils aperçoivent la chapelle, et parcourent à genoux le sentier escarpé qui y conduit.

Parmi les chrétiens qui affluent à Isola par centaines et par milliers, jusque des provinces éloignées, on en remarque de toutes les conditions. L'ouvrier, le cultivateur, le noble, tous les rangs se confondent dans un même sentiment de piété et de fraternité chrétienne.

On les voit arriver par tous les chemins et sentiers.

« Combien de fois, nous dit un témoin oculaire, me suis-je senti ému jusqu'aux larmes, à ce touchant spectacle ! C'est vraiment à se croire transporté aux grands sanctuaires de Lorette et de Lourdes ! »

Le chant est l'expression de l'amour, et c'est pourquoi il est beau ; mais sous l'influence du sentiment religieux il devient sublime et acquiert tant de puissance pour émouvoir le cœur, que saint Augustin, même avant son baptême, ne pouvait retenir ses larmes en entendant les chants de l'Eglise.

Au tombeau du Bienheureux Gabriel, tout le monde chante. Les pèlerins arrivent en chantant et en chantant s'en retournent chez eux.

Cet amour pour les pieux cantiques les a tellement pénétrés qu'ils en ont contracté l'habitude. Les bergers en gardant leurs troupeaux, les laboureurs en cultivant leurs terres, les enfants en se rendant à l'école, les familles réunies le soir, sur le seuil de la demeure, tous chantent, l'esprit et le cœur dirigés vers le Bienheureux Gabriel.

Et, chose surprenante d'abord, la très sainte Vierge est le sujet ordinaire des chants, inspirés certainement par le Serviteur de Dieu.

Le refrain suivant, qui est de saint Alphonse de Liguori, se trouve sans cesse sur les lèvres de ces braves gens.

Evviva Maria,
Maria Evviva,
Evviva Maria
E Chi la Creò (*)

Il est à observer qu'il n'était nullement en usage parmi ce peuple ; les habitants d'Isola, comme ceux

---

(*) Vive Marie, et Celui qui l'a créée. Ce refrain répond à l'*Ave Maria* de Notre-Dame de Lourdes.

des régions environnantes, l'ont appris comme spontanément et le chantent de même.

Comment expliquer ce fait ? Le lecteur peut se rappeler que la très sainte Vierge était en quelque sorte le *tout* du Confrère Gabriel, pendant sa vie ; en retour la très sainte Vierge paraît avoir voulu être la cause première de sa glorification.

C'est ce que les fidèles ont compris ; voilà pourquoi ils aiment à unir dans un même sentiment d'affection la très sainte Vierge et son enfant bien-aimé ; voilà pourquoi ils invoquent Marie par l'intercession de Gabriel, et prient ce grand Serviteur de Marie d'intercéder auprès de notre commune Mère. Tel est le secret de l'*Evviva Maria*, de ce chant qui, depuis le 17 Octobre 1892 jusqu'à ce jour, a embaumé et sanctifié les airs, les plaines, les vallons d'Isola.

Tant il est vrai que ce sont souvent les gens dont la foi est plus simple qui comprennent mieux les choses célestes et en tirent un meilleur profit, conformément à ces paroles du Psalmiste : « C'est de la bouche des enfants que vos louanges, ô Seigneur, sortent plus agréables et plus parfaites ! »

Ce n'est pas seulement par des chants pieux que les pélerins manifestent leur affection et leur dévotion envers le Serviteur de Dieu. Saint Grégoire a dit que « l'amour consiste surtout dans les œuvres ; » et parmi les œuvres celles-là méritent sans doute le premier rang, qui nous coûtent davantage, comme le sacrifice des biens que nous possédons.

Sous ce rapport, la piété des fidèles envers le Serviteur de Dieu brille d'une manière vraiment admirable. Non contents de lui donner leur cœur, ils voudraient pouvoir lui offrir tout ce qu'ils ont. Lorsqu'ils se rendent en pélerinage à son tombeau, ils emportent leurs plus riches ornements pour en faire don à celui qu'ils appellent *leur ange*, et, leurs dévotions terminées, ils vont déposer ces présents à la sacristie, comme un témoignage de leur piété envers lui et de leur confiance en son intercession. La femme lui consacre ses pendants d'oreilles, ses colliers, ses bracelets d'or, parfois même l'anneau nuptial ; l'homme, ses épinglettes ; le soldat suspend à côté de tous ces objets de luxe la médaille ou la croix d'honneur que sa valeur lui a méritée. D'autres apportent des bougies, des cierges, des vases de fleurs. La pauvre paysanne lui offre aussi ce qu'elle a de plus précieux, le foulard dont elle se couvre la tête ; tous enfin rivalisent de zèle pour honorer leur bien-aimé *saint*.

Les plus pauvres veulent, eux aussi, donner leur petit tribut et le prélèvent sur leur nécessaire.

Cécile Liberatore d'Isola, personne d'ailleurs assez naïve, se lamentait de n'avoir pas même une obole à offrir au Serviteur de Dieu. Un jour qu'elle s'en allait prier à son tombeau, se désolant plus que jamais de ne pouvoir rien lui offrir, un enfant, qui voulait sans doute la plaisanter, lui donna un bouton qu'il venait de ramasser. En le mettant dans la poche, la pauvre fille crut entendre un son de pièces de monnaie. Elle regarde aussitôt et, à sa grande surprise, trouve trois pièces d'argent : somme telle que jamais peut-être elle n'en avait eu d'aussi forte. Toute joyeuse de posséder une pareille fortune, elle hâte le pas, et, sans souci de sa pauvreté, va déposer son trésor miraculeux sur le tombeau du saint. Les trois pièces d'argent furent recueillies et conservées avec soin et on donna à la bonne Cécile une somme équivalente dont elle pût se servir dans son dénuement.

Daigne le Seigneur, par les mérites de son Serviteur, bénir du haut du ciel, et récompenser largement de leur piété tous ces bons chrétiens, qui pratiquent ainsi le conseil que lui-même donne dans le saint Evangile : « Faites-vous des amis avec l'argent d'iniquité, afin qu'à votre mort, ils vous reçoivent dans les tabernacles éternels. » (1)

Après avoir parlé des pélerinages que font au tombeau du Serviteur de Dieu des paroisses entières, de la tenue des pélerins, de leurs chants et de leurs offrandes, nous pourrions dire comment s'organisent ces pieux voyages, les démonstrations de foi extraordinaires dont ils sont l'occasion durant le trajet et dans l'église, les impressions causées par ces touchants spectacles ; nous nous bornerons à quelques mots touchant les malades qui viennent y demander la santé perdue.

Presque chaque groupe de pélerins amène des aveugles, des paralytiques, des infirmes de toute sorte dans l'espoir d'obtenir de Dieu quelque guérison.

Arrivés à l'église, on les dépose à l'endroit où étaient les restes du Bienheureux et qui contient encore de la poussière de ses chairs consumées. A toute heure, on y voit de ces pauvres infortunés implorer la grâce divine. On se dirait transporté à la piscine probatique de Jérusalem, où les malades

---

(1) Luc. XVI. 9.

attendaient autrefois que l'Ange du Seigneur agitât l'eau qui devait rendre la santé à l'un d'entre eux. Gabriel, ce nouvel ange de la terre dont on a tant de fois expérimenté le pouvoir, inspire une vive confiance à tous les cœurs, et il est rare qu'un jour se passe sans que cette confiance ne soit récompensée par des prodiges.

Nous n'essaierons pas de dépeindre les scènes qui se produisent à chaque guérison miraculeuse ; pour s'en faire une idée, il faudrait les avoir vues de ses yeux. Des témoins oculaires nous ont affirmé, qu'en dehors de Lourdes ils n'ont nulle part rien vu de semblable.

Tant de merveilles opérées pour la gloire de Dieu et le profit spirituel des âmes ne pouvaient que déplaire souverainement au démon, l'ennemi juré de Dieu et de tout bien ; aussi a-t-il suscité, dès le principe, toutes sortes d'obstacles afin de détruire le bien déjà accompli et d'empêcher celui qu'il prévoyait.

Pour réussir dans cet infernal dessein il usa de mille artifices ; l'esprit du mal réunit en un faisceau les passions antireligieuses d'hommes pervers, toujours ses instruments dociles, et les déchaîna contre l'œuvre de Dieu.

Aurait-on pu croire que, dans une contrée où la religion est respectée par ceux-là même qui n'en observent guère les préceptes, aurait-on pu croire que la glorification d'un nouveau Serviteur de Dieu dût soulever une telle opposition et des haines si ardentes ?

A peine en effet les merveilles opérées par le Confrère Gabriel commençaient-elles à se divulguer, que toute la mauvaise presse se soulevait avec fureur, comme s'il se fût agi d'un grave danger pour le bien public et du salut même de la nation entière. Ces journaux, qui semblent ne poursuivre qu'un seul but : la diffusion de l'immoralité, et qui sont, hélas ! en Italie comme ailleurs, presque la seule source où le peuple aille puiser, ne cessaient de vomir les insultes les plus ineptes et les plus impudentes contre Dieu, contre ses saints, contre la religion et ceux qui la pratiquent.

La secte qui se glorifie d'avoir Satan pour chef s'occupa d'une affaire aussi grave, dans ses ténébreuses assemblées, et elle employa tant et de si puissants moyens d'action, que cette œuvre eût été détruite dès son principe, si elle n'avait eu Dieu pour auteur. On soudoya des gens prêts à tout, qui parcouraient les campagnes pour désillusionner le peuple, disaient-ils ; on cria sur tous les tons à l'imposture et l'on fit même appel aux tribunaux civils et aux premiers dignitaires du gouvernement.

Mais ce fut en vain, car rien ne saurait prévaloir contre Dieu. La guerre, entreprise avec tant d'acharnement par l'enfer et ses adeptes, ne servit qu'à faire briller davantage l'œuvre du Seigneur qui continua à grandir au milieu de ces oppositions et de ces obstacles formidables.

Le peuple fidèle, bien loin de se laisser effrayer par toutes ces clameurs, par toutes ces menaces, a continué de se rendre au tombeau du Confrère Gabriel et d'en rapporter de nombreux avantages spirituels et temporels.

« Je crois, disait le Postulateur de la Cause du Confrère Gabriel, je crois que Dieu a de grands desseins sur son Serviteur. Pour moi, les merveilles si nombreuses et si éclatantes qu'il lui a plu d'accomplir dans le cours de ces dernières années, ne sont qu'un prélude de faveurs encore plus grandes que nous réserve sa miséricordieuse Providence. Aujourd'hui sans doute, l'esprit des ténèbres s'agite avec fureur, il redouble d'efforts pour perdre les âmes et menace la société d'une entière destruction ; l'irréligion et le libertinage semblent triompher, mais le ciel nous donnera remède et secours.

« Pour reconstituer sa vie morale, l'homme a besoin de retrouver la foi ; il a besoin de redevenir chrétien pour triompher des maux qui l'environnent et des attaques dont il est l'objet. La société actuelle ne saurait parvenir à un tel résultat par la seule prédication de la parole de Dieu ; aujourd'hui que le monde est en quelque sorte identifié avec la matière, il lui faut, comme aux temps apostoliques, des miracles visibles, palpables, et Dieu toujours plein de bonté se penche vers l'homme redevenu païen et fait éclater à ses yeux des miracles.

« Devant ces marques extérieures de la puissance d'en haut, force est à l'homme de reconnaître et de proclamer l'existence de l'Etre souverain ; il se sent excité en même temps à admirer les saints qui sont les instruments ordinaires dont Il se sert pour opérer ses miracles.

« Le thaumaturge, dès lors, devient un objet de vénération ; les vertus pratiquées par lui, et dont les miracles sont la marque authentique, apparaissent plus belles, plus éclatantes et inspirent le noble désir de les imiter, de les retracer en soi-même ; le désir, en un mot, de vivre comme les saints ont vécu.

« Ces heureux fruits, nous les avons vus se produire au tombeau du Bienheureux Gabriel ; ils se sont multipliés d'une manière admirable et tout à fait extraordinaire ; et nous avons lieu d'espérer que Dieu opèrera encore de plus grandes choses, en faveur des hommes, par le moyen de son fidèle Serviteur. »

CHAPITRE XXIX.

La Béatification

Enquêtes canoniques préliminaires. — La Révision des *Écrits* du Serviteur de Dieu. — Introduction de la cause de Béatification. — Décret de *l'héroïcité* des vertus. — Approbation de deux miracles requis pour la Béatification. — La solennité de la Béatification.

C'est au mois de Septembre 1894 que les Supérieurs de la Congrégation des Passionistes prirent la détermination de proposer à la Sacrée Congrégation des Rites l'introduction de la Cause de Canonisation du Confrère Gabriel de l'Addolorata.

L'autorité ecclésiastique entreprit en conséquence les Procès ou Enquêtes canoniques, d'abord dans la ville de Spolète, que le Serviteur de Dieu avait habitée durant toute son adolescence, et qu'il n'avait quittée que pour entrer dans la vie religieuse.

Les pièces de cette enquête furent portées successivement, pour y être complétées, à Terni, à Rome, à Albano et à Penne, où se trouvaient diverses personnes ayant connu particulièrement le saint jeune homme et pouvant rendre témoignage à ses vertus ou aux prodiges qu'il avait plu à Dieu d'opérer par son intercession. Il fut facile de recueillir d'importantes dépositions de la part de ses frères, de sa sœur, de ses anciens condisciples de collège, de plusieurs de ses anciens maîtres, des religieux ses confrères et surtout du Père spirituel qui l'avait eu sous sa direction jusqu'à son dernier soupir.

Ce Procès canonique se trouva régulièrement achevé vers la fin de 1894, et toutes les pièces en furent présentées à la Sacrée-Congrégation des Rites. L'Eminentissime Cardinal Aloïsi-Mazella, Préfet de cette Congrégation, et grand admirateur du Serviteur de Dieu, voulut être lui-même le *Ponent* de cette Cause, et c'est grâce à son zèle qu'elle ne tarda pas à se trouver en très bonne voie.

Les *Ecrits* de Gabriel, recueillis avec le plus grand soin, furent soumis à l'examen de plusieurs Eminentissimes Cardinaux qui émirent unanimement un vote d'approbation. Ces princes de l'Eglise avaient été profondément émus et édifiés à la lecture de ces documents, peu nombreux, il est vrai, mais sortis du cœur du saint jeune homme, tout empreints d'une piété solide et éclairée.

Le moment était venu de proposer officiellement l'introduction de la Cause. L'acceptation par Rome, c'était le glorieux titre de *Vénérable* décerné au Serviteur de Dieu.

Préalablement à cet acte important, il fallait provoquer, de la part des plus illustres personnages du monde catholique, des suppliques adressées au Saint Siège en vue de l'introduction de la Cause.

Ce fut alors comme un concert unanime de prières adressées au Saint Père par l'Eglise, en la personne de ses Cardinaux, de ses évêques, des Supérieurs Généraux d'Ordres religieux, qui tous exprimaient un ardent désir de voir accorder les honneurs des autels à l'humble religieux de la Passion, mort en odeur de sainteté.

Toutes ces *Lettres postulatoires*, ainsi qu'on en a fait la remarque, sont comme autant de panégyriques à la gloire du Serviteur de Dieu. Les illustres personnages dont elles portent la signature témoignent en effet de leur admiration pour ses sublimes vertus ; ils déclarent avoir pour lui des sentiments de tendre dévotion, et ajoutent ordinairement que leurs sentiments sont partagés par le peuple commis à leurs soins, et au milieu desquels le nom de Gabriel s'est répandu, grâce surtout aux nombreuses faveurs obtenues par son intercession.

Léon XIII accueillit avec bienveillance ces prières venues presque de partout, et le 7 Juillet 1896, il signait le Décret de l'*Introduction de la Cause* du *Vénérable* Gabriel de l'Addolorata.

Bientôt après, dans la Congrégation appelée Rotale, fut examiné le point particulier *de non cultu* ; Il s'agissait de constater que le Vénérable n'avait point reçu le culte public que les lois canoniques réservent aux seuls Serviteurs de Dieu honorés par l'Eglise du titre de Bienheureux.

L'enquête menée à ce sujet dans le diocèse de Penne, où se trouve le corps de Gabriel, ayant démontré sur ce point la parfaite observation des lois de l'Eglise, le tribunal de Rote déclara, le 5 janvier 1897, que rien ne s'opposait au progrès de la Cause.

Le Saint Père se montra fort satisfait de ce jugement et accorda très volontiers la dispense de l'examen du renom de sainteté, d'ailleurs si manifeste.

Alors commencèrent dans le diocèse de Penne et

de Térame, ainsi qu'à Rome, les Procès apostoliques relatifs aux vertus et aux miracles du Serviteur de Dieu. Ces diverses Enquêtes canoniques furent approuvées, ainsi que les précédentes, après un long et sérieux examen. La Postulation se trouvait donc en mesure de demander à la Sacrée-Congrégation des Rites la discussion de l'héroïcité des vertus du Vénérable Gabriel. Il fallait cependant, au préalable, obtenir la dispense de la loi si prudente qui interdit de passer à l'examen spécial des vertus d'un Serviteur de Dieu, s'il ne s'est écoulé 50 ans depuis sa mort.

Le Saint Père, connaissant très bien le mérite particulier de la Cause, accorda volontiers cette dispense. Ainsi, par une rare exception, et onze mois seulement après l'Introduction de la Cause, fut commencé et poursuivi l'examen canonique des vertus du Serviteur de Dieu dans les trois Congrégations ordinaires. La première, appelée *Antipréparatoire*, se tint le 23 juillet 1902 ; la seconde, *Préparatoire*, le 28 juin 1904, et la dernière ou *Générale*, le 2 mai 1905, en présence du Souverain Pontife lui-même.

Dix jours plus tard, le saint Père publiait le Décret déclarant que « le Vénérable Gabriel de l'Addolorata avait pratiqué jusqu'à *l'héroïsme* les vertus théologales de foi, d'espérance et de charité, ainsi que les vertus cardinales de prudence, de justice, de force et de tempérance, avec les vertus annexes. »

La Cause de Béatification avait fait un pas considérable, mais il restait l'examen juridique des miracles exigés par les lois canoniques et qui sont comme le témoignage divin de la sainteté d'un Serviteur de Dieu.

Sur ce point, la Postulation avait, peut-on dire, l'embarras du choix, si nombreux étaient déjà les prodiges attribués à l'intercession de notre Vénérable.

Trois miracles furent présentés : la guérison instantanée de Marie Mazzarella, d'Isola du grand Rocher, atteinte de tuberculose ; celle de Dominique Tibéri, affligé d'une très grave hernie, instantanément disparue aussi ; et enfin la guérison parfaite de la Sœur Marie de N.-D. de Pompéi, religieuse du Couvent des Réparatrices de Rome. Toutefois, comme la Cause du Vénérable Gabriel était presque entièrement appuyée sur des témoignages *de visu*, la Sacrée-Congrégation des Rites n'exigea que deux miracles, conformément à sa pratique en pareille occurrence, et l'on s'en tint aux deux premiers.

Leur examen approfondi se poursuivit pendant près de trois ans, et ils furent plus solennellement discutés dans les trois Congrégations ordinaires : l'*Antipréparatoire*, qui eut lieu le 28 Mai 1906 ; la *Préparatoire*, le 28 Mai 1907 ; et la *Générale*, présidée par le Souverain Pontife en personne, le 14 janvier 1908.

Douze jours plus tard paraissait le Décret pontifical approuvant solennellement, comme miracles certains et authentiques, les deux guérisons citées plus haut.

Le 28 Avril suivant, fête de saint Paul de la Croix, fondateur des Passionistes, se tenait au Vatican une dernière Congrégation, dite *de Tuto*, pour s'assurer que plus rien ne s'opposait à la Béatification solennelle du Vénérable Gabriel.

Enfin, le dimanche 3 Mai, avait lieu dans la salle du Consistoire, en présence de Pie X, entouré de plusieurs hauts dignitaires de sa cour, et devant une nombreuse assemblée de religieux et de fidèles, la lecture du *Décret* déclarant que l'on pouvait procéder en toute assurance à la Béatification du Vénérable Serviteur de Dieu dont la solennité était fixée au 31 du même mois.

Que dirons-nous maintenant de cette splendide fête qui s'est déroulée à Saint-Pierre et dont tous ceux qui en ont été les heureux témoins conserveront un ineffaçable souvenir.

Le vaste chœur de la basilique, où s'était célébrée successivement, les deux dimanches précédents, la Béatification de deux fondatrices de Congrégations françaises : la bienheureuse Postel et la bienheureuse Barat, conservait encore sa simple et grandiose ornementation.

Bien avant l'heure fixée pour la cérémonie, toutes les tribunes dressées pour la circonstance, et toutes les autres places réservées sont occupées, surtout par des membres de nombreuses Congrégations religieuses établies à Rome.

Au premier rang figure la Congrégation des Passionistes à laquelle appartient le nouveau Bienheureux. Elle est là, représentée par les Supérieurs des provinces de diverses nations, réunis à Rome pour le Chapitre Général.

On remarque surtout le R. P. Norbert, presque octogénaire, celui-là même qui fut le Directeur et le Père Spirituel de Gabriel depuis son entrée en religion jusqu'à sa sainte mort.

Dans la tribune qui fait face à celle des Passionistes on aperçoit le seul survivant des frères du Bienheureux Gabriel, monsieur le docteur Michel Possenti, dont l'attitude dit toute l'émotion ; à ses côtés se trouvent quelques membres de sa famille.

Sur les parois latérales du chœur deux immenses tableaux reproduisent la scène des deux miracles, placés vis-à-vis, approuvés pour la Béatification ; et, spectacle touchant, Dominique Tibéri, l'un des deux miraculés est là, vivant témoignage de la puissance du nouveau Bienheureux.

Soudain, tous les regards se dirigent vers la grande nef de la basilique où l'on voit apparaître et se dérouler l'imposant cortège des dignitaires ecclésiastiques : évêques, archevêques et cardinaux s'avancent et vont prendre place dans l'enceinte sacrée.

Au milieu d'un silence solennel, lecture est donnée du *Décret* de Béatification. A peine les dernières paroles sont-elles prononcées que le vaste chœur s'illumine de mille feux électriques et l'on voit resplendir, au-dessus de la chaire de Saint-Pierre, l'image merveilleusement belle du jeune Bienheureux.

En même temps éclate majestueux, grandiose, le *Te Deum*, chanté par des milliers de voix et répété par les échos de l'immense basilique.

L'auguste cérémonie se continue et s'achève par la célébration solennelle du saint Sacrifice de la messe, offert à Dieu en l'honneur du Bienheureux Gabriel.

La cérémonie du soir fut encore plus imposante

par le nombre beaucoup plus considérable de fidèles, et surtout par la présence du Souverain Pontife lui-même, venu, porté sur la *Sedia gestatoria*, escorté par sa garde noble et entouré de tous les cardinaux présents à Rome, qui lui forment une couronne d'honneur.

Quel spectacle que celui du Vicaire de Jésus-Christ prosterné devant les reliques de l'humble religieux de la Passion, auquel il vient de décerner au nom du ciel les honneurs de la Béatification !

C'est ici que l'Eglise apparaît, avec un éclat incomparable, la grande école de la vertu ; la seule école qui l'enseigne avec autorité et qui la couronne dès ici-bas avec tant de magnificence.

Mais toutes les fêtes de la terre finissent.

Après avoir prié le nouveau Bienheureux et assisté au chant de l'hymne composé en son honneur, le Saint Père se retire au Vatican, tandis que la foule des fidèles qui remplit la vaste basilique s'écoule, redisant encore dans son pieux enthousiasme les louanges du héros de cette inoubliable journée.

Et maintenant, ô Gabriel, notre bien-aimé frère, du haut du trône de gloire où vous régnez dans l'éternité, abaissez des regards de bonté sur nous tous, plus que jamais exposés dans ce monde mauvais.

Protégez, au milieu de la tourmente actuelle, cette Congrégation aimée où vos vertus ont trouvé un si magnifique épanouissement, et qui vous regarde aujourd'hui comme un de ses plus beaux joyaux. Veillez sur la jeunesse chrétienne dont le Vicaire du Christ vous a proclamé le modèle et le protecteur ; préservez-la de l'affreuse corruption contemporaine. Obtenez à tous ceux qui vous invoquent la grâce d'imiter vos vertus, votre amour du divin Crucifié et de la Mère des douleurs, pour qu'un jour une douce mort, semblable à la vôtre, les mette en possession des torrents de bonheur où votre âme s'abreuve dans les cieux.

TABLE DES MATIÈRES

	Pages
AVANT-PROPOS	7
APPROBATIONS	11

Enfance et Adolescence

CHAPITRE I. — Naissance du Bienheureux. — Ses parents. — Il perd sa mère vers l'âge de 4 ans. — Noble caractère de son père, et soin qu'il prend de l'éducation de ses enfants. — Qualités et défauts de François 15

CHAPITRE II. — François fréquente l'école des Frères. — Sa Première Communion. — Il fait ses humanités au Collège des Jésuites à Spolète. — Le cœur de François se partage entre les sentiments de la piété et les vanités du monde 27

La Vocation

CHAPITRE III. — La vocation religieuse. — Le Bienheureux se sent appelé à la Congrégation de la Passion. — Double épreuve. — Circonstance mémorable qui détermine François à renoncer aux vanités du siècle. 38

CHAPITRE IV. — Le Bienheureux fait connaître à son directeur spirituel sa résolution d'entrer en religion. — Il demande à son père la permission de partir. — Sage détermination de monsieur Possenti 49

CHAPITRE V. — Le Bienheureux foule aux pieds l'orgueil du monde. Il fait ses adieux à sa famille. — Séjour des deux frères à Lorette. — Ils s'arrêtent quelques heures à Civitanova. — Leur arrivée au couvent des Pères Capucins de Morrovalle 55

CHAPITRE VI. — Action de Dieu sur les âmes. — Dernières heures passées dans le monde par le Bienheureux Gabriel. — Trait vraiment touchant de sa générosité envers Dieu 64

Noviciat. — Profession religieuse. — Scolasticat

CHAPITRE VII. — Le Bienheureux revêt le saint habit de la Passion. — Explication de la cérémonie de Vêture. — François manifeste son bonheur dans une lettre à son père. — Autre lettre à un condisciple de collège 69

CHAPITRE VIII. — Le Bienheureux renonce complètement au monde. — Ses lettres à sa famille. — Il dissuade ses parents des visites qu'ils désiraient lui faire. — Son entrevue avec sa sœur Thérèse. — Son jugement sur certains divertissements du monde 80

CHAPITRE IX. — Amour du Confrère Gabriel pour la vie religieuse et la Congrégation à laquelle Dieu l'a appelé. — Il exprime dans ses lettres le bonheur qu'il y a trouvé. — Son attachement au saint habit : scène attendrissante 99

CHAPITRE X. — Année de probation. — Les vœux de religion. — Cérémonie de la Profession. — Sentiments du Serviteur de Dieu 113

CHAPITRE XI. — Le Bienheureux va étudier la philosophie à Piévétorina et la théologie à Isola du Grand Rocher. Ses conseils à ses frères qui suivaient les cours du collège de Spolète. — Noble but qu'il se proposait dans ses études. — Il reçoit les Ordres mineurs. — Lettre à son frère Henri récemment élevé au Sacerdoce 120

Vie intérieure

CHAPITRE XII. — Vie intérieure. — Le Confrère Gabriel n'agit que sous son impulsion surnaturelle. — Moyens dont il se sert pour la maintenir et la développer en lui. — Comment il la manifeste au dehors et dans sa correspondance. — Témoignage rendu à sa vie intérieure 131

CHAPITRE XIII. — Oraison et méditation. — Zèle du Serviteur de Dieu pour acquérir et accroître en lui l'esprit d'oraison. — Moyens qu'il emploie pour bien faire la méditation. — Prière ou oraison perpétuelle. — On interdit au Bienheureux l'exercice de la méditation — Comment il la pratique dans la nourriture, Comment des créatures il s'élève au Créateur. — Efforts impuissants du démon pour troubler la paix de son âme 146

Vœux de religion

Chapitre XIV. — Les Conseils évangéliques. — Le vœu d'obéissance. — Délicatesse de l'obéissance de Gabriel. — Bonheur qu'il goûte dans la pratique de cette vertu. — Avec quelle admirable simplicité il se laisse guider par son directeur spirituel. — Son estime de la Règle. — Sa ponctualité à observer la règle du silence 161

Chapitre XV. — Le vœu de pauvreté. — Amour du Serviteur de Dieu pour la sainte Pauvreté. — Comment il la pratique dans la nourriture, le vêtement, la cellule. — Son dépouillement au moment de la mort. — Son amour des pauvres. — Comment il les console et les encourage. — Lettres admirables à son père pour l'exhorter à la pratique de la charité envers les pauvres. 177

Chapitre XVI. — Le vœu de chasteté. — Amour de Gabriel pour l'angélique vertu. — Comment il la pratique dans ses regards, dans ses paroles, dans son maintien. — Trait touchant qui montre son extrême délicatesse à l'endroit de la chasteté. — Zèle qu'il déploie pour en inspirer l'amour. 190

Principales vertus.

Chapitre XVII. — L'humilité, fondement de toutes les vertus. — Basse estime que Gabriel avait de lui-même : il se regarde comme le dernier de tous. — Son amour des humiliations. — Comment il reçoit les reproches de ses supérieurs. — Il triomphe du démon de l'orgueil. — Le monde croit faussement que l'humilité déprime le caractère........ 197

Chapitre XVIII. — Affection de Gabriel pour ses

frères ; il manifeste des préférences. — Comment il s'oublie lui-même pour rendre service à ses frères ; il se fait leur avocat, leur caution. — Sa conduite par rapport à la charité dans les conversations. — Il est plein de compassion pour les plus grands pécheurs — Amour du Serviteur de Dieu pour les malades. — Son dévouement pour le salut des âmes. — Il se fait l'*apôtre* du Purgatoire 206

CHAPITRE XIX. — La mortification chrétienne. — Avec quelle ardeur le Serviteur de Dieu s'adonne à la pratique de cette vertu. — Il ne se contente pas des mortifications communes. Sa docilité envers son directeur dans la pratique de la pénitence. — Comment il supplée aux mortifications extraordinaires. — Triomphe qu'il remporte sur lui-même par la vertu de mortification 219

CHAPITRE XX. — La joie n'est pas incompatible avec la sainteté. — Aimable gaîté du Confrère Gabriel. — Le Serviteur de Dieu conserve son âme dans un calme imperturbable. — Motifs sur lesquels était fondée l'assurance dont il jouissait par rapport à son salut éternel. — La gaîté, la joie de son âme provenait aussi de ses continuelles victoires sur l'ennemi de tout bien. — Douceur du joug du Seigneur 228

Moyens de sanctification

CHAPITRE XXI. — Moyens dont le Confrère Gabriel s'est servi pour se sanctifier. — Son attrait puissant pour la passion de Notre-Seigneur Jésus-Christ dont il fait l'objet ordinaire de ses pensées. — Son amour pour l'Eucharistie. — Comment il assiste à la sainte Messe et se prépare à la sainte Communion. — Sa dévotion au Sacré-Cœur de Jésus 235

CHAPITRE XXII. — Dévotion extraordinaire du Confrère Gabriel pour la très sainte Vierge. — Cette dévotion forme le trait le plus caractéristique de sa vie. — Sources auxquelles il l'a puisée. — Extraits de ses lettres et d'un petit écrit composé par lui et intitulé : *Symbole de Marie* 245

Chapitre XXIII. — Prédilection du Confrère Gabriel pour les douleurs de Marie. — Comment le Serviteur de Marie accomplissait l'obligation où nous sommes d'en garder pieusement le souvenir. — Il se fait l'apôtre de la Reine des martyrs. — Dernière lettre du Bienheureux, renfermant comme le testament de sa dévotion envers Marie 257

Maladie. — Mort

Chapitre XXIV. — Le Serviteur de Dieu est atteint de phtisie pulmonaire.— La maladie ne ralentit point son zèle pour la perfection. — Son vif désir de la mort. — Comment il reçoit la nouvelle de l'approche imminente de sa fin. — Le saint Viatique. — Beaux exemples de vertu 271

Chapitre XXV. — L'Extrême-Onction. — Le Serviteur de Dieu remporte une victoire décisive sur l'ennemi de tout bien. — Les approches de la mort : scène attendrissante. — La vision extatique. — Bienheureux trépas du Serviteur de Dieu. 282

Glorification

Chapitre XXVI. — Renom de sainteté du Confrère Gabriel. — Témoignage du R. P. Norbert. — Le tableau du Serviteur de Dieu est placé au scolasticat de la Scala Santa. — Projet de transfert des restes du Serviteur de Dieu. — Reconnaissance et exhumation de son corps. — Manifestations de pieuse confiance envers le Confrère Gabriel 292

Chapitre XXVII. — La sainteté du Confrère Gabriel manifestée par de nombreux miracles. — Marie Mazzarella ; Dominique Tibéri, etc. Le Confrère Gabriel réalise ce texte évangélique : *Les aveugles voient, les boiteux marchent, les lépreux sont guéris, les sourds entendent, les morts ressuscitent* 302

Chapitre XXVIII. — Les miracles d'ordre *moral* l'emportent sur les miracles d'ordre *physique*. — Prodigieuse transformation opérée par le Serviteur de Dieu chez les habitants d'Isola et des régions environnantes. — L'aimant des cœurs. — Glorification extraordinaire du Confrère Gabriel. — Pélerinages incessants à son tombeau. — Pieuses manifestations ; le chant ; les offrandes ; argent miraculeux. — Les malades au tombeau de Gabriel 327

CHAPITRE XXIX. — La Béatification : enquêtes canoniques préliminaires. — La révision des écrits du Serviteur de Dieu. — Décret de l'*héroïcité* des vertus. — Approbation de deux miracles requis pour la Béatification. — La solennité de la Béatification 342

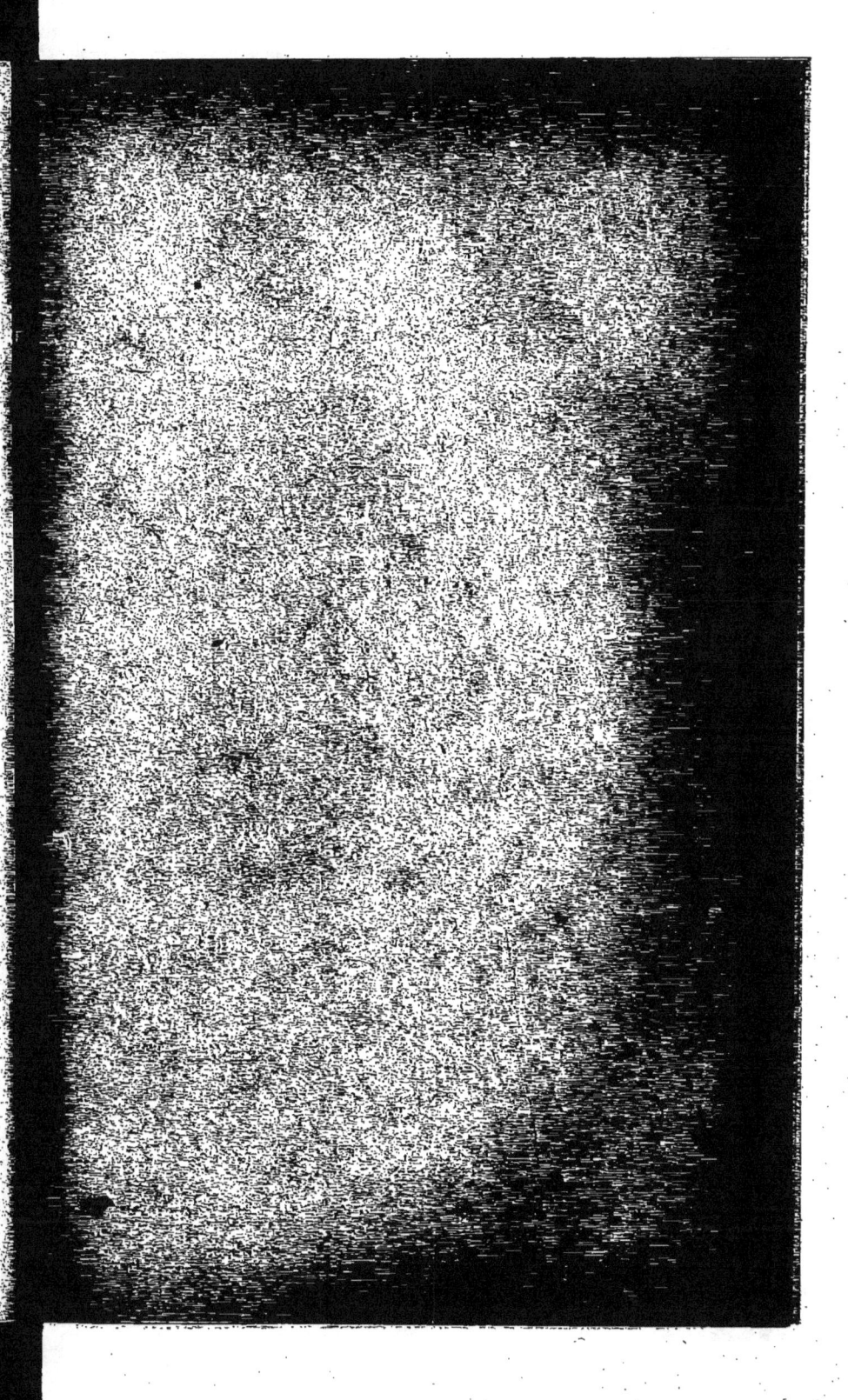

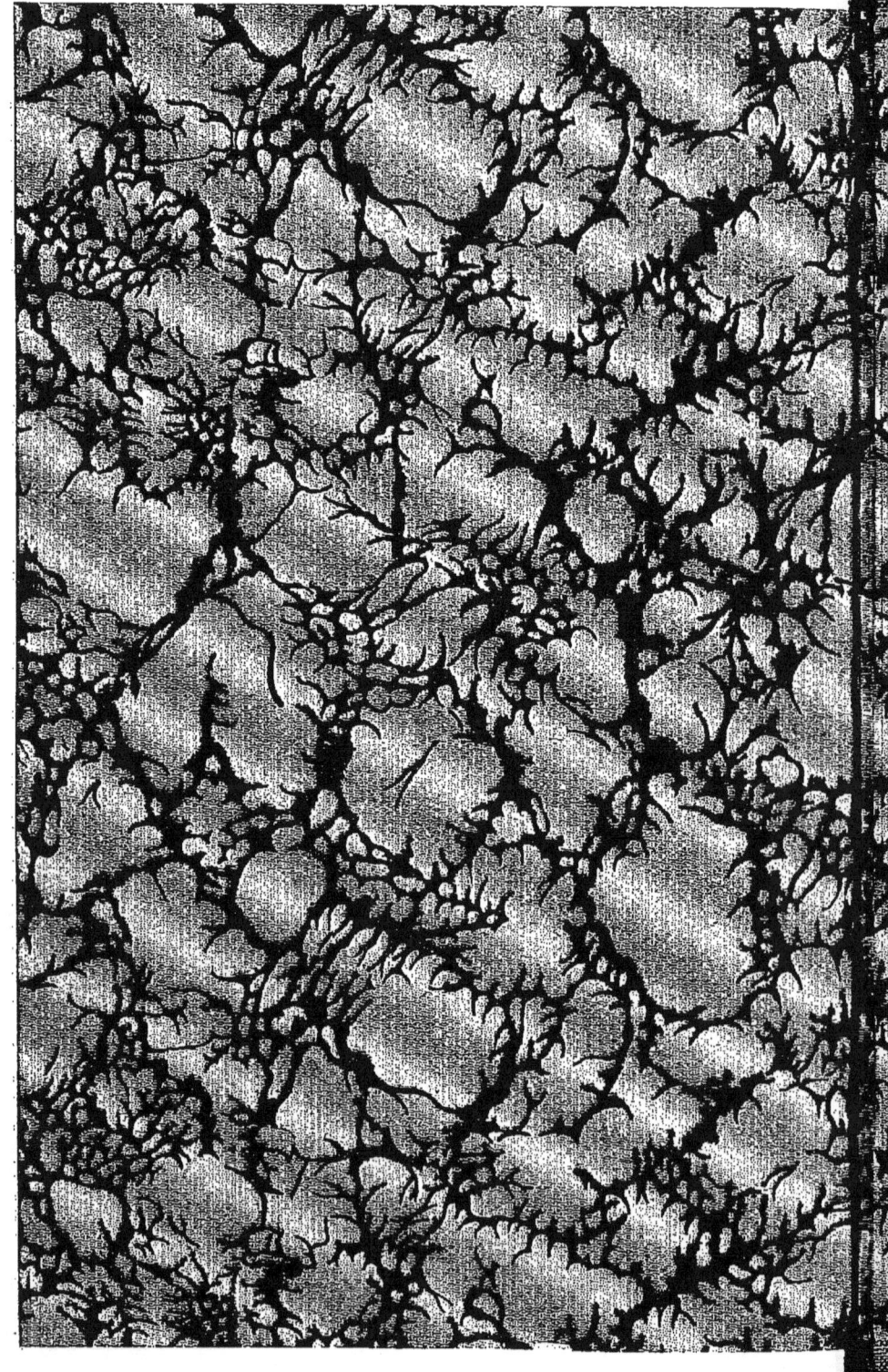

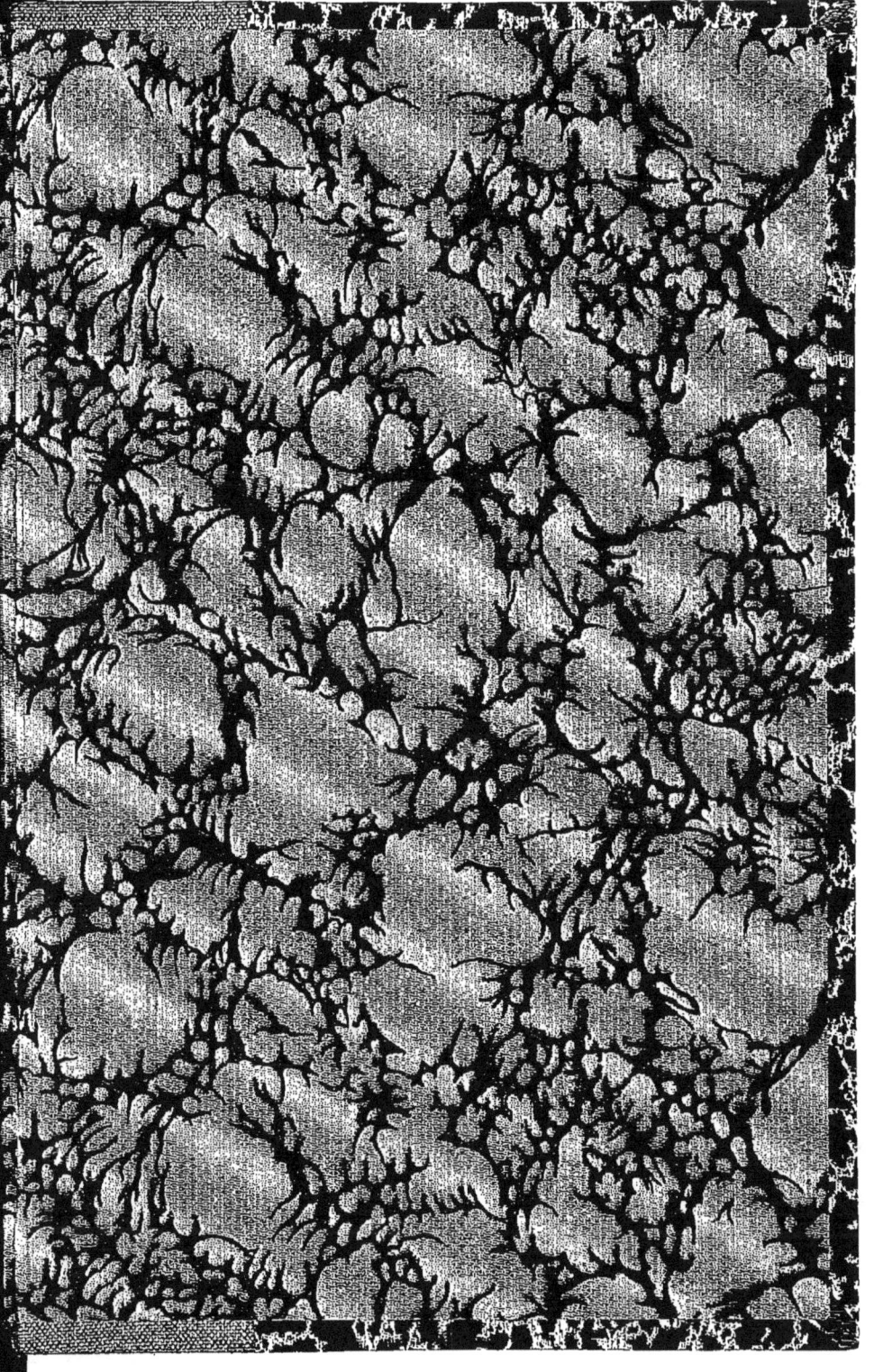

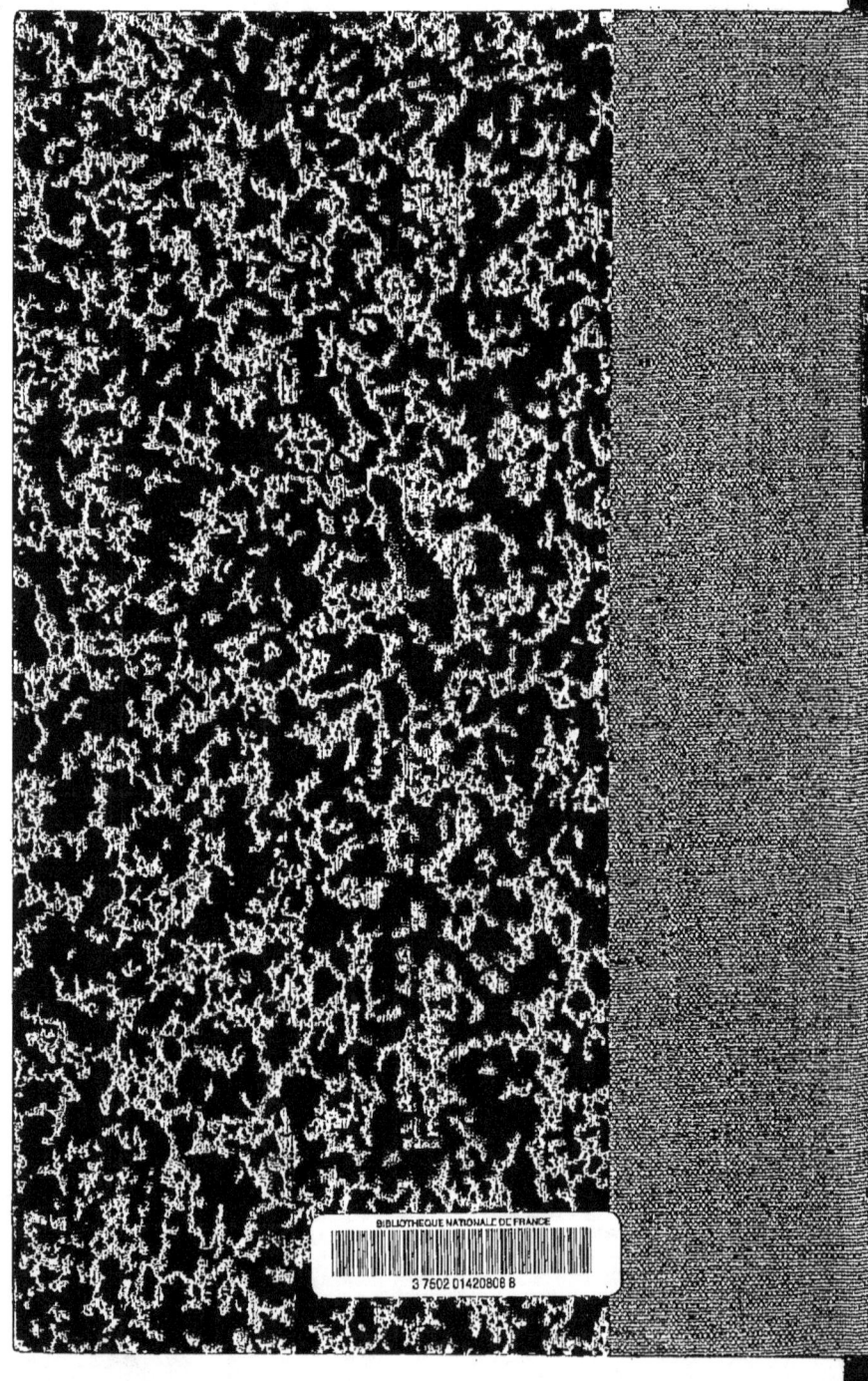

www.ingramcontent.com/pod-product-compliance
Lightning Source LLC
Chambersburg PA
CBHW071413150426
43191CB00008B/901